Siegfried Menrad / **Der Kostenbegriff**

Betriebswirtschaftliche Schriften

Heft 16

Der Kostenbegriff

Eine Untersuchung über den Gegenstand der Kostenrechnung

Von

Dr. rer. pol. Siegfried Menrad

Privatdozent

DUNCKER & HUMBLOT / BERLIN

Als Habilitationsschrift auf Empfehlung der Rechts- und Wirtschaftswissenschaftlichen Fakultät der Universität Tübingen gedruckt mit Unterstützung der Deutschen Forschungsgemeinschaft.

Gedruckt 1965 bei Berliner Buchdruckerei Union GmbH., Berlin 61
Printed in Germany

Vorwort

Die vorliegende Arbeit wurde in der Absicht begonnen, die Voraussetzungen für die Anwendung bestimmter Verfahren der betrieblichen Kostenrechnung zu verdeutlichen, die Faktoren aufzuzeigen, von denen der Aussagewert der entsprechenden Rechnungsergebnisse abhängt, und hiermit zugleich zur Beantwortung der Frage beizutragen, wie die betriebliche Kostenrechnung organisiert und ihre Verfahren konstruiert sein müssen, damit dieser Zweig des betrieblichen Rechnungswesens seine Zwecke, insbesondere seine Funktion als Instrument der Betriebsführung, möglichst gut erfüllen kann.

Die Anwendung eines Rechenverfahrens ist von vornherein nur dann sinnvoll, wenn es vom formal-logischen Standpunkt aus einwandfrei ist. In der beabsichtigten Untersuchung sollte jedoch dieser — für die am weitesten verbreiteten Kostenrechnungsverfahren übrigens unergiebige — Aspekt außer acht bleiben. Es sollten vielmehr ausschließlich jene Probleme betrachtet werden, die mit der Anwendung der fraglichen Rechenverfahren entstehen, d. h. durch die Identifizierung aller Rechengrößen (einschließlich der Rechenergebnisse) mit realen Sachverhalten. Unter diesem Gesichtspunkt rücken die Beziehungen zwischen dem Gegenstand der Kostenrechnung (als Rechengrößen mit realer Bedeutung), ihren Verfahren (als formalen Operationsregeln) und ihren Zwecken in den Vordergrund. Der Gegenstand der Kostenrechnung spielt hier eine entscheidende Rolle, denn von seiner Eigenart hängt es ab, ob die Anwendung eines bestimmten Rechenverfahrens überhaupt sinnvoll ist und welchen Sinn sie gegebenenfalls hat. Anders ausgedrückt: Die Eigenart des Rechnungsgegenstandes ist maßgeblich für den Aussagewert der Ergebnisse, die sich durch die Anwendung eines Rechenverfahrens auf den betreffenden Rechnungsgegenstand erzielen lassen, und auch für die Eignung verschiedener Rechenverfahren zur Erfüllung eines bestimmten Rechnungszwecks. Daher gehen hier „alle Untersuchungen ... von der Frage nach den Daten aus. Berechnungen, die ohne Berücksichtigung ihrer Eigenschaften durchgeführt werden, müssen bedeutungslos bleiben[1]".

---

[1] *Morgenstern*, Oskar, Experiment und Berechnung großen Umfangs in den Wirtschaftswissenschaften, in: Ww. Arch., Bd. 76 (1956, I), S. 236; erstmals veröffentlicht unter dem Titel: Experiment and Large Scale Computation in Economics, in: Economic Activity Analysis, ed. by Oskar Morgenstern, New York and London 1954, S. 483 ff.; deutsch von Jens Lübbert.

Die erste Aufgabe war also, Klarheit über den Gegenstand der Kostenrechnung zu schaffen. Es erwies sich aber bald, daß die Probleme, die mit der Analyse und der begrifflichen Erfassung des Gegenstandes der Kostenrechnung verbunden sind, sowie die Meinungsverschiedenheiten, die zwischen den Fachwissenschaftlern über diesen Fragenkreis bestehen, wegen ihrer Vielfalt nur in einer Abhandlung dargestellt und geklärt werden konnten, die — schon ihrem Umfang nach — den Rahmen der ursprünglich geplanten Arbeit gesprengt hätten. Es erschien auch deshalb gerechtfertigt, diese Abhandlung für sich vorzulegen, weil sie von ihrem Thema her gesehen m. E. in sich geschlossen ist und weil sie einen aktuellen Diskussionsgegenstand der Betriebswirtschaftslehre betrifft[2].

Meinem Lehrer, Herrn Professor Dr. *Rudolf Johns,* schulde ich besonderen Dank für die Anregung zu dieser Arbeit und für ihre Förderung durch wertvollen Rat. Herrn Professor Dr. *Dieter Pohmer* verdanke ich zahlreiche kritische Hinweise und wichtige Vorschläge für die Ergänzung der Abhandlung. Ferner habe ich Herrn Professor Dr. *Gerhard Zeitel* und Herrn Professor Dr. *Karl Oettle* zu danken, die mir durch manches Gespräch in Zweifelsfragen zu Klarheit verhalfen.

Die Deutsche Forschungsgemeinschaft hat meine Untersuchungen durch ein Stipendium und ihre Veröffentlichung durch eine Druckbeihilfe unterstützt, wofür ich ihr verbunden bin.

Tübingen, im Oktober 1964

Siegfried Menrad

---

[2] Das Manuskript der Arbeit wurde im Oktober 1964 abgeschlossen.

Inhaltsverzeichnis

Einleitung

Wer über begriffliche Fragen nachdenkt, bemerkt rasch, daß sie mit Problemen allgemeinster Art eng verbunden sind. So setzt auch eine Stellungnahme zum Kostenbegriff, soweit sie auf prüfendem Denken beruht, ein Urteil über die Eigenart, die Funktion und das Zustandekommen von Begriffen im allgemeinen und des Kostenbegriffs im besonderen voraus. Die jeweilige Stellungnahme wird davon abhängen, wie dieses Urteil ausfällt. Es sei dem Verfasser deshalb gestattet, das seine anzudeuten.

Begriffe können wir — ohne daß sie damit vollständig definiert wären — als abstrakte Gebilde, gedankliche Ganzheiten, Elemente des Bewußtseins beschreiben. Teils entstehen sie als Reflex sinnlicher Wahrnehmung, als unmittelbarer Niederschlag von Erfahrungen. Sie sind dann Ausgangspunkte der geistigen Auseinandersetzung mit der Erfahrung, die wir denkend vollziehen. Im Verlaufe dieser Auseinandersetzung versuchen wir (unter anderem), unsere begrifflich vergegenwärtigten Erfahrungen zu vergleichen und zu unterscheiden, zu ordnen und in Bezug zueinander zu bringen. Hand in Hand damit bilden wir durch Analyse und Synthese von Erfahrungssedimenten neue Begriffe. Sie sind Produkte des Denkens und von dessen Stand und Richtung geprägt. Zugleich sind sie wie alle Begriffe Material des Denkens und mitbestimmend für den Erfolg unserer Bemühungen, die Zusammenhänge in der Erfahrungswelt, in der Realität, zu erkennen. Die Probleme der Begriffsbildung sind also Erkenntnisprobleme, anders ausgedrückt: Begriffe sind erkenntnishaltig, und die Wege, auf denen sie gewonnen werden, führen auch zu Erkenntnis. Wer den Wert der Erkenntnis bejaht, kann daher den Wert begrifflicher Erörterungen nicht grundsätzlich verneinen.

Mit dieser Feststellung soll jedoch kein Freibrief für begriffliche Untersuchungen ausgestellt werden. Zwar sind im Prinzip alle Begriffe, in denen sich (wirkliche oder mögliche) reale Sachverhalte unverzerrt spiegeln, erkenntnishaltig, aber sie sind es nur im Hinblick auf eben jene Aspekte der Realität, die wir in diesen Begriffen zu erfassen vermögen. Und dies sind immer nur Teilaspekte, denn alle realen Gegenstände sind offenbar unübersehbar, unbegreiflich vielseitig. Es ist daher ein Gebot der Denkökonomie, mehr oder weniger begrenzte Erkenntnisziele zu setzen und die Denkbemühungen hierauf auszurichten. Für die Frage der Begriffsbildung heißt das, daß es darauf ankommt, jene Merkmale des Begriffsgegenstandes zu erfassen, die für die Erreichung des gesteckten Ziels, für die Erkenntnis der entsprechenden Zusammenhänge Bedeutung haben. Ein Rezept hierfür wird sich kaum finden lassen, da das jeweilige Vorgehen von Gegenstand und Weg der Erkenntnis abhängt und diese von Fall zu Fall sehr verschieden sein können. Es kann — wenigstens an dieser Stelle — nur gesagt werden, daß die Begriffsbildung in der beschriebenen Weise geglückt ist, wenn sich die betreffenden Begriffe bei der Lösung der jeweils gestellten Erkenntnisaufgabe bewähren.

Aus dem Vorangegangenen ergibt sich auch, daß es nicht dem Belieben anheimgestellt ist, an welchem Ort im Verlaufe einer Untersuchung die zu deren Durchführung erforderlichen Begriffe gebildet werden. Unser Denken schreitet stufenweise voran, und die Begriffe sind mit diesen Stufen der Erkenntnis fest verbunden. Sie können gar nicht gebildet werden, ehe die Stufe, der sie zugeordnet sind, erreicht ist. „Will man etwa vor der Untersuchung der Tatsachen den Begriff der ‚Wirtschaft' bestimmen, so fehlt jedes Fundament", stellt *Eucken* fest[1]. Wir können auch so sagen: Es ist unmöglich, die Ergebnisse der Erkenntnisbemühungen diesen selbst vorweg zu nehmen. Das gilt auch für Definitionen, in denen solche Ergebnisse zusammengefaßt werden. Andererseits ist nicht jeder Wirtschaftswissenschaftler, der an den Anfang seiner Ausführungen eine Definition stellt, ein ‚Begriffsnationalökonom'. Es ist eine von den jeweiligen Gegebenheiten abhängige Frage der didaktischen Zweckmäßigkeit, ob jemand, der bereits über Erkenntnisse verfügt und diese auch anderen zugänglich machen will, mit seinen Worten den Weg der Untersuchung nachzeichnen soll, der ihn zu seinem Wissen führte, oder ob er umgekehrt von den Ergebnissen seiner Überlegungen ausgehen und diese rückwärts bis zu ihren Wurzeln hin beschreiben soll.

Definitionen dienen aber nicht nur der verbalen Zusammenfassung und Mitteilung von Untersuchungsergebnissen, sie sind vielmehr ganz allgemein ein Mittel der Verständigung. Eine solche setzt voraus, daß die jeweils gemeinten Gegenstände verdeutlicht und gedanklich fixiert werden. Das geschieht in der Regel mit Worten, und zwar müssen solche und so viele Worte benutzt werden, daß über die mit ihnen verknüpfte (möglicherweise intersubjektiv differierende) Bedeutung das Gemeinte klar ins Bewußtsein gehoben wird, daß also jeder Gesprächspartner denselben Begriff denkt. Durch die Definition wird

---

[1] *Eucken,* Walter, Grundlagen der Nationalökonomie, Enzyklopädie der Rechts- und Staatswissenschaften, hrsg. v. W. Kunkel, H. Peters, E. Preiser, Abt. Staatswissenschaft, I, 6. durchges. Aufl., Berlin-Göttingen-Heidelberg 1950, S. 8.

dieser Begriff benannt, wird ihm ein Name gegeben, der es erleichtern soll, ihn anzusprechen. Auch unter diesem Aspekt hat es offenbar nur formale Bedeutung, ob die Benennung des Begriffs am Schluß oder am Anfang der Darstellung steht, ob also von Worten des allgemeinen Sprachgebrauchs, die in mehr oder weniger einheitlichem Sinn verstanden werden, ausgegangen und mit ihrer Hilfe im Verlaufe der sprachlichen Mitteilung der gemeinte Gegenstand immer deutlicher beschrieben wird, bis schließlich durch die Definition eine Sprachregelung getroffen werden kann, die praktikabel und für alle Verständigungsbereiten unmißverständlich erscheint, oder ob statt dessen zunächst eine nur nominale Definition gegeben wird, deren reale Bedeutung nach und nach durch Rückgriff auf Worte mit bekanntem Sinngehalt präzisiert wird[2].

Der Terminus ‚Kosten' wurde und wird in der Betriebswirtschaftslehre in verschiedenem Sinne gebraucht. Es gibt mehrere Veröffentlichungen, in denen dies darzustellen versucht wurde. Neben derartigen terminologisch-entwicklungsgeschichtlichen Untersuchungen stehen auch solche unter der Überschrift ‚Kostenbegriff', die der materiellen und verbalen Fixierung eines bestimmten Gegenstands des Meinens dienen. Bei den letzteren sind wieder zwei Gruppen zu unterscheiden. Zum einen handelt es sich um theoretische Darstellungen grundlegender betriebswirtschaftlicher Sachzusammenhänge. Hier wird mit dem Worte ‚Kosten' eine der Komponenten des Betriebsgeschehens bezeichnet, wobei der Inhalt des Kostenbegriffs der betreffenden Autoren — von deren terminologischen Eigenheiten abgesehen — davon abhängt, welche Gesichtspunkte sie ihrer Betrachtung jeweils zugrunde legen. Zum andern handelt es sich um Veröffentlichungen über das betriebswirtschaftliche Rechnungswesen bzw. über die ‚Kosten' als Größen desselben. Wir wollen uns an dieser Stelle nicht näher mit den einzelnen Beiträgen zum Thema ‚Kosten' bzw. ‚Kostenbegriff' befassen. Auf einen Teil von ihnen gehen wir später noch ein. Hier sollte nur gezeigt werden, daß eingangs dieser Arbeit auch geklärt werden muß, worauf sich unsere Überlegungen richten werden, m. a. W. was wir im folgenden unter ‚Kosten' verstehen wollen.

Die vorliegende Arbeit ist — wie schon ihr Untertitel sagt — eine Untersuchung über den Gegenstand der Kostenrechnung. Die Vorstellungen, die von den präsumtiven Lesern mit der Bezeichnung ‚Kostenrechnung' verbunden werden, dürften deutlich und gleichartig

---

[2] In diesem Zusammenhang sei darauf hingewiesen, daß es in der einleitenden Betrachtung der Grundlagen einer Arbeit *besonders* schwierig ist, Kürze und Unmißverständlichkeit zu vereinen. Das gilt für unsere obigen Ausführungen umso mehr, als die Probleme, die darin berührt werden, außerordentlich vielschichtig und die Termini, die für ihre Darstellung zur Verfügung stehen, zum Teil mehrdeutig sind.

genug sein, damit dieser knappe Hinweis für die hier erforderliche Charakterisierung des Objekts unserer Betrachtungen ausreicht und sich Vorgriffe auf unsere späteren Ausführungen erübrigen. Zum Gegenstand dieses Zweigs des betrieblichen Rechnungswesens gehören zwar außer den ‚Kosten' auch Rechengrößen, die meist ‚Leistungen' oder ‚Leistungserträge' genannt werden, und Ziffern, die sich als Salden ergeben. Dennoch ist es gerechtfertigt, ohne Einschränkung von einer Untersuchung des Gegenstandes der Kostenrechnung zu sprechen, erstens deshalb, weil der materielle Gehalt eines Saldos von dem der Rechengrößen abhängt, als deren Differenz er sich ergibt, und zweitens, weil die Bestimmung des Kostenbegriffs die des Leistungsbegriffs, wie später dargestellt werden wird, voraussetzt bzw. einschließt.

Die Kostenrechnung ist eine angewandte Rechnung. Sie muß nicht nur formal-mathematisch gesehen richtig sein, der Sinn ihrer Verfahren und Ergebnisse hängt vielmehr auch von der realen Bedeutung ihrer Rechengrößen ab, also vor allem vom Begriff der Kosten als Gegenstand der Kostenrechnung. Er ist ein Ausgangspunkt aller Überlegungen, durch die neue Verfahren und Anwendungsmöglichkeiten der Kostenrechnung entwickelt oder herkömmliche in Frage gestellt werden. Zu seiner Untersuchung regt weiterhin die Tatsache an, daß in der Fachliteratur, auch wenn man über alle bloß terminologischen Differenzen hinwegsieht, recht verschiedene Auffassungen über ihn zu finden sind. Die (möglicherweise nie zustande kommende) Einigung aller Fachvertreter über den Kostenbegriff ist zwar keine Vorbedingung wissenschaftlicher Auseinandersetzungen mit Problemen der Kostenrechnung: man kann bei seinen Überlegungen von *einer* der bestehenden Ansichten ausgehen, man kann auch die Konsequenzen *verschiedener* Auffassungen über den Kostenbegriff nebeneinander darstellen. Es ist dann nur zu fordern, daß zweifelsfrei geklärt wird, auf welchen Voraussetzungen die jeweiligen Ausführungen beruhen. Es liegt jedoch umso näher und ist umso dringlicher, den Ursachen der Meinungsverschiedenheiten nachzugehen und sich besonders über die strittigen Fragen ein eigenes Urteil zu bilden, je grundsätzlicher und weitreichender die Bedeutung der Kostenrechnungs-Probleme ist, die man zu untersuchen gedenkt.

Der Gegenstand der Kostenrechnung ist eine reale Gegebenheit. Wir müssen daher empirisch vorgehen, wenn wir uns ein zutreffendes und genaues Bild von ihm machen wollen, wenn wir festzustellen versuchen, welcher Art die betriebswirtschaftlichen Vorgänge sind, die in den Zahlen der Kostenrechnung Ausdruck finden können, und auf welche Weise dieser rechnerische Ausdruck zustande kommen kann. Am Anfang unserer Betrachtungen steht allerdings nicht die Feststellung von Tatsachen, sondern eine Definition der Kosten, und zwar jene, die am weitesten verbreitet sein dürfte. Damit soll jedoch keineswegs den Ergebnissen unserer Untersuchung vorgegriffen werden. Diese Definition stellt zunächst nur einen Satz, eine Gruppe von Worten dar. Ihre inhaltliche Bedeutung wird erst im Verlaufe der folgenden Ausführungen anhand der Feststellungen sachkundiger Autoren sowie anhand eigenen Erfahrungswissens und eigener Anschauung präzisiert. Zugleich werden wir uns, wo sich ein Anlaß dazu ergibt, über die Zweckmäßigkeit der jeweiligen terminologischen Alternativen Gedanken machen. Diese Überlegungen sind aber stets auf unser hauptsächliches Anliegen ausgerichtet, das ja darin besteht, den Gegenstand der Kostenrechnung bzw. den Kostenbegriff zu verdeutlichen.

Die Kostenrechnung ist im allgemeinen ein wichtiges Instrument der Betriebsführung. Es kann deshalb kaum anders sein, als daß die betrieblichen Vorgänge, die zur Verrechnung von Kosten führen, auch bei der theoretischen Untersuchung der grundlegenden betriebswirtschaftlichen Sachzusammenhänge eine Rolle spielen. Der Kostenbegriff im oben beschriebenen Sinne hat daher ein unter (allgemeinen) theoretischen Gesichtspunkten bedeutsames Gegenstück (bzw. mehrere solche, die sich aus verschiedenen theoretischen Ansätzen ergeben). Diese Begriffe sind nahe miteinander verwandt; trotzdem dürfen die Unterschiede, die zwischen ihnen bestehen, nicht übersehen werden. Wir werden deshalb abschließend das Verhältnis dieser Begriffe zueinander und die terminologischen Fragen, die mit ihnen zusammenhängen, anhand einer Auswahl von Veröffentlichungen betriebswirtschaftlicher Autoren über den Kostenbegriff erörtern.

I. Die Kosten als Gegenstand der Kostenrechnung

A. Über das Verhältnis der Kosten zu den Aufwendungen und Ausgaben (nach Schmalenbach)

Schmalenbach bezeichnete von der ersten bis zur letzten Auflage seiner ‚Selbstkostenrechnung'[1] die Kosten als Güterverzehr, der mit der Erzeugung von Leistungen zusammenhängt und bewertet ist[2]. Wie seine Ausführungen zeigen, ergab sich diese Definition aus dem Bemühen, die Rechnungsgrößen Kosten, Ausgaben und Aufwand deutlich zu unterscheiden.

Das Begriffsmerkmal *‚Güterverzehr'* hebt die Kosten sachlich von den Ausgaben ab: „Nicht auf die Ausgaben von Geld kommt es an, sondern darauf, ob ... Güter verzehrt wurden[3]." Der Güterverzehr ist zwar zu

---

[1] *Schmalenbach*, Eugen, Selbstkostenrechnung, in: ZfhF, 13 (1919), H. 9/10, S. 257 ff., u. H. 11/12, S. 321 ff., (als Sdrdr. zugl. 1. Aufl. des nächstgenannten Werkes); ders., Kostenrechnung und Preispolitik, 7. Aufl., bearbeitet von Richard Bauer, Köln und Opladen 1956; (diese und alle übrigen Aufl. künftig zit. ‚Selbstkostenrechnung').

[2] Vgl. Selbstkostenrechnung, 1919, a.a.O., S. 267 ff., und 7. Aufl. 1956, a.a.O., S. 5 f.

[3] Selbstkostenrechnung, 1919, a.a.O., S. 268.

Den Begriff ‚Ausgabe' hat *Schmalenbach* nicht besonders bestimmt. Es können deshalb Zweifel entstehen, ob er als Ausgabe die Zahlung einer bestimmten Summe (baren oder giralen) Geldes an Dritte bezeichnet oder ob er darunter etwa die Entstehung von Verbindlichkeiten (unabhängig von ihrem Ausgleich) versteht. Diese Frage kann bei der Bestimmung des zeitlichen Verhältnisses zwischen wesensverbundenen Kosten bzw. Aufwendungen auf der einen Seite und Ausgaben auf der anderen Seite Bedeutung gewinnen.

Da die entsprechenden Ausführungen *Schmalenbachs* sich durch alle Auflagen seiner ‚Selbstkostenrechnung' und ‚Dynamischen Bilanz' hindurch im wesentlichen gleich geblieben sind, ersparen wir uns hier weitere Untersuchungen und unterstellen, es seien Ausgaben im ursprünglichen Sinne, nämlich im Sinne von Auszahlungen gemeint. Die rechnungstheoretischen Untersuchungen über den Inhalt des Rechnungswesens im allgemeinen und der Erfolgsrechnung (incl. Bilanz) im besonderen, die zu anderen Ausgabenbegriffen führten, sind durchweg später entstanden als die genannten Arbeiten *Schmalenbachs*.

Vgl. vor allem *Walb*, Ernst, Die Erfolgsrechnung privater und öffentlicher Betriebe, Eine Grundlegung, Berlin und Wien 1926, s. dort S. 8, — künftig zit. ‚Erfolgsrechnung' —; *Johns*, Rudolf, Die Vollrechnung der Gemeinden, in: ZfhF, 32 (1938), H. 4, S. 145 ff., — künftig zit. ‚Vollrechnung' —; *Kosiol*, Erich, Bilanzreform und Einheitsbilanz, Grundlegende Studien zu den Möglichkeiten der Rationalisierung der periodischen Erfolgsermittlung, Reihe: Schriften des betriebswirtschaftlichen Ausschusses Sudetenland e. V., Reichenberg, hrsg. v. Franz Neumann, Reinhard Schmidt u. Ernst Stade, H. 5, Reichenberg, Leipzig, Wien 1944, — künftig zit. ‚Bilanzreform' —.

bewerten, er wird also in Geld zum Ausdruck gebracht, aber auch aus dem Verzehr solcher Güter, die unentgeltlich erworben wurden, können Kosten resultieren, und umgekehrt entstehen aus der Nutzung entgeltlich erworbener Güter keine Kosten, wenn mit ihr kein Güterverzehr einhergeht[4]. Selbst wenn ein Gut verzehrt wird, das entgeltlich erworben wurde, erübrigt sich die Unterscheidung von Kosten und Ausgaben nicht. Erstens brauchen Ausgabe und Verbrauch nicht gleichzeitig zu entstehen; sie sind möglicherweise verschiedenen Rechnungszeiträumen zuzuordnen. Zweitens müssen die für den vollständigen Verzehr eines Gutes zu verrechnenden Kosten nicht den entsprechenden Ausgaben betragsgleich sein.

Indem *Schmalenbach* festlegt, daß „nur derjenige Güterverzehr, der *für die Erstellung betrieblicher Leistungen* anfällt"[5], zu Kosten führt, schafft er ein Kriterium zur Unterscheidung von Kosten und Aufwand.

Üblicherweise wird Aufwand für den Verzehr aller entgeltlich erworbenen Güter verrechnet[6], gleichgültig wofür sie aufgewendet wurden[7]. Die Ausgaben für den Erwerb eines Gutes fallen häufig in einer anderen Rechnungsperiode an als der Aufwand, der dem Verzehr des betreffenden Gutes entspricht; dem Betrage nach decken sich jedoch — bei der gewöhnlichen praktischen Handhabung — Aufwand und Ausgaben (für die Beschaffung der Aufwandsgüter) in der Regel und auf die Dauer[8].

Die Unternehmungserfolgsrechnung, in der der Aufwand in Erscheinung tritt, hat einen offiziellen Charakter, weshalb nicht nur der eigentliche Rechnungszweck, nämlich die Erfolgsermittlung, sondern auch der Erfüllung dieses Zeckes u. U. im Wege stehende Grundsätze für die Bemessung des Aufwands maßgeblich sind. Außerdem wird

---

[4] Vgl. die Beispiele bei *Schmalenbach*, Selbstkostenrechnung, 1919, a.a.O., S. 268, und 7. Aufl. 1956, a.a.O., S. 7. Wir übernehmen hier die Ausdrucksweise *Schmalenbachs*. Eine Präzisierung erfolgt später (Abschnitt I B 1 c und d).

[5] Ebda., 7. Aufl. 1956, S. 6, (Hervorhebung von uns).
Schmalenbach versteht unter ‚Leistungen' (ebenso wie unter ‚Kosten') am Rechnungszweck orientierte Rechengrößen. Ihr Verhältnis zum Ertrag, dem Korrelat des Aufwands, und zu den Einnahmen, die den Ausgaben gegenüberstehen, ist dem der Kosten zum Aufwand und zu den Ausgaben analog (ebda., S. 10 ff.).
Oft spricht *Schmalenbach* auch von ‚Leistung' als dem sachlichen Produkt der betrieblichen Tätigkeit. Dann sind also keine Rechengrößen, sondern die realen Güter gemeint, die den betreffenden Rechengrößen zugrunde liegen. In diesem Sinne ist der Terminus ‚Leistung' auch in *Schmalenbachs* Kostendefinition zu verstehen.

[6] *Schmalenbach*, Grundlagen der dynamischen Bilanzlehre, in: ZfhF, 13 (1919), H. 1/2, S. 42 (diese und alle übrigen Aufl. künftig zit. ‚Bilanz').

[7] Ebda., S. 32.

[8] Ebda., S. 19 u. S. 14 f.; vgl. auch ebda., S. 32 ff.
Differenzen zwischen Ausgaben und Aufwand treten nach *Schmalenbach* (ebda., S. 19 ff.) auf, wenn innerbetriebliche Leistungen über die Gewinn-

sie „vor ihrem Auftritt in der Öffentlichkeit frisiert“[9]. Betrachtet man, ohne hierauf Rücksicht zu nehmen, „das als Aufwand, was als Aufwand verbucht ist“[10], so zeigt sich erstens, daß nicht jeder als Aufwand verrechnete Güterverzehr mit der Leistungserstellung zusammenhängen muß und daß nicht jedem Güterverzehr zur Leistungserstellung, der eine Verrechnung von Kosten auslöst, ein Aufwand zu entsprechen braucht, zweitens, daß infolge bilanzpolitischer Manipulationen Aufwand und Kosten, die einander entsprechen, zu verschiedenen Zeitpunkten verrechnet werden können und drittens, daß der leistungsbedingte Güterverzehr in der Kostenrechnung u. U. mit anderen Beträgen angesetzt wird als der mit ihm korrespondierende, auf die Dauer den zugehörigen Ausgaben betragsgleiche Aufwand in der Unternehmungserfolgsrechnung[11].

---

und Verlustrechnung verrechnet werden oder wenn Rückstellungen für später zu erbringende innerbetriebliche Leistungen vorgenommen werden. Außerdem verursache der Verbrauch von Gütern, die der Unternehmung durch Schenkung zugewendet werden, Aufwand, ohne daß entsprechende Ausgaben entstünden (ebda., S. 39 ff.).

Begrifflich richtig, wenn auch nicht üblich und nicht immer zweckmäßig, sei es, ‚Zinsen auf das eigene Kapital‘ und ‚Lohn‘ für die Arbeit des Unternehmers als Aufwand zu betrachten und zu verrechnen (ebda., S. 36 ff.). Schließlich könne es u. U. vom Rechnungszweck her gesehen notwendig sein, den Aufwand, der für den Verzehr eines Gutes verrechnet wird, nicht von den Ausgaben für die Beschaffung des Gutes abzuleiten, sondern von dessen Tagespreis (ebda., S. 80 ff.). (Vgl. auch die entsprechenden Ausführungen *Schmalenbachs* in den späteren Auflagen seiner ‚Dynamischen Bilanz‘, z. B. 12. Aufl., Köln und Opladen 1956, S. 67 ff., S. 163 ff., S. 170 ff. und seiner ‚Selbstkostenrechnung‘, z. B. 7. Aufl. 1956, a.a.O., S. 7 ff.).

Walb erwähnt ebenfalls die Möglichkeit, den Aufwandsbegriff weit zu fassen, und spricht im Hinblick darauf von ‚theoretischem‘ Aufwand. „Da aber hier“, so können wir fürs erste mit *Walb* sagen, „das Rechnungswesen so erkannt werden soll, wie es ist, kann dieser Fall zunächst außer Betracht bleiben“ (*Walb*, Ernst, Zur Theorie der Erfolgsrechnung, in: ZfhF, 17 [1923], H. 11/12, S. 419 — künftig zit. ‚Theorie‘ —; vgl. vom selben, Erfolgsrechnung, a.a.O., S. 34).

[9] *Schmalenbach*, Selbstkostenrechnung, 1919, a.a.O., S. 271; vgl. auch ebda., S. 265 u. S. 270, und 7. Aufl. 1956, a.a.O., S. 7 f.

[10] Ebda., 1919, S. 271, und 7. Aufl. 1956, S. 9.

[11] Vgl. ebda., 1919, S. 270 ff., und 7. Aufl. 1956, S. 9 ff.

Schmalenbach faßte den Aufwand zunächst als der Erfolgsrechnung zugehörig auf (Selbstkostenrechnung, 1919, a.a.O., S. 270). Als Erfolgsrechnung wiederum betrachtete er jede auf Zeitabschnitte bezogene Rechnung, insbes. die Jahreserfolgsrechnung und die kurzfristige Erfolgsrechnung (ebda., S. 263 und S. 265). Den Kostenbegriff dagegen ordnete er der Selbstkostenrechnung zu (ebda., S. 270), deren Ziel „die Bestimmung der Selbstkosten für eine Leistungseinheit ist ...“ (ebda., S. 264; vgl. ebda., S. 263 u. S. 265). Auch wenn sie „darauf hinausgeht ..., den Gewinn, den ein Stück, eine Leistungseinheit, uns bringt, auszurechnen“, sagen „wir ... nicht, daß das eine Erfolgsrechnung sei“ (ebda., S. 265).

Diese Festlegungen waren insofern problematisch, als erstens die Selbstkostenrechnung stück- und zugleich zeitabschnittsbezogen sein kann (ebda., S. 270, wird das flüchtig erwähnt) und zweitens die Betriebsbuchhaltung, die neben der Selbstkostenrechnung u. a. auch die kurzfristige Erfolgsrechnung umfassen soll (ebda.. S. 263), sowohl Kosten (in der Selbstkostenrech-

Endlich muß nach *Schmalenbachs* Kostendefinition der Güterverbrauch zur Leistungserstellung *bewertet* sein. Damit meinte er u. E. einmal, daß der Güterverzehr in Geld ausgedrückt werden muß, weiterhin, daß prinzipiell nicht die gehabten Ausgaben die Höhe der Kosten bestimmen müssen, und schließlich, daß der Ansatz der Kosten nicht willkürlich, sondern anhand bestimmter Kriterien zu erfolgen habe. Auf einen kurzen Nenner gebracht, lassen sich seine Gedanken folgendermaßen wiedergeben: Die Kostenrechnung ist ein Hilfsmittel des betrieblichen Wirtschaftens; das wirtschaftliche Handeln umschließt Entscheidungen, die aus der Wahl zwischen jeweils zwei oder mehr Entscheidungsmöglichkeiten hervorgehen; jedes Wählen setzt Verglei-

---

nung) wie auch Aufwand (in der kurzfristigen Erfolgsrechnung) zum Inhalt haben müßte.

Später bezeichnete *Schmalenbach* den Aufwand als Gegenstand der ‚Erfolgsrechnung (Finanzbuchhaltung)' (Selbstkostenrechnung, 7. Aufl. 1956, S. 7), wobei er offenbar die Jahreserfolgsrechnung der Unternehmung meinte (vgl. dazu ebda., S. 27 f.), während er die Kosten als Objekt der Kostenrechnung ansah (vgl. ebda., S. 5 ff.). Unter der Kostenrechnung versteht er, dem Sprachgebrauch der Praxis folgend, Kalkulation und Betriebsabrechnung. Die letztere wird als Zeitraumrechnung charakterisiert, deren Charakter es aber nicht abträglich sei, wenn sie eine Objektbezogenheit einschließe (sie bestehe aus Kostenartenrechnung, Kostenstellenrechnung und Betriebsergebnisrechnung). Die Kalkulation sei eine Rechnung zur Ermittlung der Kosten einer Leistungseinheit (oder einer Gruppe von Leistungseinheiten). Auch wenn sie auf die Ermittlung des entsprechenden Gewinns abzielt, sagen „wir ... nicht, daß das eine Betriebsabrechnung sei" (ebda., S. 35).

Beim Vergleich des letzten Zitats mit jenem, das die Darstellung seiner früheren Konzeption abschloß, wird der Wandel seiner Auffassung besonders deutlich.

Indessen ist zu beachten, daß *Schmalenbach* seinerzeit die von ihm später aufgegebene Meinung nicht allein vertrat. Sie wurde beispielsweise von Max Rudolf *Lehmann* (vgl. von diesem: Die industrielle Kalkulation, Berlin und Wien 1925, S. 66 f., — künftig zit. ‚Kalkulation' —), von Erwin *Geldmacher* (vgl. von diesem: Grundbegriffe und systematischer Grundriß des Rechnungswesens, in: ZfhF, 23 [1929], H. 1, S. 6) und Ernst *Walb* geteilt (vgl. von diesem: Kaufmännische Betriebswirtschaftslehre, 2. Bd. von Rothschilds Taschenbuch für Kaufleute, hrsg. von Christian Eckert, 61. Aufl., Leipzig 1932, S. 110, — künftig zit. ‚Betriebswirtschaftslehre' —). *Walb* sieht aber schon, daß sich die kurzfristige Erfolgsrechnung, wenn sie der Betriebskontrolle dient, durch die „notwendige Abgrenzung und Aufteilung des Aufwandes ... stark der Selbstkostenrechnung" nähert (ebda., S. 135). Von hier bis zum späteren Standpunkt *Schmalenbachs* war nur noch ein kleiner Schritt zu machen.

Bedenkt man, daß parallel zum beschriebenen Wandel der ursprünglichen Auffassung vom Verhältnis der Kosten und des Aufwands zu den genannten Zweigen des Rechnungswesens die Entwicklung der betrieblichen Rechnungspraxis zu ihrer heutigen Form verlief, so erscheint es gerechtfertigt, bei der weiteren Erörterung des Kostenbegriffes über die eben dargestellten Unterschiede hinwegzusehen. Es wird also künftig bei der Besprechung der Ausführungen älterer Autoren über den Kostenbegriff unterstellt, daß entsprechend dem heutigen Stande des Rechnungswesens für die Kostenrechnung (als Oberbegriff von Kostenartenrechnung, Kostenstellenrechnung, Kostenträgerrechnung — incl. Kalkulation — und Betriebsergebnisrechnung) gelten solle, was diese Autoren bezüglich der Selbstkostenrechnung bzw. Kalkulation schrieben.

chen voraus, also muß der Güterverzehr so in Geld ausgedrückt, eben ‚bewertet' werden, daß die Kosten im einzelnen Falle als Vergleichsgrößen herangezogen werden können[12]. Aus dieser Überlegung ergibt sich zugleich, daß die Kostenrechnungsaufgaben im einzelnen verschieden sein können. Da aber sowohl ‚Umgrenzung' wie auch ‚Bewertung' der Kosten zweckabhängig sind, beschränkt sich Schmalenbach bewußt auf „eine allgemein gehaltene Definition der Kosten"[13].

Exkurs: Die schematische Darstellung der Beziehungen zwischen Kosten, Aufwand und Ausgaben

Schmalenbach hat das Verhältnis der Kosten zum Aufwand an einem Schema veranschaulicht, das hier angeführt werden soll, da es zugleich den Inhalt der von ihm geschaffenen Begriffe ‚Zusatzkosten' und ‚Neutraler Aufwand' verdeutlicht[14]:

Neutraler Aufwand	Aufwand, zugleich Kosten	
	Kosten, zugleich Aufwand	Zusatzkosten

Dieses Schema wurde im Sinne der Ausführungen *Schmalenbachs* von Albert *Meier* durch die Einbeziehung der Ausgaben erweitert[15]. Eine weitere Verfeinerung erfuhr es durch *Heinen*, der auch die Wesensverschiedenheiten und verrechnungsmäßigen Differenzen — *Schmalenbach*[16] sprach von sachlichen und zeitlichen Unterschieden — zwischen Kosten, Aufwand und Ausgaben einer Rechnungsperiode im Schema (s. S. 21) zum Ausdruck bringt[17]:

---

[12] *Schmalenbach* bespricht die Möglichkeiten der Bewertung des Kostengüterverzehrs sehr ausführlich. Vgl. dazu Selbstkostenrechnung, 1919, a.a.O., S. 273 ff., u. 7. Aufl. 1956, a.a.O., S. 126 ff.

[13] Ebda., 7. Aufl. 1956, S. 6.

Der erste Satz des Kapitels ‚Der Begriff der Kosten' lautet (ebda., 1919, S. 267, und 7. Aufl. 1956, S. 5): „Der Kostenbegriff der Betriebswirtschaftslehre ist nicht souverän; er ist ein Begriff, der die Verfolgung gewisser Zwecke erleichtern soll, und hat sich diesem Zweck unterzuordnen."

[14] Ebda., 7. Auflage 1956, S. 10.

Für das Verhältnis der Leistung (als geldlichem Ausdruck) zum Ertrag gilt Entsprechendes. Hier verwendet *Schmalenbach* analog die Ausdrücke ‚Neutraler Ertrag' und ‚Zusatzleistung'.

M. R. *Lehmann* verwendete schon 1925 für den ‚Aufwand, zugleich Kosten', für die ‚Kosten, zugleich Aufwand' und für den ‚Ertrag, zugleich Leistung', die heute oft gebrauchten Ausdrücke ‚Zweckaufwand', ‚Grundkosten' und ‚Zweckertrag'. ‚Leistung, zugleich Ertrag' nannte er ‚kalkulatorischer Ertrag' (a.a.O., S. 67 f. und S. 236).

[15] *Meier*, Albert, Der objektive Kostenbegriff, in: Die Wirtschaftsprüfung, 1 (1948), Nr. 6, S. 43 ff. (künftig zit. ‚Kostenbegriff').

[16] Selbstkostenrechnung, 7. Aufl. 1956, a.a.O., S. 10.

[17] *Heinen*, Edmund, Betriebswirtschaftliche Kostenlehre, Bd. 1: Grundlagen, Wiesbaden 1959, S. 43. Das hier wiedergegebene Schema ist gegenüber

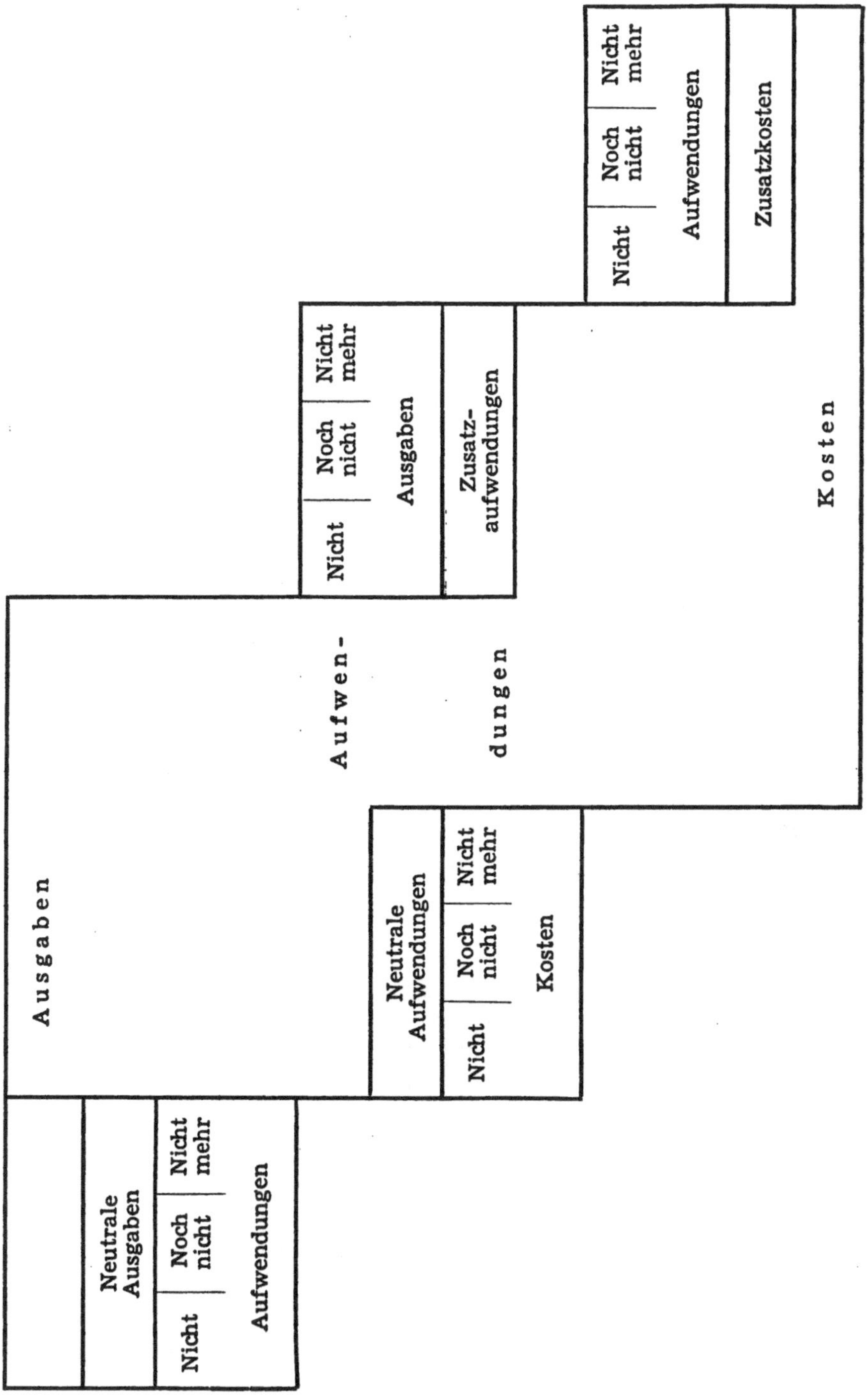
Ausgaben
Neutrale Ausgaben
Nicht
Noch nicht
Nicht mehr
Aufwendungen
Neutrale Aufwendungen
Nicht
Noch nicht
Nicht mehr
Kosten
Aufwen-
dungen
Nicht
Noch nicht
Nicht mehr
Ausgaben
Zusatz-
aufwendungen
Kosten
Nicht
Noch nicht
Nicht mehr
Aufwendungen
Zusatzkosten

Der Inhalt dieses Schemas wird, wie kurz gezeigt werden soll, den Ausführungen Schmalenbachs nicht völlig gerecht.

Wir unterscheiden wie *Heinen* wesensmäßige und rechnungsmäßige Differenzen zwischen den betreffenden Rechnungsbegriffen. Dagegen lassen wir dahingestellt, ob z. B. bestimmte Kosten den mit ihnen wesensverbundenen Aufwendungen und (bzw. oder) Ausgaben, die nicht in denselben Rechnungszeitraum fallen, vorausgehen oder nachfolgen. Außerdem betrachten wir, im Gegensatz zu *Heinen*, nicht die gesamten einer Rechnungsperiode zugehörigen Ausgaben, Aufwendungen und Kosten, sondern die Beziehungen, die zwischen den einzelnen, gesondert erfaßten oder erfaßbaren Bestandteilen der Kosten, Aufwendungen und Ausgaben bestehen können. So ergibt sich das folgende Schema:

		Beziehungen zwischen Kosten, Aufwendungen und Ausgaben					
Unterscheidungsmerkmale		Dem Wesen nach liegen vor (‚x')			In den gleichen Rechnungszeitraum fallen wesensverbundene (‚x')		
		Kosten	Aufwendungen	Ausgaben	Kosten	Aufwendungen	Ausgaben
		I	II	III	IV	V	VI
Kennzahlen der Beziehungen (Merkmalkombinationen)	1	x	—	—	—	—	—
	2	—	x	—	—	—	—
	3	—	—	x	—	—	—
	4	x	x	—	—	—	—
	5	x	x	—	x	x	—
	6	x	—	x	—	—	—
	7	x	—	x	x	—	x
	8	—	x	x	—	—	—
	9	—	x	x	—	x	x
	10	x	x	x	—	—	—
	11	x	x	x	x	x	—
	12	x	x	x	x	—	x
	13	x	x	x	—	x	x
	14	x	x	x	x	x	x

---

dem bei *Heinen* verkürzt, und zwar wurden alle erläuternden Bemerkungen zu den einzelnen Rubriken des Schemas weggelassen.

Von Wesensverbundenheit bzw. Wesensverschiedenheit zwischen Kosten, Aufwand und Ausgaben wird hier im Hinblick auf sachliche Übereinstimmung bzw. sachliche Divergenzen dieser Rechnungsgrößen auf lange Sicht gesprochen.

Das Schema von *Heinen* zeigt von diesen Beziehungen die folgenden auf:

Beschreibung bei Heinen (gekürzt)	Kenn-zahl	Unterscheidungs-merkmale					
		I	II	III	IV	V	VI
Zusatzkosten, von Aufwendungen wesensverschieden	1	x	—	—	—	—	—
Neutrale Ausgaben, von Aufwendungen wesensverschieden	3	—	—	x	—	—	—
Zusatzkosten, von Aufwendungen verrechnungsmäßig verschieden ..	4	x	x	—	—	—	—
Zusatzaufwendungen, von Ausgaben wesensverschieden	5	x	x	—	x	x	—
Neutrale Ausgaben, von Aufwendungen verrechnungsmäßig verschieden	8	—	x	x	—	—	—
Neutrale Aufwendungen, von Kosten wesensverschieden	9	—	x	x	—	x	x
Zusatzaufwendungen, von Ausgaben verrechnungsmäßig verschieden ..	11	x	x	x	x	x	—
Neutrale Aufwendungen, von Kosten verrechnungsmäßig verschieden ..	13	x	x	x	—	x	x
Ausgaben, Aufwendungen und Kosten entstehen in der gleichen Periode	14	x	x	x	x	x	x

Die Beziehungen mit den Kennzahlen 2, 6, 7, 10 und 12 kommen in dem Schema, das *Heinen* in Anlehnung an Albert *Meier* entwickelt, nicht zum Ausdruck. Völlig zu Recht sind die Beziehungen mit den Kennzahlen 6 und 7 ausgeschieden, da sie mit der Auffassung *Schmalenbachs* nicht vereinbar sind, daß erstens jeder Güterverzehr, der mit Ausgaben verknüpft ist, zur Verrechnung von Aufwand führt, und daß zweitens den Kosten stets ein Güterverzehr zugrunde liegt. Unter dieser Bedingung sind keine Kosten denkbar, denen dem Wesen nach Ausgaben und nicht zugleich auch Aufwendungen entsprechen. Die Beziehungen mit den Kennzahlen 2 und 12 mögen in der Praxis selten auftreten[18], da sie sich aber mit *Schmalenbachs*

[18] Im Falle einer Beziehung der Art, die in unserer Übersicht mit der Kennzahl 2 versehen wurde, ist ein bestimmter Aufwand weder mit Ausgaben bzw. mit Kosten der gleichen noch irgendeiner anderen Rechnungsperiode wesensverbunden. Es handelt sich sowohl um neutralen (und zwar von den Kosten wesensverschiedenen) als auch um zusätzlichen (und zwar von den Ausgaben wesensverschiedenen) Aufwand. Charakteristisch ist also das Fehlen von Beziehungen zwischen diesem Aufwand und irgendwelchen Ausgaben oder Kosten. Es muß sich hier um den Verzehr eines unentgeltlich erworbenen Gutes zu einem ‚betriebsfremden' Zweck handeln.

Als Beispiel einer Beziehung, wie sie in unserer Übersicht unter Kennzahl 12 zu finden ist, sei der Fall genannt, daß in einer früheren Rechnungsperiode eine Rückstellung für erwartete Prozeßkosten zu Lasten der Unternehmungserfolgsrechnung (Aufwand +) gebildet wurde. In der gegenwärtigen Rechnungsperiode waren diese Prozeßkosten in der erwarteten Höhe zu bezahlen. In der Kostenrechnung wird dieser Betrag oder ein Teil desselben ebenfalls in der gegenwärtigen Periode verrechnet. (Vorausgesetzt ist, daß Ausgabe und Auszahlung gleichzusetzen sind; vgl. dazu oben, Anm. 3 des Abschnitts I.)

Begriffsbestimmungen vertragen, müssen sie im Rahmen einer systematischen Betrachtung immerhin angeführt werden. Liegt die Beziehung mit der Kennzahl 10 vor, so sind Kosten, Aufwand und Ausgaben zwar ihrem Wesen nach miteinander verbunden, sie sind aber in drei verschiedenen Rechnungszeiträumen zu verrechnen. Genau genommen ist diese Beziehung für eine ganze Reihe von Fällen typisch, die mindestens teilweise auch erhebliche praktische Bedeutung haben[19].

Einige der Lücken, die das kritisierte Schema aufweist, könnten durch entsprechende Ergänzungen beseitigt werden. Seiner Anlage nach ist es jedoch ungeeignet, alle im Sinne *Schmalenbachs* möglichen Beziehungen zwischen Kosten, Aufwand und Ausgaben aufzuzeigen[20]. Im übrigen mögen sich derartige Schemata zwar dazu eignen, das Verhältnis zwischen Kosten, Aufwand und Ausgaben, wie es z. B. im vorliegenden Falle *Schmalenbach* sieht, vollständig und systematisch darzustellen, auch mögen solche Schemata ihrer Übersichtlichkeit halber einigen didaktischen Wert besitzen, ihre Bedeutung geht jedoch nicht über das hinaus, was mit den ihnen zugrunde liegenden Ausführungen gemeint ist. Um tiefer in das Wesen der Kosten einzudringen, bedarf es anderer Ansätze.

B. Die Merkmale des Kostenbegriffs

Eine saubere Abgrenzung zwischen Kosten, Aufwand und Ausgaben ist nicht nur unter rechnungspraktischen Gesichtspunkten, sondern auch für die Klärung der Begriffsverhältnisse, in denen der Kostenbegriff steht, außerordentlich wichtig. Eine solche Abgrenzung setzt jedoch voraus, daß über den Kostenbegriff, d. h. über das mit dem Worte ‚Kosten' Gemeinte, keinerlei Zweifel bestehen. Der Kostenbegriff ist aber nur eindeutig definiert, wenn seine Merkmale einen klaren Sinn haben. Es ist daher notwendig, die Bedeutung der Ausdrücke ‚Güterverbrauch', ‚leistungsverbunden' und ‚bewertet' festzustellen. Dabei haben wir mit Rücksicht auf das Ziel unserer Arbeit von

---

[19] Kennzeichnen wir drei (nicht notwendig unmittelbar) aufeinanderfolgende Rechnungszeitabschnitte mit den Zahlen 1, 2 und 3, so lassen sich sechs Fälle unterscheiden, in denen sich wesensverbundene Kosten, Aufwendungen und Ausgaben jeweils in verschiedene Rechnungsperioden einordnen lassen:

Fall Nr.	1	2	3	4	5	6
Kosten	3	3	2	1	2	1
Aufwand	2	1	3	3	1	2
Ausgabe	1	2	1	2	3	3

Wenn man berücksichtigt, daß sowohl die erste als auch die zweite als auch die dritte Periode als die gegenwärtige angenommen werden kann, ergeben sich achtzehn verschiedene Fälle.

[20] Das gilt für die Beziehung mit der Kennzahl 2 und für sechs der Fälle, für welche die Kennzahl 10 typisch ist. Beidemale differieren die Aufwendungen — sei es dem Wesen oder sei es dem Zeitraum der Verrechnung nach — sowohl gegenüber den Kosten als auch gegenüber den Ausgaben.

[21] *Walb*, Erfolgsrechnung, a.a.O., S. 28.

den entsprechenden Sachverhalten der Rechnungspraxis auszugehen, d. h. wir müssen beschreiben und definieren, welche reale Bedeutung den besagten Termini beigelegt wird.

1. Güterverbrauch

a) *Aufwand und Güterverbrauch nach Walb*

Die Ausführungen *Walbs* zum Kostenbegriff selbst beruhen im wesentlichen auf der Konzeption *Schmalenbachs*. Im Rahmen seiner grundlegenden Untersuchungen über Aufbau und Inhalt der Erfolgsrechnung lieferte er jedoch einen wichtigen selbständigen Beitrag zu unserem Thema. Er analysiert dort den Begriff ‚Aufwand' in seiner rein wirtschaftlichen Bedeutung und gelangt dabei zu Unterscheidungen, die sich auch bei der Erörterung des Kostenbegriffes mit großem Nutzen verwenden lassen.

Als unabdingbares Merkmal des Wesens betrieblicher Tätigkeit betrachtet *Walb* den Verbrauch von Leistungen, die dem Markt entnommen wurden, zu dem Zweck, Leistungen für den Tauschverkehr am Markt hervorzubringen[21]. Der betriebliche Erfolg müsse sich also aus „einer Gegenüberstellung von Hervorbringung und Verbrauch bzw. aktiven und passiven Betriebsleistungen" ergeben[21]. Die rechnerische Erfolgsermittlung setze voraus, daß man aktive wie auch passive Betriebsleistungen[22] auf einen gemeinsamen Nenner bringe (in einer Geldverkehrswirtschaft komme hierfür nur das Geld in Frage), weil es sich bei ihnen um jeweils sehr verschiedene wirtschaftliche Wertarten handle[23]. Er unterscheidet als wirtschaftliche Wertarten[24]:

1. geldwerte Güter materieller oder immaterieller Art,
2. geldwerte Dienstleistungen („alles Bewirkte, das weder Güter- noch reine Arbeitsleistung noch Kapitalnutzung bedeutet"),
3. geldwerte reine Arbeitsleistungen,
4. geldwerte Nutzungen von (Geld- oder Sach-)Kapital.

---

[22] *Walb* faßt (ebda., S. 29 ff.) als „Leistung im Verkehr" alles auf, „was zur Begründung eines Schuldverhältnisses führen kann" (ebda., S. 30 f.). Wirtschaftlich gesehen handle es sich entweder um Kauf oder um Leihe. Bei der Leihe müßten die hereingenommenen Leistungen wieder zurückerstattet werden; Hereinnahme und Rückgabe bedeuteten aber nicht Verbrauch und Hervorbringung. Derartige tauschwirtschaftliche Vorgänge seien daher erfolgsunwirksam. Gekaufte Leistungen (und die entgeltliche Nutzung geliehener passiver Leistungen sieht *Walb* auch als Kauf an; ebda., S. 33) seien entweder unverbrauchbar (dauernder Gebrauch oder Besitz; ebda., S. 31) und damit ebenfalls erfolgsunwirksam, oder sie würden allmählich oder sofort verbraucht. Nur diese beiden Fälle seien (bei allmählichem Verbrauch nach Maßgabe der Verbrauchsentwicklung) als erfolgswirksame tauschwirtschaftliche Leistungs- bzw. Rechnungsvorgänge anzusehen und damit Gegenstand der Erfolgsrechnung.

[23] Ebda., S. 29.

[24] Ebda., S. 32.

Solche wirtschaftlichen Werte können durch Kauf oder durch unentgeltliche Eigentumsübertragung oder auch dadurch in die Verfügungsgewalt des Betriebes kommen, daß sie im Betrieb produziert werden[25]. „Für die Tatsache des Verbrauchs ist es ... an sich gleichgültig, ob ein Entgelt geleistet wird oder nicht.... Daher kann man mit gutem Grund verlangen, daß die Erfolgsrechnung auch diese Werte in sich aufnimmt[26]." Erfolgt nun der Verbrauch zur „Errechnung des unmittelbaren Betriebszweckes", dann wird er im Rahmen der Erreichung des Gesamterfolgs *Zweckaufwand* genannt[27]. Diesem stellt *Walb* den *Nebenaufwand* gegenüber, der „mit dem Betriebszweck in keinem oder doch nur mittelbarem Zusammenhang" steht. Zum Nebenaufwand gehören der Zwangsaufwand (z. B. Abgaben), der freiwillige Aufwand (z. B. Schenkungen an Dritte) und der Zufallsaufwand (z. B. Verbrauch infolge von Diebstahl, Ausfall oder Elementarschäden)[28]. Freiwilliger Aufwand und Zufallsaufwand können die oben aufgeführten Arten wirtschaftlicher Werte betreffen, darüber hinaus kann die Entstehung solchen Aufwands aber auch mit unmittelbaren Geldopfern zusammenhängen. Beim Zwangsaufwand ist letzteres stets der Fall. Die Beziehungen zwischen den einzelnen Aufwandsarten, die *Walb* nach Zweck und Ursache des Verbrauchs unterscheidet, sowie zwischen diesen Aufwandsarten und den wirtschaftlichen Wertarten lassen sich in folgendem Schema festhalten[29]:

---

[25] Ebda., S. 32 ff.

Im ersten Fall spricht *Walb* von einem Tauschvorgang, in den beiden anderen Fällen von tauschähnlichen Vorgängen.

Für den Verbrauch von unentgeltlich erworbenen wirtschaftlichen Werten im Rahmen des Betriebszwecks (wobei zu beachten ist, daß *Walb* hier zwischen Unternehmung und Betrieb nicht unterscheidet) führte *Walb* den Ausdruck ‚Zusatzaufwand' ein, der noch heute — allerdings mit anderer Bedeutung — gebräuchlich ist. (Vgl. dazu das oben wiedergegebene Schema von *Heinen*.)

[26] Ebda., S. 34.

Ergänzend schreibt *Walb*, „daß die Verrechnung derartiger Fälle unter gewissen Voraussetzungen von der Theorie gefordert werden muß", auch wenn praktisch meist davon abgesehen werde. Im Hinblick auf diese Divergenz zwischen praktischer Übung und theoretischer Forderung sprach *Walb* in einem früheren Zeitpunkt von tatsächlichem und theoretischem Aufwand (*Walb*, Theorie, a.a.O., S. 419).

[27] Der von M. R. *Lehmann* eingeführte Ausdruck ‚Zweckaufwand' wird hier also mit einer anderen Bedeutung versehen (Vgl. oben, Anm. 14 dieses Teils der Arbeit).

[28] *Walb*, Erfolgsrechnung, a.a.O., S. 35 f.

In dem Aufsatz ‚Zur Theorie der Erfolgsrechnung' (a.a.O., S. 421) charakterisierte *Walb* den Nebenaufwand als ungewollten, zusätzlichen Aufwand, der Zahlungen auslöst, Forderungen vermindert oder sich als Wertevernichtung darstellt. Anstelle des Ausdrucks ‚Zufallsaufwand', der von *Schmalenbach* stammt und das aperiodische Auftreten betont, verwendete er zuerst die Bezeichnung ‚Verlustaufwand'.

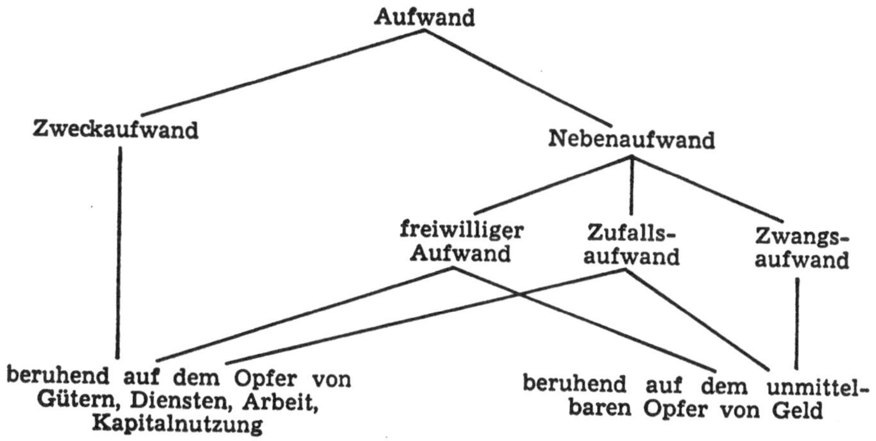

Zusammenfassend definiert *Walb:* „Unter Aufwand sind alle Werteopfer des Betriebes zu verstehen, welche für eine Erfolgsperiode in Frage kommen. Diese Opferung kann eine unmittelbar geldliche sein ... oder eine mittelbar geldliche, bei der geldwerte Güter verzehrt werden ...[30]." In einer Anmerkung hierzu heißt es, diese Begriffsbestimmung habe „rein wirtschaftliche Bedeutung, d. h. nur ein tatsächliches Werteopfer gilt hier als Aufwand ...". Hiervon sei „der rein rechnungsmäßige Aufwand ... zu unterscheiden, der nur formelle Bedeutung" habe und die Erfolgsrechnung trübe (z. B. übermäßige Abschreibungen)[31].

---

29 *Walb* (Erfolgsrechnung, a.a.O., S. 38) zeigt ein Schema mit ähnlichem Aufbau. Wir weichen von diesem ab, weil es uns nicht ganz glücklich erscheint, z. B. ‚tauschwirtschaftlichen Aufwand' aus dem Verbrauch gekaufter Güter (i. w. S.) in dieselbe Zeile zu stellen wie Zufallsaufwand, kann sich doch letzterer ebenfalls auf solche Güter beziehen.

30 Ebda., S. 41 (im Orig. teilw. gesperrt).

31 Ebda., S. 41 f. (vgl. auch *Walb*, Betriebswirtschaftslehre, a.a.O., S. 110). In der Literatur, so fährt *Walb* fort, werde derartiger rechnungsmäßiger Aufwand zum ‚neutralen Aufwand' gerechnet. Dieser umfasse „allen in einer jeweilig vorliegenden Rechnung verbuchten Aufwand, der nicht Gegenstand der Selbstkostenrechnung sein" und sich seinerseits „aus wirtschaftlichem und rechnungsmäßigem Aufwand zusammensetzen" könne. An anderer Stelle (Begriffsverschiebungen bei Bilanzen, Aufwand und Kosten, in: ZfhF, 37 [1943], H. 3, S. 55) folgert er hieraus: „Die in der kalkulatorischen Rechnung als neutral erscheinenden Posten ... trennen einmal die normale Aufwandsrechnung von der Kostenrechnung und sondern daneben die die Vergleichsrechnung störenden Posten aus."

Zur Trennung der normalen Aufwandsrechnung von der Kostenrechnung erfolge die Aussonderung des wesensmäßig Neutralen, d. i. der „betriebsfremde und außergewöhnliche Aufwand", soweit ihm ein tatsächliches wirtschaftliches Werteopfer zugrunde liege. Die Vergleichsrechnung störende Posten seien einmal das rechnungsmäßig Neutrale, m. a. W. der bloß rech-

Zwischen dem Aufwand im wirtschaftlichen Sinne und den Kosten bestehen enge Beziehungen. Daher liegt es nahe, anhand der Ansätze und Ergebnisse *Walbs*, d. h. der von ihm aufgezeigten Unterscheidungskriterien und von ihm entwickelten Begriffe, den Gegenstand der Kostenrechnung zu analysieren. In dieser Richtung bewegt sich auch ein Beitrag zur Präzisierung des *Schmalenbachschen* Kostenbegriffes, den *Kosiol* geleistet hat[32]. Er geht davon aus, daß „sich der allgemeine Kostenbegriff durch drei Merkmale kennzeichnen" läßt: „den Güterverbrauch, die Leistungsbezogenheit und die Bewertung"[33]. Da ‚Güterverbrauch' als ein Oberbegriff der Begriffe ‚Aufwand' und ‚Kosten' betrachtet wird, liegt der sachliche Zusammenhang mit *Walbs* Ausführungen auf der Hand[34].

b) Die Wirtschaftsgüter und ihr Verbrauch nach Kosiol

Wie schon *Schmalenbach* und *Walb* stellt auch *Kosiol* zunächst fest, daß der Vorgang des Verzehrs von den Ausgaben losgelöst sei und sowohl gekaufte als auch unentgeltlich dem Betrieb überlassene als auch im eigenen Betrieb erzeugte Güter betreffen könne. Danach entwickelt er, wie *Walb*, einen Katalog der Wirtschaftsgüter[35]:

„A. Realgüter (individuelle Werte)

I. Ursprüngliche Realgüter (konkrete Werte)

---

nungsmäßige Aufwand, und zum anderen das (spezifisch) rechnungstechnisch Neutrale (beispielsweise Gemeinkosten-Unterdeckungen).

Vgl. auch vom selben Verfasser, Finanzwirtschaftliche Bilanz, 2. Aufl., Köln o. J. (1947), Abschnitt E: Reines und praktisches Gewinndenken, S. 74 ff., insbes. S. 82 ff.

[32] *Kosiol*, Erich, Kritische Analyse der Wesensmerkmale des Kostenbegriffs, in: Betriebsökonomisierung durch Kostenanalyse, Absatzrationalisierung und Nachwuchserziehung, Festschrift für Rudolf Seyffert zu seinem 65. Geburtstag, hrsg. v. Erich Kosiol und Friedrich Schlieper, Köln und Opladen 1958, S. 7 ff.; künftig zit. ‚Kostenbegriff'.

[33] Ebda., S. 11.

[34] Ebda., S. 10.

Wie *Schmalenbach* sieht *Kosiol* den Aufwand mit zeitraumbezogenem Verbrauch von Wirtschaftsgütern, die Kosten mit leistungsbezogenem Verbrauch von Wirtschaftsgütern verbunden (vgl. dazu Anm. 11 und Anm. 212 dieses Teils der Arbeit).

[35] *Kosiol*, ebda., S. 11 ff.

„Güter sind werthabende Dinge schlechthin ...". „Ihre betriebswirtschaftliche Werteigenschaft beruht auf einer spezifischen technischen Eignung für Produktionsprozesse oder Konsumvorgänge und auf der mengenmäßigen relativen Seltenheit (Knappheit) bei ihrer Verwendung in Produktion oder Konsumtion, die beide zu einem ökonomischen Wert verschmelzen". Nur die später zu erörternde Bindung des Güterverzehrs an die Erzeugung von Leistungen und, wie wir *Kosiol* sinngemäß ergänzen müssen, an das Auftreten einer Erfolgswirkung (s. dazu die Ausführungen auf der folgenden Seite) dürfe zum Ausschluß bestimmter Güter und bestimmter Verzehrsarten führen.

1. Materielle (körperliche) Güter = Sachgüter
   a) Immobilien (unbewegliche Sachgüter)
   b) Mobilien (bewegliche Sachgüter)
2. Immaterielle (unkörperliche) Güter
   a) Leistungswerte (Arbeits- und Dienstleistungen)
   b) Wirtschaftliche Tatbestände (ökonomische Potenzen)
   c) Kapital (Vorrätigkeit)

II. Abgeleitete Realgüter (abstrakte Werte) = Ansprüche auf ursprüngliche Realgüter
   d) Rechtswerte (stets immateriell)

B. Nominalgüter (generelle Werte)
I. Ursprüngliche Nominalgüter (Geld)
II. Abgeleitete Nominalgüter (Ansprüche auf Geld)
1. Darlehenswerte
2. Beteiligungswerte."

Eine weitere Parallele stellt die anschließende Untersuchung der Eigenart des Güterverzehrs[36] dar, wobei zuerst der erfolgsunwirksame, externe, mit äußerem Gegenwert verbundene Güterverzehr (als Teil des willentlichen Güterverzehrs) vom erfolgswirksamen, internen, „mit keinem von außen zufließenden Gegenwert" verbundenen Güterverzehr abgegrenzt wird. Zur Kennzeichnung des letzteren wird der Ausdruck Güterverbrauch reserviert[37]. Daraufhin gliedert *Kosiol* den

[36] Von „betrieblichem Werteverzehr, insbesondere vom Güterverzehr einer Unternehmung" spricht *Kosiol*, „wenn es sich darum handelt, daß Wirtschaftsgüter (ökonomische Werte) irgendwie dem Wirkungs- und Verfügungsbereich der Wirtschaftseinheit ganz oder teilweise entzogen werden und damit ihr spezifischer Wertcharakter für die Wirtschaftseinheit untergeht" (Kostenbegriff, a.a.O., S. 14).

[37] Ebda., S. 15 f.
Äußerlich betrachtet leitet *Kosiol* das Kriterium ‚Erfolgswirksamkeit' anders ab als *Walb* (s. o., Anm. 22 dieses Teils der Arbeit). *Walb* sieht im Verbrauch, unter dem er — ohne sich endgültig festzulegen — das Eingehen von Gütern in den betrieblichen Produktionsprozeß versteht, das Merkmal der Erfolgswirksamkeit. *Kosiol* macht umgekehrt die Erfolgswirksamkeit des Güterverzehrs zum Merkmal des Begriffes Güterverbrauch. Erfolgswirksam wiederum ist nach ihm ein interner Güterverzehr, „der mit keinem von außen zufließenden Gegenwert verbunden ist" (Kostenbegriff, a.a.O., S. 15). Ein solcher Güterverzehr liegt aber gerade dann vor, wenn i. S. *Walbs* Güter in den betrieblichen Produktionsprozeß eingehen.
Es wäre übrigens u. E. ausreichend gewesen, wenn sich *Kosiol* an dieser Stelle mit der Feststellung begnügt hätte, daß ein Güterverzehr ohne externen Gegenwert erfolgswirksam sei, ein Güterverzehr mit externem Gegenwert dagegen erfolgsunwirksam. Jedenfalls erscheint uns das zusätzliche Argument verfehlt: „Da objektiv im Rechnungswesen, und zwar in der Buchhaltung, beide Seiten des Tauschvorgangs zum gleichen Betrage bewertet werden, entsteht in der Aufwands- und Ertragsrechnung kein

Güterverbrauch folgendermaßen[38]:

„I. Willentlicher Güterverbrauch

a) (meist) mit innerem Gegenwert

1. Kurzfristiger oder unmittelbarer Verbrauch (Sofortverbrauch)
2. Langfristiger oder mittelbarer Verbrauch (Dauerverbrauch oder Gebrauch)

b) mit und ohne inneren Gegenwert:

Verzicht auf Real- und Nominalgüter (Schenkung)

II. Erzwungener Güterverbrauch (ohne inneren Gegenwert)

a) technisch-ökonomischer Zwangsverbrauch (Vernichtung)

b) staatlich-politischer Zwangsverbrauch (Abgabe)

III. Kontinuierlicher zeitlicher Vorrätigkeitsverbrauch oder Kapitalnutzungen (meist mit innerem Gegenwert)[39]."

Wie *Walb* gliedert auch *Kosiol* den Verbrauch nach dessen Ursache[40] und Zweck[41]. Außerdem unterscheidet *Kosiol* nach der Eigenart des Verbrauchsvorgangs selbst kurzfristigen und langfristigen Verbrauch sowie kontinuierlichen zeitlichen Vorrätigkeitsverzehr. Wir wollen nunmehr die Gliederung des Verbrauchs unter diesem Gesichtspunkt näher betrachten.

Erfolgseinfluß" (ebda., S. 15). Entweder ist hiermit die Betragsgleichheit der zusammengehörigen Soll- und Habenbuchungen gemeint, dann handelt es sich um eine Erscheinung, die generell mit der Doppik, also nicht nur mit der Verbuchung von Tauschvorgängen verbunden ist, oder aber es ist an rechnungstechnische Regelungen der Erfolgsermittlung gedacht, die sich aus der beschriebenen Erfolgswirksamkeit des Güterverzehrs erklären, diese aber nicht begründen.

38 Ebda., S. 17.

39 Hierbei ist zu beachten, daß *Kosiol* (ebda.) schon dann von ‚innerem Gegenwert' spricht, wenn „der Einsatz im Produktionsprozeß stattfindet, um dadurch Leistungen als Gegenwert der verbrauchten Güter hervorzubringen. Ob dies tatsächlich gelingt, bleibt offen ...".
Vgl. auch die Gliederung der Kostenarten nach ihrem ‚Verzehrcharakter' in anderen Veröffentlichungen *Kosiols* (z. B. ‚Kostenrechnung und Betriebsbuchhaltung', in: Handbuch der Wirtschaftswissenschaften, hrsg. v. Karl Hax und Theodor Wessels, Bd. I: Betriebswirtschaft, Köln und Opladen 1958, S. 669).

40 Es fällt auf, daß *Kosiol* neben willentlichem Verbrauch und erzwungenem Verbrauch, die doch disjunktiv unterschieden sind, den kontinuierlichen Vorrätigkeitsverbrauch gesondert anführt.

41 Vgl. dazu Anm. 39 dieses Abschnitts.
Vom Zweck, genauer: von der Zweckeignung des Verbrauchs her könnte auch (tatsächlich) zweckdienlicher und nicht zweckdienlicher Verbrauch unterschieden werden. Diese Unterscheidung deckt sich dann weitgehend mit jener von Nutzaufwand und Verlustaufwand bei *Lorentz* (*Lorentz*, St[efan], Über die praktische Bedeutung einer begrifflichen Unterscheidung zwischen Nutzkosten und Verlustkosten, in: ZfB, 7 [1930], H. 7, S. 546 f. — künftig zit. ‚Nutzkosten' —; *Lorentz* bezeichnet die Menge eines Verbrauchs als ‚Aufwand', ebda., S. 545 f.).

c) Die Eigenart der Verbrauchsvorgänge

Um den Verbrauch nach der Eigenart des Verbrauchsvorganges gliedern zu können, müssen wir uns eine genauere Vorstellung vom Wesen der Wirtschaftsgüter verschaffen. Der allgemeine Kostenbegriff steht „als Gegenstück zum Leistungsbegriff in Wechselbeziehung zu diesem“[42]. „Demzufolge muß der Kostenbegriff den gesamten Wertverzehr beinhalten, der mit der Wertentstehung verbunden ist. Das in der Definition des Kostenbegriffes enthaltene Merkmal des Güterverbrauches bedarf daher einer Interpretation im weitesten Sinne des Wortes[42].“ Wir definieren deshalb ein Gut als ein (wenigstens für *ein* Subjekt) verfügbares Objekt, das als Mittel zur Verwirklichung subjektiver Zwecke angesehen und geschätzt wird[43]. Knapp nennen wir ein Gut, das nicht jedem Subjekt in dem Umfang zur Verfügung steht, in dem es dieses Gut als Mittel zur Verwirklichung seiner Zwecke begehrt. Wirtschaften wird ein friedliches und — vom Standpunkt des wirtschaftenden Subjektes aus — rationales Handeln geheißen, dessen Ziel die maximale Minderung von Begehr nach knappen Gütern ist[44]. Knappe Güter, die Objekt des Wirtschaftens sind, bezeichnen wir als Wirtschaftsgüter; und jene knappen Güter, die einem Betrieb bei seinen wirtschaftlichen Bemühungen zur Verfügung stehen, sind Wirtschaftsgüter dieses Betriebs[45]. Welche Verfahren angewandt werden können, um mit Hilfe eines bestimmten Wirtschaftsgutes den Wirtschaftszweck zu verfolgen, hängt von der Beschaffenheit des betreffenden Gutes und der Situation des Wirtschaftenden ab. Das Wirtschaftssubjekt wählt von den Verfahren, die es kennt und die ihm anwendbar erscheinen, jenes, von dem es sich den größten Wirtschaftserfolg verspricht. Bei dieser Wahl ist zunächst die Stärke des Begehrs nach knappen Gütern maßgeblich, den man durch die Anwendung der fraglichen Verfahren mindern zu können hofft. Im Hinblick darauf sprechen wir von der Größe des erwarteten Nutzens dieser Verfahren. Weiterhin hängt diese Wahl auch von dem (relativen) Maße der Gewißheit ab, mit dem man bei Anwendung der fraglichen Verfahren er-

---

[42] *Kosiol*, Kostenbegriff, a.a.O., S. 12.

[43] Es bleibt dahingestellt, ob es unmittelbar oder mittelbar, gegenwärtig oder erst künftig, tatsächlich oder nur vermeintlich zur Verwirklichung der betreffenden Zwecke beiträgt.

[44] Vgl. u. a. *Weber*, Max, Wirtschaft und Gesellschaft, Grundriß der Sozialökonomik, III. Abteilung, Tübingen 1922, S. 31.

Hierbei bleibt offen, ob es sich primär um einen Begehr des Wirtschaftenden selbst oder primär um einen Begehr Dritter handelt. Im ersten Fall wird sekundär ein Begehr Dritter, im zweiten Fall wird sekundär ein Begehr des Wirtschaftssubjektes selbst gemindert.

[45] Vgl. die Ausführungen von Stefan *Varga* über die Unterschiede mikroökonomischer und makroökonomischer Betrachtung der Güterknappheit (Freie und wirtschaftliche Güter, in: Jb. f. Nat. u. Stat., Bd. 172 [1960], S. 304 ff.).

wartet, daß sich der betreffende Nutzen einstellt[46]. Das Wirtschaftssubjekt erblickt also in der Anwendung eines Verfahrens auf ein Wirtschaftsgut eine Chance zum Erreichen des Wirtschaftszweckes, deren wirtschaftliche Qualität von der Größe des erwarteten Nutzens und von dem Maß der Gewißheit, mit dem es diesen Nutzen erwartet, abhängt. Die Aufgabe des Wirtschaftenden besteht dann darin, die Chancen, die er im Hinblick auf jedes einzelne der verfügbaren Wirtschaftsgüter sieht, gegeneinander abzuwägen und jene Chance zu nutzen, der er die höchste wirtschaftliche Qualität beimißt. Da die in einem bestimmten Zeitpunkt vorhandenen, jeweils mit einem der verfügbaren Wirtschaftsgüter verknüpften Chancen nur alternativ wahrgenommen werden können und nur die subjektiv betrachtet beste Chance wahrgenommen wird, liegt eben in dieser Chance die wirtschaftliche Bedeutung des jeweiligen Wirtschaftsgutes für das Wirtschaftssubjekt[47]. Wir sprechen deshalb von einem Wirtschaftsgut als einer Chance und meinen dabei jene, der im Einzelfall die höchste wirtschaftliche Qualität beigelegt wird[48]. Nun läßt sich der betriebliche Verbrauch von

---

[46] Es ist hier nicht möglich, auf die Varianten wirtschaftlicher Zielsetzungen (z. B. hinsichtlich der Größe des erstrebten Gewinns, des Grades der Gewinngewißheit, der Dauer des betrachteten Zeitraums) und andere Probleme der Entscheidungstheorie näher einzugehen. Vgl. zu diesen Fragen u. a. *Wittmann,* Waldemar, Unternehmung und unvollkommene Information, Köln und Opladen 1959 — künftig zit. ‚Information' —, insbes. S. 28 ff., *Koch,* Helmut, Zur Diskussion in der Ungewißheitstheorie, in: ZfHF, 12 NF. (1960), H. 2, S. 49 ff., und die von diesen Autoren genannten Quellen.

[47] Es läge nahe, in diesem Zusammenhang den Terminus ‚Wert' einzuführen. Wegen der damit verbundenen Äquivokation erscheint es angebracht, in der vorliegenden Arbeit hiervon abzusehen.

[48] Den Ausdruck Chancen, genauer: ökonomische Chancen, verwendet in ähnlichem Zusammenhang Max *Weber* (a.a.O., S. 34).

Wittmann (a.a.O., S. 37) versteht unter einer Chance die Möglichkeit, „in Wirklichkeit günstiger abzuschneiden, als es auf Grund der Planungsüberlegungen zu erwarten" ist, unter Risiko „die Möglichkeit ... des Mißlingens eines Wirtschaftsgebarens" (ebda., S. 36; vgl. aber auch ebda., S. 189, Anm. 385, wo *Wittmann* Risiko „als Gefahr einer falschen Entscheidung" definiert).

Wenn hier gesagt wird, ein Wirtschaftssubjekt erblicke in der Anwendung eines Verfahrens auf ein Wirtschaftsgut, in gewissem Sinne auch in diesem Wirtschaftsgut selbst, eine Chance zur Erreichung des Wirtschaftszweckes, so soll damit zum Ausdruck gebracht werden, daß das Wirtschaftssubjekt mit der Möglichkeit rechnet, daß die Verwendung dieses Wirtschaftsgutes eine Minderung von Begehr bewirkt. Dieser erhoffte Effekt bleibt aber mangels vollkommener Voraussicht ungewiß. Dementsprechend wäre als Chance in allgemeinem Sinne die Möglichkeit anzusprechen, daß Erwünschtes eintritt, und als Risiko die Möglichkeit, daß Unerwünschtes eintritt. (Auch die Möglichkeit, daß Unerwünschtes nicht eintritt, ist eine Chance wie umgekehrt die Möglichkeit, daß Erwünschtes nicht eintritt, ein Risiko bedeutet.) Der Charakter der Chance (des Risikos) wird bestimmt durch die Eigenart des Erwünschten (Unerwünschten) und durch die Wahrscheinlichkeit seines Eintritts. Die oben zitierten Definitionen von *Wittmann* führen zu Unterbegriffen der zuletztgenannten Begriffe: Soweit es sich nicht um Pläne handelt, durch die ein Optimum fixiert wird, ist es erwünscht, die Planziele zu übertreffen, und es ist stets unerwünscht, die Planziele nicht zu

Wirtschaftsgütern kennzeichnen als Minderung der Chancen zur Verwirklichung der wirtschaftlichen Zielsetzung eines Betriebes, soweit diese Minderung nicht als tauschwirtschaftlicher Ausgleich einer entsprechenden Mehrung der betrieblichen Chancen zu betrachten ist. Der Güterverbrauch beruht entweder auf einer Minderung der Qualität der betrieblichen Chancen oder auf einer Minderung ihrer wirtschaftlichen Qualität[49]. Damit haben wir eine erste Möglichkeit zur Gliederung des Güterverbrauchs nach seiner Eigenart gefunden:

1. quantitativer Verbrauch (Minderung der Chancenquantität)
2. qualitativer Verbrauch (Minderung der Chancenqualität).

Üblicherweise wird nach der Eigenart des Verbrauchsvorgangs zwischen kurzfristigem (sofortigem) Verbrauch und langfristigem (allmählichem) Verbrauch unterschieden[50]. Als kurzfristig wird der Verbrauch von Wirtschaftsgütern angesehen, die „unmittelbar und sofort in einem einzigen Verbrauchsakt in den Produktionsprozeß eingehen"[51]. Der langfristige Verbrauch „vollzieht sich nicht sofort in einem einmaligen Vorgang, sondern in einer ganzen Folge ..."[51] von Verbrauchsakten. Man spricht auch vom ‚Verbrauch durch Gebrauch', hat dann aber Güter im Auge, die infolge des Gebrauchs und im Verlaufe desselben verbraucht werden. Daneben gibt es Güter, die zwar im Sinne der obigen Unterscheidung ‚langfristigem Verbrauch' unterliegen, durch diesen jedoch nicht verbraucht werden. Darin liegt ein Widerspruch. Um ihn zu beseitigen, müssen wir untersuchen, was mit der angeführten Unterscheidung gemeint ist, und den Sachverhalt deutlicher ausdrücken.

---

erreichen. (Auch eine falsche Entscheidung ist unerwünscht, eine richtige Entscheidung dagegen ist die einzige, die erwünscht wird.)

Vgl. hierzu auch *Lehmann*, M(ax) R(udolf), Allgemeine Betriebswirtschaftslehre, Allgemeine Theorie der Betriebswirtschaft, 3. Aufl., Wiesbaden 1956, S. 152 f.

[49] Die Minderung der Chancenqualität kann soweit gehen, daß der Gutscharakter, die Zweckeignung, vollkommen verloren geht, d. h., daß praktisch eine Minderung der Chancenquantität eintritt. Im folgenden halten wir jedoch an der theoretischen Abgrenzung fest und sprechen von einem qualitativen Verbrauch, wenn primär eine Minderung der Chancenqualität eintritt.

Von quantitativem und qualitativem Verbrauch spricht in ähnlichem Sinne schon Fritz *Schmidt* (Die organische Tageswertbilanz, unveränderter Nachdruck der 3. Aufl. [Leipzig 1929], Wiesbaden 1951, S. 177 f.). Es ist bemerkenswert, daß die Isolierung und rechnerische Berücksichtigung qualitativen Verbrauchs, wie wir ihn verstehen, und der ihm gegenüberstehenden Mehrung der wirtschaftlichen Qualität betrieblicher Chancen im Hinblick auf die betriebliche Substanzerhaltung, die gerade im Werk Fritz *Schmidts* eine beherrschende Rolle spielt, besonders wichtig ist.

[50] Vgl. z. B. *Walb*, Erfolgsrechnung, a.a.O., S. 31 ff. *Kosiol* untergliedert in dieser Weise den willentlichen Verbrauch, mit dem (meist) ein innerer Gegenwert verbunden ist (s. o., Abschn. I B 1 b und ebda., Anm. 39).

[51] *Kosiol*, Kostenbegriff, a.a.O., S. 18.

Kosiol bespricht an dieser Stelle seine Gliederung des Güterverbrauchs und beschränkt in diesem Zusammenhang seine Aussagen jeweils auf bestimmte Güterarten. Eine derartige Einschränkung liegt im Augenblick nicht in unserem Sinne.

d) Die Beziehungen zwischen der Eigenart der Wirtschaftsgüter und ihrem Verbrauch

Es gibt Wirtschaftsgüter, die über einen mehr oder weniger langen Zeitraum hinweg ihre ursprüngliche Beschaffenheit behalten und deshalb vorrätig gehalten werden können. Unter ihnen sind solche, die „unmittelbar und sofort in einem einzigen Verbrauchsakt“[52] verbraucht werden, und solche, die „ein Potential an Leistungsabgaben“[52] darstellen, das in einer ganzen Folge von Verbrauchsakten eingesetzt werden kann. Die betreffenden ‚Leistungsabgaben‘ sind extrem unbeständige Güter. Im Augenblick ihrer Freisetzung aus dem jeweiligen Leistungspotential werden sie deshalb auch verbraucht und zwar „unmittelbar und sofort in einem einzigen Verbrauchsakt“[52]. Dauerhaft sind sie nur, solange sie in dem betreffenden Leistungspotential als Bestand, als Vorrat künftiger Chancen, enthalten sind. Soweit nun ein Betrieb solche Leistungspotentiale besitzt, wird im Hinblick auf den Verbrauch der aus ihnen freigesetzten Chancen gemeinhin von ‚*langfristigem* Verbrauch‘ gesprochen, alle anderen Verbrauchsvorgänge pflegt man ‚*kurzfristigen* Verbrauch‘ zu nennen.

Aus der vorangegangenen Betrachtung ergibt sich, daß die Unterscheidung von ‚kurzfristigem‘ und ‚langfristigem‘ Verbrauch im Grunde genommen nicht auf die Eigenart des Verbrauchsvorgangs, sondern auf die Eigenart der Wirtschaftsgüter zurückgeht. Offenbar äußert sich die Eigenart der Wirtschaftsgüter in der Eigenart ihres Verbrauchs, wenigstens wenn wir unterstellen, daß die Wirtschaftsgüter ihrer normalen Zweckbestimmung entsprechend, also in regulärer Weise, zu produktiven Zwecken verbraucht werden.

Unter diesem Gesichtspunkt sind zunächst Verbrauchsgüter und Gebrauchsgüter zu unterscheiden. Verbrauchsgüter werden, wie schon gesagt, „unmittelbar und sofort in einem einzigen Verbrauchsakt“ verbraucht. Hierher gehören einmal Güter, die so, wie sie verbraucht werden, mehr oder weniger dauerhaft sind und daher auch mehr oder weniger unabhängig vom Zeitpunkt ihres Verbrauchs beschafft werden können. Wir wollen sie selbständige Verbrauchsgüter nennen. Ihnen stehen die Leistungsabgaben gegenüber, die aus Leistungspotentialen freigesetzt werden. Auch wenn ein Betrieb über die betreffenden Leistungspotentiale nicht verfügt, sei es, weil er sie nicht erwerben will, sei es, weil er sie nicht erwerben kann, ist es ihm unter Umständen möglich, die entsprechenden Leistungsabgaben zu erwerben[53]. Wir

---

[52] Ebda., S. 18.

[53] Der Erwerb dieser Leistungsabgaben (wie auch der selbständigen Verbrauchsgüter) kann entgeltlich oder unentgeltlich erfolgen. Durch Herstellung im eigenen Betrieb erworbene Wirtschaftsgüter sind selbständige Verbrauchsgüter, wenn sie deren Eigenschaften besitzen. Gehen sie im Augen-

sprechen dann von fremden Leistungsabgaben. Die übrigen Leistungsabgaben sind solche betrieblicher Gebrauchsgüter. Die Gebrauchsgüter lassen sich als ein Reservoir künftiger Leistungsabgaben charakterisieren. Letztere verwandeln sich im Verlaufe des Gebrauchs in gegenwärtige Chancen, und zwar entweder indem sie, der Natur des betreffenden Leistungspotentials gemäß, im Zeitablauf zu solchen heranreifen oder indem man sie dem jeweiligen Gebrauchsgut nach Bedarf entnimmt[54]. Im ersten Fall kommt der (quantitative[55]) Verbrauch dieser gebrauchsverbundenen Verbrauchsgüter zwangsläufig und unaufschiebbar als eine Funktion der Zeit zustande: Die in jedem Augenblick des Gebrauchs dargebotenen Chancen gehen mit dem Verstreichen des Augenblicks unter, unabhängig davon, ob sie wahrgenommen werden oder nicht. Im zweiten Fall ist der (quantitative) Verbrauch dispositionsbestimmt und gleichbedeutend mit der Wahrnehmung der entsprechenden Chancen. Letzteres setzt voraus, daß es sich um einen begrenzten Bestand an Chancen handelt, daß also erstens die Zahl der in jedem Augenblick des Gebrauchs des betreffenden Gebrauchsgutes wahrnehmbaren Chancen und zweitens die jeweilige Gebrauchsdauer begrenzt sein muß. (Wir rechnen hier jeden Zeitraum zur Gebrauchsdauer eines Gebrauchsgutes, während dessen ein quantitativer Verbrauch stattfindet, sei es nun innerhalb oder außerhalb des jeweils betrachteten Betriebes.) Es ist jedoch zu betonen, daß auch der (quantitative) Verbrauch eines begrenzten Bestandes an künftigen Leistungsabgaben eine Funktion der Zeit darstellen kann. Ausschließlich dispositionsbestimmt ist er nur sehr selten. Stellt er keine Funktion der Zeit dar, so wird er i. d. R. teils von diesbezüglichen Dispositionen und teils von der Dauer des jeweiligen Gebrauchs abhängig sein.

e) Besprechung und Gliederung der wichtigsten Erscheinungsformen betrieblicher Wirtschaftsgüter unter dem Gesichtspunkt ihres Verbrauchs

Unsere bisherigen, an *Walb* und *Kosiol* anknüpfenden Überlegungen ergaben eine Reihe von Unterscheidungen, die uns im vorliegenden Zusammenhang für die Charakterisierung der Wirtschaftsgüter und der Verbrauchsvorgänge wesentlich erscheinen: selbständige Verbrauchsgüter, fremde Leistungsabgaben und Leistungsabgaben betrieb-

---

blick ihrer Hervorbringung unter, dann handelt es sich um Leistungsabgaben (betrieblicher Gebrauchsgüter).

[54] Die Zahl der Chancen, die in jedem Augenblick wahrnehmbar sind, und der Rhythmus, in dem diese Chancen heranreifen bzw. dem Bestand entnommen werden können, sind durch die Eigenart der jeweiligen Gebrauchsgüter bestimmt.

[55] Die Eigenart der Wirtschaftsgüter äußert sich nur in wenigen besonderen Fällen, die wir hier nicht zu betrachten brauchen, in einem qualitativen Güterverbrauch.

licher Gebrauchsgüter, Gebrauchsgüter mit begrenzter oder unbegrenzter Gebrauchsdauer und begrenztem oder unbegrenztem Kapazitäts-Querschnitt[56], freiwilliger (willentlicher) und erzwungener, quantitativer und qualitativer, zeitproportionaler und (evtl. zugleich) dispositionsbestimmter Verbrauch. Als nächstes sollen die wichtigsten Erscheinungsformen der betrieblichen Wirtschaftsgüter kurz besprochen und für unsere Zwecke klassifiziert werden. Dabei gehen wir von folgender erster Gliederung aus:

1. Verbrauchsgüter
   a) selbständige Verbrauchsgüter
   b) Leistungsabgaben[57]
      aa) fremde Leistungsabgaben
      bb) Leistungsabgaben betrieblicher Gebrauchsgüter
2. Gebrauchsgüter.

Bei den *selbständigen Verbrauchsgütern* handelt es sich einerseits um Realgüter, und zwar um Stoffe, andererseits um Zahlungsmittel. An Stoffen unterscheidet man gewöhnlich Roh-, Hilfs- und Betriebsstoffe auf der einen und unfertige und fertige stoffliche Erzeugnisse auf der anderen Seite[58]. Als Zahlungsmittel treten innerhalb einer Geldverkehrswirtschaft vor allem Stückgeld, Notengeld und Giralgeld inlän-

---

[56] Dieser Ausdruck stammt von Paul *Riebel*, Die Elastizität des Betriebes, Eine produktions- und marktwirtschaftliche Untersuchung, Reihe: Beiträge zur betriebswirtschaftlichen Forschung, hrsg. v. E(rich) Gutenberg, W(ilhelm) Hasenack u. a., Bd. 1, Köln und Opladen 1954, S. 8 ff., künftig zit. ‚Elastizität'.
Unter dem Kapazitäts-Querschnitt eines Gebrauchsgutes verstehen wir hier die Zahl der in jedem Augenblick wahrnehmbaren, aus dem Gebrauch des betreffenden Gutes erwachsenden Chancen.

[57] Es wurde aus verschiedenen Gründen davon abgesehen, statt der Bezeichnung ‚Leistungsabgaben' den gängigeren Ausdruck ‚Nutzungen' zu verwenden. Unter anderem verleitet das Wort ‚Nutzungen' zu der Annahme, daß ein Nutzen, ein Vorteil, mit dem Gebrauch der Gebrauchsgüter verbunden oder wenigstens beabsichtigt sein müsse. Da dies nicht notwendig der Fall ist — man kann die betreffenden Chancen auch ‚ungenutzt' verstreichen lassen — müßte man besser von ‚Nutzungsgelegenheiten' sprechen. Mit der Wendung ‚Verbrauch von Nutzungsgelegenheiten' verbindet sich aber die Vorstellung eines quantitativen Verbrauchs, während doch die Chancen, die in Gebrauchsgütern stecken, auch qualitativ beeinträchtigt werden können.

[58] Unfertige Erzeugnisse sind Güter, die im Zuge ihrer Fertigstellung unmittelbar und kurzfristig verbraucht werden, also Verbrauchsgüter (vgl. dazu unten, Abschn. I B 2 b).
Fertigerzeugnisse werden regulärerweise nicht verbraucht, es sei denn, es handle sich dabei um innerbetriebliche Leistungen. Wir führen sie hier dennoch auf, weil sie infolge irregulärer Einflüsse (z. B. Brand) verbraucht werden können. Im Hinblick darauf sind sie für den Herstellerbetrieb auch dann selbständige Verbrauchsgüter, wenn sie nach ihrem Absatz als Gebrauchsgüter verwendet werden. Handelt es sich um innerbetriebliche Leistungen, so sind sie nicht als Erzeugnisse, sondern je nach ihrer Beschaffenheit als Roh-, Hilfs- oder Betriebsstoffe oder als Gebrauchsgüter einzuordnen.

discher Währung in Erscheinung. Außerdem verstehen wir im vorliegenden Zusammenhang unter Zahlungsmitteln auch Ansprüche auf (inländisches) Währungsgeld sowie Sorten und Ansprüche auf solche, sofern sie dem Zahlungsverkehr dienen[59].

Fremde Leistungsabgaben sind Kräfte und Dienste, die nicht aus dem Gebrauch betrieblicher Gebrauchsgüter stammen. Zu ihnen gehören — von Sklavenwirtschaft und Zwangsarbeit abgesehen — stets die körperlichen und geistigen Kräfte des Menschen sowie menschliche Dienste verschiedener Art. Häufig werden auch Naturkräfte als fremde Leistungsabgaben herangezogen[60].

Die *Leistungsabgaben betrieblicher Gebrauchsgüter* sind sehr verschiedenartig. Es erübrigt sich jedoch, sie gesondert von den Gebrauchsgütern zu behandeln, da ja letztere Bestände an künftigen Leistungsabgaben darstellen.

Bei den *Gebrauchsgütern* kann es sich zunächst um Sachgüter handeln wie z. B. Gebäude, die alle Dinge in ihrem Innern umgeben und in gewisser Weise schützen, Maschinen, welche es ermöglichen, Energie umzuwandeln und (bzw. oder) mechanische Arbeit zu verrichten, Vorrichtungen, die dazu dienlich sind, den Effekt, die Sicherheit usw. menschlicher Arbeit zu erhöhen. In aller Regel sind Gebrauchsdauer und Kapazitäts-Querschnitt sachlicher Gebrauchsgüter begrenzt. Eine Ausnahme bildet „der reine Boden, der nicht als Anbau- oder als Abbaugrundlage, sondern als Standortbasis dient“[61]. Seine Gebrauchsdauer ist im Prinzip unbegrenzt.

Neben diesen materiellen gibt es verschiedene Arten immaterieller Gebrauchsgüter. Als erste seien Rechte genannt, die ein ‚geistiges Eigentum‘, d. h. die ausschließliche Verfügungsgewalt über geistige Güter begründen[62]. Solche Immaterialgüterrechte sind z. B. Patente[63]

---

[59] Vgl. hierzu *Lipfert*, Helmut, Nationaler und internationaler Zahlungsverkehr, Reihe: WW, Reihe A, Nr. 28, Wiesbaden 1960, S. 11 f. und S. 21 f. Ansprüche auf Geld, die nicht im Zahlungsverkehr eingesetzt werden, betrachten wir als Gebrauchsgüter. (Wir gehen hierauf noch am Schluß dieses Abschnitts ein.)

[60] Nachdem sie durch die Freisetzung potentieller Energie (z. B. chemische oder physikalische Stoffumwandlung) oder durch die Ausnutzung kinetischer Energie (z. B. Wasser- oder Luftströmungen, die durch Schwerkraft, Temperaturgefälle u. dgl. verursacht werden) wirtschaftlich verwertbar gemacht wurden. (Tierische Kräfte sind fast immer Leistungsabgaben betrieblicher Gebrauchsgüter.)

[61] *Kosiol*, Kostenbegriff, a.a.O., S. 22.

[62] Vgl. dazu z. B. *Lindenmaier*, Fritz, Artikel: Patent- und Gebrauchsmusterwesen, in: HWB[3], Bd. III, Sp. 4287 ff., derselbe, Artikel: Lizenzen, ebda., Bd. II, Sp. 3815 ff., derselbe und *Castan*, Hans-Achim, Artikel: Warenzeichen und Zeichenschutz, ebda., Bd. IV, Sp. 6182 ff., sowie die in diesen Artikeln genannte Literatur.

[63] Auch als zeitlich unbeschränkte Lizenzen.

und Gebrauchsmusterrechte, die ein Exklusivrecht auf die Herstellung bestimmter Erzeugnisse gewähren, Warenzeichenrechte, welche die Verwendung bestimmter Zeichen und Worte schützen, Urheberrechte, u. a. m. Diese Gebrauchsgüter sind stets durch eine begrenzte Gebrauchsdauer und durch einen unbegrenzten Kapazitäts-Querschnitt gekennzeichnet.

Immaterielle Gebrauchsgüter anderer Art stellen betriebliche Rechte an Wirtschaftsgütern Dritter dar. Letztere können zunächst materielle oder immaterielle Gebrauchsgüter sein. Der Betrieb kann beispielsweise auf dem Wege der Miete, Pacht oder Leihe sachlicher Gebrauchsgüter oder bei immateriellen Gebrauchsgütern durch eine (zeitlich beschränkte) Lizenz[64] das Recht zum Gebrauch von Wirtschaftsgütern Dritter erwerben[65]. Die Gebrauchsdauer derartiger Gebrauchsgüter ist fast ausnahmslos begrenzt. Bezieht sich das betreffende Recht auf sachliche Gebrauchsgüter, so ist auch der Kapazitäts-Querschnitt begrenzt, bezieht es sich auf den Gebrauch immaterieller Gebrauchsgüter, so ist eine Begrenzung des Kapazitäts-Querschnitts durch Vertrag möglich. Gebrauchsgüter-Charakter tragen auch jene Rechte, die sich aus Verträgen über den Bezug selbständiger Verbrauchsgüter und fremder Leistungsabgaben ergeben. Beispiele solcher Verträge sind Lieferverträge mit Lieferanten und Kunden, Arbeitsverträge, Dienstverträge[66]. Regelmäßig sind die Gebrauchsdauer und der Kapazitäts-Querschnitt solcher Gebrauchsgüter begrenzt.

Schließlich sind als immaterielle Gebrauchsgüter Phänomene zu nennen wie etwa das Vorhandensein einer Stammkundschaft, das die Chance relativ sicheren Absatzes gewährt, das Bestehen eines guten Betriebsklimas, dem zufolge relativ geringe Reibungsverluste sowie relativ große Belegschaftstreue u. ä. zu erwarten sind, die Kenntnis von Rezepten und Verfahren, die zwar nicht rechtlich geschützt sind, aber als Geheimnis gewahrt werden, ferner mit dem Grundstücksbesitz verbundene Standortvorteile, die im einzelnen in einer günstigen Verkehrslage, in vorteilhaften Bedingungen des örtlichen Arbeitsmarktes, in steuerlichen Vorteilen u. ä. bestehen können, sowie Kreditwürdigkeit, Tradition, Ruf, Goodwill oder Geschäftswert eines Betriebes u. dgl. m. *Kosiol* bezeichnet sie als „wirtschaftliche Tatbestände (ökonomische Potenzen)“, als „tatsächliche Zustände mit wirtschaftlichen Auswirkungen ...“[67]. Sie unterliegen nach seiner Darstellung „regel-

---

[64] Beachte die z. B. bei Firmennamen und Warenzeichen bestehenden Verfügungsbeschränkungen.

[65] Die Rechtsordnung bietet zahlreiche Gestaltungsmöglichkeiten, auf die hier nicht im einzelnen eingegangen werden kann. Es sei z. B. auf die Pacht von Unternehmungen und auf die Pacht eines Grundstücks von einem an diesem Grundstück Erbbauberechtigten hingewiesen.

[66] Auch bergrechtliche und wasserrechtliche Vereinbarungen gehören gegebenenfalls hierher.

mäßig der reinen Nutzung. Ausnahmsweise kann jedoch ein Verbrauch stattfinden, wenn z. B. im Zusammenhang mit einer Typenbegrenzung des Fertigungsprogramms ein bestimmter Kundenkreis aufgegeben wird, so daß die sich ergebenden Vorteile der Rationalisierung mit dem Einsatz einer ökonomischen Potenz erkauft wurden“[68].

Den Ausdruck ‚reine Nutzungen‘ verwendet *Kosiol* für Leistungsabgaben, die aus dem Gebrauch von Gütern mit prinzipiell unbegrenzter Gebrauchsdauer resultieren[69]. Die oben genannten ökonomischen Potenzen‘ sind also, wenn wir *Kosiol* folgen und seine Ausdrucksweise durch die unsere ersetzen, in der Regel Gebrauchsgüter mit (prinzipiell) unbegrenzter Gebrauchsdauer. Damit ist aber noch kein Kriterium gefunden, das die Besonderheit dieser ‚ökonomischen Potenzen‘ gegenüber anderen Wirtschaftsgütern verdeutlicht. Ein solches Kriterium liegt auch nicht in der Feststellung, daß es sich um ‚wirtschaftliche Tatbestände‘ oder um ‚tatsächliche Zustände mit wirtschaftlichen Auswirkungen‘ handelt. Diesen Charakter tragen auch andere Wirtschaftsgüter. Der Zugang zur Lösung des angeschnittenen Problems ist also anderswo zu suchen.

Ein knappes Gut ist als Wirtschaftsgut eines bestimmten Betriebes zu betrachten, wenn es Gegenstand des betrieblichen Wirtschaftens ist, wenn es der betreffende Betrieb zur Verwirklichung seines Wirtschaftszweckes einsetzen kann, wenn er in diesem wirtschaftlichen Sinne darüber verfügen kann. Ein Betrieb kann sich seiner Verfügungsmacht durch irgendwelche Handlungen selbst begeben. Solange er das nicht tut, beruht seine Verfügungsmacht darauf, daß Dritte ihm dieselbe nicht streitig machen, weil sie dazu wirtschaftlich nicht in der Lage sind, weil es nicht in ihrem Interesse liegt, weil es der Sitte widerspricht oder weil ihnen die Rechtsordnung dabei im Wege steht. Den sichersten Schutz der Wirtschaftsgüter gewährleisten die im objektiven Recht wurzelnden subjektiven Rechte, vor allem Eigentumsrechte an Sachgütern, Immaterialgüterrechte, Forderungsrechte[70]. Aber nicht nur solcherart geschützte Wirtschaftsgüter, sondern „auch solche ökonomische Chancen, welche nicht durch die Rechtsordnung garantiert

---

[67] *Kosiol*, Kostenbegriff, a.a.O., S. 18.
Aus *Kosiols* Darstellung geht nicht eindeutig hervor, was er zu den „ökonomischen Potenzen“ zählt. Seine Gliederung der Wirtschaftsgüter läßt vermuten, daß „Rechtswerte“ nicht dazu gehören (vgl. o., Abschn. I B 1 b).

[68] *Kosiol*, Kostenbegriff, a.a.O., S. 18.

[69] So z. B. auch ebda., S. 21 f.

[70] Patente u. ä. Rechte gewährleisten i. d. R. ein Vorrecht zur Verwendung sachlicher Gebrauchsgüter und selbständiger Verbrauchsgüter in einer bestimmten Weise. Sie bewirken also gegebenenfalls eine Einschränkung der unmittelbaren Herrschaftsrechte, die Dritten aus dem Eigentum an Sachgütern ansonsten erwachsen. Auch Forderungsrechte stehen in der Regel in engem Zusammenhang mit der Ausübung der Befugnisse, die mit dem Sacheigentum verbunden sind.

sind und deren Garantierung sie sogar grundsätzlich ablehnt, sind Gegenstände ..." des betrieblichen Wirtschaftens[71]. Betrachten wir die oben und die bei *Kosiol* angeführten Beispiele (,ökonomischer Potenzen'), so stellen wir fest, daß es sich um derartige ,ökonomische Chancen' handelt. Es ist nicht leicht, ihr Wesen kurz und treffend auszudrücken. Die Bezeichnung ,ökonomische Potenzen' läßt den Unterschied, der zwischen den gemeinten und den übrigen Wirtschaftsgütern besteht, nicht deutlich genug hervortreten. Am ehesten scheint uns der Ausdruck ,konzedierte' Wirtschaftsgüter die Besonderheit des fraglichen Güterkomplexes wiederzugeben[72]. Ihre Verfügbarkeit beruht, wenn wir vom diesbezüglichen Verhalten des Betriebes selbst absehen, auf der besonderen Gunst der jeweiligen Umstände, in denen sich der Betrieb befindet, und diese Gunst der Umstände stellt gewissermaßen eine Konzession dar, auf welche der Betrieb keinen rechtlichen Anspruch hat (jedenfalls gewährleistet die Rechtsordnung den Bestand dieser Güter nicht unmittelbar). Die ,konzedierten' Wirtschaftsgüter bestehen ,per situationem' und alle sonstigen, die wir ,garantierte' Wirtschaftsgüter nennen, ,per institutionem'.

Unsere bisherigen Bemühungen, die immateriellen Gebrauchsgüter zu klassifizieren und zu charakterisieren, knüpften an rechtliche Tatbestände an. Dafür war die Überlegung maßgeblich, daß sich so die Eigenart der — in der Literatur über Theorie und Praxis des betrieblichen Rechnungswesens oft vernachlässigten — konzedierten Wirtschaftsgüter am besten verdeutlichen läßt. Diese Güter hervorzuheben, erschien hier auch deshalb gerechtfertigt, weil sie unter dem Gesichtspunkt des Verbrauchs der mit ihnen verbundenen Chancen eine Besonderheit aufweisen: ihre Gebrauchsdauer ist im Prinzip durchweg unbegrenzt, tatsächlich ist jedoch ihr Bestand in außergewöhnlichem Maße durch die Gefahr qualitativen Verbrauchs, der sich zudem oft unbemerkt vollzieht, bedroht[73].

---

[71] Max *Weber*, a.a.O., S. 380.

[72] In älteren nationalökonomischen Veröffentlichungen finden sich die Bezeichnungen ,Verhältnisse' und ,Unterlassungen'. Die Meinungen, ob und inwieweit es sich dabei um Wirtschaftsgüter handelt, gehen auseinander. Vgl. dazu *Amonn*, Alfred, Objekt und Grundbegriffe der theoretischen Nationalökonomie, 2. erw. Auflage, Leipzig und Wien 1927, S. 290 ff.

[73] Wie noch zu zeigen sein wird, heben sie sich von den garantierten Wirtschaftsgütern auch durch besondere Bewertungsprobleme ab.

In mancher Hinsicht hat die Unterscheidung konzedierter und garantierter Wirtschaftsgüter freilich nur formale Bedeutung. Das zeigt sich z. B. darin, daß eine Erfindung durch die Erteilung eines Patents den Status eines konzedierten Wirtschaftsgutes verliert und ein (rechtlich) garantiertes Wirtschaftsgut wird, oder darin, daß konzedierte Wirtschaftsgüter wie Kundenadressen oder Angaben über Bezugsquellen verkauft und damit gegen garantierte Wirtschaftsgüter ausgetauscht werden können. Ein interessantes Beispiel bilden auch die mit den Betriebsgrundstücken verknüpften Standortbedingungen. Sie sind als solche kein Gegenstand der Rechtsord-

Eben wurde festgestellt, daß knappe Güter als Wirtschaftsgüter eines Betriebes anzusehen sind, wenn sie sich in dessen Verfügungsgewalt befinden. Die Verfügungsmacht eines Betriebes ist eine bestimmte Beziehung, die zwischen dem Betrieb und seinen Wirtschaftsgütern besteht. Das Vorhandensein jener Beziehung ist Voraussetzung dafür, daß die betreffenden Wirtschaftsgüter als Mittel zur Verwirklichung des Wirtschaftszweckes gerade dieses Betriebes verwendet werden können, daß sie Verfügungsobjekte dieses Betriebes sind[74]. Die Verfügungsmacht über knappe Güter ist deshalb selbst begehrt und so knapp wie die Güter, auf die sie sich erstreckt.

Ein Betrieb kann die Verfügungsmacht über ein bestimmtes Wirtschaftsgut zunächst dadurch erwerben, daß er dieses Gut erzeugt. Das setzt den Verbrauch anderer Güter voraus, die bisher in seiner Verfügungsmacht standen. Weiterhin kann er die Verfügungsmacht über das betreffende Gut erlangen, indem er es im Tausch gegen ein anderes, ihm bisher verfügbares Gut von einem Dritten erwirbt[75]. In beiden Fällen steht einem Zuwachs von Verfügungsmacht eine Minderung von solcher gegenüber. Es handelt sich um Vorgänge, die in Ausübung vorhandener Verfügungsmacht zu wirtschaftlichen Zwekken erfolgen. Überspitzt können wir so sagen: Der Erwerb bestimmter Güter steht hier im Vordergrund. Möglicherweise führen Produktion und Tausch von Gütern zu einer Mehrung des Bestandes an betrieblichen Wirtschaftsgütern und damit auch zu einer Mehrung der betrieblichen Verfügungsmacht. Immer aber ist vorausgesetzt, daß der Betrieb schon vorher mit Verfügungsmacht ausgestattet war. Es ist offenbar ein Wesensmerkmal wirtschaftlicher Betriebe, daß ihnen von Wirtschaftssubjekten Verfügungsmacht übertragen worden ist[76]. Diese

---

nung und lassen sich deshalb als konzedierte Wirtschaftsgüter auffassen. So lange sich jedoch die Standortbedingungen nicht ändern, können die Rechte des Grundstückseigentümers (oder -besitzers) einen faktisch monopolartigen Schutz der vorhandenen Standortvorteile bewirken.

[74] Entscheidend ist nicht das rechtliche Eigentum, denn „wirtschaftlich kommt es auf die tatsächliche Verfügung an" (*Schäfer*, Erich, Die Unternehmung, Einführung in die Betriebswirtschaftslehre, Köln und Opladen 1949, S. 135). Wir sehen davon ab, in diesem Zusammenhang von ‚wirtschaftlichem Eigentum' zu sprechen, da dieser — unglücklich gebildete — Ausdruck leicht mißdeutet werden könnte (vgl. dazu z. B. *Ascher*, Theodor, Artikel: Bilanzierung fremden Eigentums, in: HWB[3], Bd. I, Sp. 1130 ff., und die dort angeführte Literatur).

[75] Von einem Tausch sprechen wir hier nur unter der Voraussetzung, daß beide Tauschgüter im Zeitpunkt des Tausches vorhanden sind; genauer gesagt, wir bezeichnen es nicht als Tausch, wenn ein verfügbares Gut gegen einen Anspruch auf ein in einem späteren Zeitpunkt verfügbares Gut hingegeben wird.

[76] Die Genesis der Verfügungsmacht und ihrer Verteilung auf die einzelnen Wirtschaftssubjekte kann hier nicht nachgezeichnet werden. Wir haben uns vielmehr mit der Feststellung zu begnügen, daß in jedem Zeitpunkt eine bestimmte Menge und Verteilung wirtschaftlicher Verfügungs-

Übertragung, d. h. der Verzicht auf die Ausübung von Verfügungsmacht zugunsten des Betriebes, kann bedingungslos oder unter bestimmten Auflagen, er kann freiwillig oder unter Zwang zustande kommen: Gegen Eigentumsrechte am Betrieb (Kapitaleinlagen) oder gegen Forderungsrechte (Darlehen usw.), in Form der Stiftung oder der Schenkung[77]. In jedem Falle dienen dabei als Medium der Überlassung knappe Güter, die in den Verfügungsbereich des Betriebes überführt werden[78]. Im Vordergrund steht aber hier der Erwerb von Verfügungsmacht.

Im Verlaufe der Betriebstätigkeit ergeben sich durch die Ausübung der betrieblichen Verfügungsmacht und auch durch ungewollte Ereignisse fortgesetzt Veränderungen in der Zusammensetzung der betrieblichen Wirtschaftsgüter nach Art und Zahl. Der Bestand an solchen kann deshalb nur als der aktuelle, deutliche Ausdruck der generellen, gleichsam anonymen Verfügungsmacht des Betriebes angesehen werden. Sie steht immer als Ganzes der Gesamtheit aller betrieblichen Wirtschaftsgüter gegenüber. Demzufolge kann auch der Gebrauch dieser Verfügungsmacht, m. a. W. der Verbrauch der Chancen, die aus dieser Verfügungsmacht erwachsen, nicht mit dem Ausscheiden der betrieblichen Wirtschaftsgüter aus dem betrieblichen Verfügungsbereich

---

macht gegeben ist und daß diese Macht von ihren Trägern zu wirtschaftlichen Zwecken in Betrieben eingesetzt wird.

[77] Abgaben an Gebietskörperschaften bedeuten einen durch Gesetz erzwungenen Verzicht auf Verfügungsmacht. Auch die Gewährung von Darlehen und die Einlage von Kapital kann unter Zwang erfolgen. Verzicht auf Verfügungsmacht ist aber nicht gleichbedeutend mit ihrem Verbrauch. (Vgl. hierzu und zu Schenkungen an Betriebe, die im Eigentum irgendwelcher Rechtssubjekte stehen, Anm. 79 dieses Teils der Arbeit.)

[78] Umgekehrt gilt dasselbe für die Rückgabe der Verfügungsmacht in die Hände derer, von denen sie der Betrieb empfing, sofern eine solche Rückgabe ausbedungen wurde. Bei Forderungen ist die Art und Zahl der Güter bekannt, die als Medium der Rückerstattung dienen sollen. Bei Eigentumsansprüchen liegt nur fest, daß alle Güter, die nach Auflösung des Betriebes und nach Erfüllung aller seiner Schuldverpflichtungen noch verbleiben, den Betriebseigentümern zustehen.

[79] In diesem Zusammenhang ist eine weitere Besonderheit dieses Gutes ‚Verfügungsmacht' hervorzuheben. Die Wirtschaftsgüter eines Betriebes, ausgenommen die Verfügungsmacht selbst, sind, wie gesagt, Ausdruck seiner Verfügungsmacht, und zwar sind sie die einzig mögliche Verkörperung derselben. Gehen betriebliche Wirtschaftsgüter infolge betrieblicher Verfügungen oder äußerer Ereignisse gegenwertslos unter, so schwindet auch die an sie gebundene Verfügungsmacht. Während bei allen anderen Wirtschaftsgütern ein solches Untergehen als Verbrauch anzusprechen ist, würde diese Deutung dem wirtschaftlichen Tatbestand beim Schrumpfen der betrieblichen Verfügungsmacht nicht gerecht. Jede Minderung der betrieblichen Verfügungsmacht ist vielmehr gleichbedeutend mit der Rückgabe oder Weggabe von Verfügungsmacht an Außenstehende. Wo die Überlassung der Verfügungsmacht mit der Entstehung von Eigentumsansprüchen oder Forderungsansprüchen verbunden war, bewirkt das Schrumpfen der betrieblichen Verfügungsmacht eine Minderung (bzw. Einbuße) der dem Betrieb gegenüber bestehenden Ansprüche (Eigenkapitalminderung

identisch sein[79]. Die Verfügungsmacht über Wirtschaftsgüter ist vielmehr ein Gut, das unabhängig davon, wie diese Verfügungsmacht ausgeübt wird und worin sie ihren augenblicklichen Ausdruck findet, allein durch sein Vorhandensein, seine Vorrätigkeit im Zeitablauf Chancen darbietet. Diese Chancen bestehen darin, daß über Wirtschaftsgüter im Zeitablauf verfügt werden kann, wobei dahingestellt bleibt, ob die entsprechenden Verfügungen auf ein bestimmtes Handeln oder aber auf ein Unterlassen gerichtet sind, ob sie ausdrücklich erfolgen oder aber aus dem Fehlen ausdrücklicher Verfügungen entnommen werden können, ob sie bewußt oder aber unbewußt vorgenommen werden. „Die in jedem Augenblick gegebene Verfügbarkeit ist mit dem Schwinden der Zeit unwiederbringlich dahin und nicht mehr nutzbar“[80].

Die betriebliche Verfügungsmacht kann nach dem Bisherigen als immaterielles Gebrauchsgut mit prinzipiell unbegrenzter Gebrauchsdauer und mit begrenztem Kapazitäts-Querschnitt aufgefaßt werden. Das Rechtsverhältnis, das zwischen dem Betrieb und jenen Subjekten besteht, die ihn mit Verfügungsmacht ausstatteten, sichert den betrieblichen Gebrauch dieses Gutes und verhindert, daß dem Betrieb seine Verfügungsmacht willkürlich entzogen werden kann. Die betriebliche Verfügungsmacht ist insofern ein ‚garantiertes‘ Wirtschaftsgut. Ihre Einordnung in die entsprechende Rubrik der nachfolgenden Gliederung der betrieblichen Wirtschaftsgüter wird jedoch, wie hervorgehoben werden muß, ihrem Wesen nicht vollständig gerecht: Im Gegensatz

---

oder Überschuldung durch Verluste). Umgekehrt bedeutet die Verwendung von Gewinnen zur Selbstfinanzierung eines Betriebes eine Mehrung der Eigentumsansprüche gegen den Betrieb (vgl. dazu *Oettle*, Karl, Artikel: Selbstfinanzierung, in: HWB[3], Bd. III, Sp. 4848 f.); dasselbe gilt auch für Schenkungen an Betriebe mit Eigentümer-Kapital. Beide wirken letzten Endes wie Einlagen von Eigenkapital.

Bei Stiftungsbetrieben und anderen Betrieben ohne Eigentümer kommt dagegen das Schrumpfen der Verfügungsmacht einer Entäußerung (bzw. Verteilung) derselben und das Wachsen der Verfügungsmacht einer Aneignung solcher gleich (in beiden Fällen vorausgesetzt, daß die Überschuldungsgrenze nicht unterschritten ist).

Anders ausgedrückt: Im Wachsen und Schrumpfen der betrieblichen Verfügungsmacht kommen nicht die Faktoren des Wirtschaftserfolgs (Güterentstehung und Güterverbrauch) zum Ausdruck, sondern der Erfolg selbst.

80 *Kosiol*, Kostenbegriff, a.a.O., S. 22.

Kosiol sieht im Anschluß an *Schmalenbach* in der „abstrakten Vorrätigkeit von Wirtschaftsgütern“ einen „Wert sui generis“, der als Kapital bezeichnet wird. Er tritt „zur spezifischen Gütereigenschaft als Real- oder Nominalgut noch“ hinzu und „bedeutet technisch-ökonomisch die reine Nutzungsmöglichkeit im Produktionsprozeß, die Verfügungsbereitschaft für die betriebliche Kombination und Transformation. Dadurch tragen alle Wirtschaftsgüter, die in einer Wirtschaftseinheit als Vermögen vorrätig sind, durch dieses Vorhandensein an sich generell Kapitalcharakter“ (ebda., S. 21).

Vgl. dazu die Verwendung des Terminus ‚Kapital‘ in dieser Arbeit (s. u., Abschn. I B 3 c).

zu allen übrigen Wirtschaftsgütern eines Betriebes, die nur Verfügungsobjekte sind, ist sie eben (auch) Verfügungsmacht[81].

Nunmehr fällt es auch leicht, Ansprüche auf Geld (und Devisen) zu charakterisieren, die nicht dem Zahlungsverkehr gewidmet sind. Der Betrieb kann die Verfügungsmacht, die er von anderen Wirtschaftssubjekten empfing, auch derart ausüben, daß er sie über das Medium knapper Güter unter der Bedingung späterer Rückerstattung auf Dritte überträgt. Die so entstehenden Ansprüche auf Geld sind immaterielle Gebrauchsgüter mit (i. d. R. von vornherein) begrenzter Gebrauchsdauer und begrenztem Kapazitäts-Querschnitt. Wie die betriebliche Verfügungsmacht selbst sind sie vertraglich gesichert, d. h. rechtlich garantiert. Die Chancen, die sie darbieten, sind identisch mit der Gegenleistung, die sich der Betrieb für den zeitweiligen Verzicht auf die Ausübung seiner Verfügungsmacht ausbedungen hat. Gewöhnlich handelt es sich bei dieser Gegenleistung um Geldzahlungen; der Betrieb hat dann ein Recht an selbständigen Verbrauchsgütern Dritter erworben. Die Gegenleistung kann aber auch (evtl. z. T.) in anderem bestehen, z. B. bei Wohnungsbaudarlehen in der Einräumung von Rechten an materiellen Gebrauchsgütern Dritter.

Über Beteiligungen eines Betriebes an anderen Betrieben wäre weitgehend dasselbe zu sagen. Sie sind wie die eben genannten Ansprüche auf Geld immaterielle Gebrauchsgüter, und zwar ‚Rechte an Wirtschaftsgütern Dritter', mit dem Unterschied, daß weder die Gegenleistung für die Überlassung von Verfügungsmacht, noch der Kapazitäts-Querschnitt des Gebrauchsguts, noch seine Gebrauchsdauer von vornherein fixiert werden (können).

Übersicht über die betrieblichen Wirtschaftsgüter:

A. Verbrauchsgüter
   1. selbständige Verbrauchsgüter (Stoffe und Zahlungsmittel)
   2. Leistungsabgaben
      a) fremde Leistungsabgaben (Naturkräfte, menschl. Kräfte, Dienste)
      b) Leistungsabgaben betrieblicher Gebrauchsgüter[82]

B. Gebrauchsgüter
   1. materielle Gebrauchsgüter (Grundstücke, Gebäude, Maschinen, Vorrichtungen)

---

[81] Um die Eigenart des Nominalgutes Geld zu kennzeichnen, nennt es *Wendt* den „Träger allgemeiner wirtschaftlicher Verfügungsmacht" (*Wendt*, Siegfried, Artikel: Geld und Geldtheorien, in: HWB[3], Bd. II, Sp. 2123). Die mit einem Geldbetrag verbundene allgemeine wirtschaftliche Verfügungsmacht im Sinne von *Wendt* kann aber nur einmal und alternativ ausgeübt werden und unterscheidet sich dadurch von der betrieblichen Verfügungsmacht in dem von uns gemeinten Sinne.

[82] Die Leistungsabgaben betrieblicher Gebrauchsgüter können ihrer Herkunft entsprechend, d. h. wie die Gebrauchsgüter untergliedert werden.

2. immaterielle Gebrauchsgüter
   a) geistiges Eigentum (durch Immaterialgüterrechte geschützte geistige Güter des Betriebs)
   b) betriebliche Rechte an Wirtschaftsgütern Dritter
      aa) betriebliche Rechte an materiellen Gebrauchsgütern Dritter
      bb) betriebliche Rechte an geistigem Eigentum Dritter
      cc) betriebliche Rechte, deren Gegenstand selbständige Verbrauchsgüter Dritter und fremde Leistungsabgaben sind
   c) betriebliche Verfügungsmacht
   d) konzedierte Wirtschaftsgüter.

f) Zusammenfassende Betrachtung

Unsere Untersuchung über die Bedeutung des Ausdrucks ‚Güterverbrauch' im Rahmen der Kostendefinition kann nun damit abgeschlossen werden, daß wir die Feststellungen über die Eigenart der betrieblichen Wirtschaftsgüter und über den Charakter, die Ursachen und die Zwecke ihres Verbrauchs zusammenfassen und in Bezug zueinander bringen. Angesichts der Vielfalt der im einzelnen unterscheidbaren Güterarten, Verbrauchsvorgänge, Verbrauchsursachen und Verbrauchszwecke sahen wir uns schon bisher dazu gezwungen, unsere Betrachtung auf die wesentlichsten Fakten zu beschränken. Aus denselben Gründen und auch deshalb, weil weder die Art noch die Ursache noch der Zweck eines Güterverbrauchs im Betriebe gleich einer Gütereigenschaft von vornherein gegeben ist, müssen wir uns auch im folgenden mit einer knappen Charakterisierung begnügen[83].

Der *freiwillige (willentliche, beabsichtigte) Verbrauch,* mit dem die Erzeugung bestimmter Leistungen bezweckt wird, geht auf entsprechende betriebliche Verfügungen zurück. Er ist im wesentlichen quantitativer Natur und umfaßt die verschiedensten Verbrauchsgüter. Seine Zusammensetzung hängt einerseits von Art und Zahl der zu erzeugenden Leistungen und andererseits von den Daten der betrieblichen Wirtschaftstätigkeit ab. Genauer gesagt sind nicht die objektiv gegebenen Bedingungen der betrieblichen Wirtschaftstätigkeit entscheidend, son-

[83] Unter Umständen lassen sich Güter völlig gleicher Art in einem bestimmten Betrieb und erst recht in verschiedenen Betrieben verschiedenartig verwenden: Ein bestimmter Boden kann z. B. als Standortbasis, zum industriellen Abbau und zum landwirtschaftlichen Anbau benutzt werden; ein Diamant kann Rohstoff oder Hilfsstoff der Produktion sein; für Holz, Kohle, Öl, Leuchtgas und vieles andere gilt Gleiches oder Ähnliches.

dern die diesbezüglichen subjektiven Annahmen, von denen die den Güterverbrauch disponierenden Betriebsinstanzen ausgehen[84]. Der Grund hierfür ist darin zu suchen, daß der leistungsgerichtete Güterverbrauch, wie schon gesagt, auf der subjektiven Erwartung beruht, er zeitige Leistungen. Ob sich diese Erwartung mit dem objektiven Tatbestand deckt, bleibt dahingestellt. Abgesehen von dem Spielraum, der bei der Anpassung an die gemeinten Daten besteht, ergibt sich also der leistungsgerichtete Güterverbrauch gewissermaßen zwangsläufig.

Der freiwillige Verbrauch muß nicht unbedingt auf die Erzeugung bestimmter, nach Art und Zahl festgelegter Leistungen gerichtet sein. Als (extremes) Beispiel sei hier der Verbrauch von Gütern im Zusammenhang mit Geschenken an Außenstehende angeführt. Dabei kann es sich um Geldgeschenke handeln, d. h. um einen quantitativen Verbrauch von Geld. Solchen Geschenken kommt die freiwillige Zahlung von Beiträgen an irgendwelche Organisationen gleich, wenn sie nicht in Erwartung eines äußeren Gegenwerts erfolgt und auch nicht darauf abzielt, bestimmte Leistungen hervorzubringen. Werden andere selbständige Verbrauchsgüter (Stoffe) oder Gebrauchsgüter verschenkt, so stellt auch dies einen quantitativen Verbrauch (hier Verzicht auf Chancen) dar[85]. Es versteht sich, daß Umfang und Zusammensetzung dieses Verbrauchs im Unterschied zu jenem, mit dem die Erzeugung bestimmter Leistungen bezweckt wird, stark vom Ermessen und von der Situation des Betriebes abhängt.

Dem *erzwungenen Verbrauch* liegen häufig Anordnungen zugrunde. Insoweit besteht er fast durchweg (hauptsächlich) im quantitativen Verbrauch von Geld. Zunächst dreht es sich um Steuern, d. h. um einen Verbrauch „aus Auflagen, die dem Betrieb ohne sein Zutun nach Gesichtspunkten der öffentlichen Finanzwirtschaft gemacht werden und die mit dem Betriebszweck nichts zu schaffen haben“[86]. Sie sind „heutzutage stets unmittelbares Geldopfer“[87]. Entsprechend verhält es sich mit Beiträgen, wie sie z. B. von Gemeinden, Gemeindeverbänden, Körperschaften des öffentlichen Rechts mit Zwangsmitgliedschaft (Berufsgenossenschaften, Industrie- und Handelskammern), Zwangsversicherungsträgern u. dgl. erhoben werden, wenn irgendwelche Einrichtungen dieser Institutionen — unabhängig davon, ob sie in Anspruch genom-

---

[84] Beim Verbrauch von Stoffen, Kräften und manchen Diensten sowie beim Verbrauch von Chancen, die aus dem Gebrauch materieller Gebrauchsgüter mit begrenzter Gebrauchsdauer erwachsen, stehen die technischen Bedingungen der Produktion für einen bestimmten Bedarf im Vordergrund.

[85] Im Hinblick auf den Zusammenhang zwischen Geschenken und dem Schrumpfen der betrieblichen Verfügungsmacht über Wirtschaftsgüter vgl. Anm. 79 dieses Teils der Arbeit.

[86] *Walb*, Erfolgsrechnung, a.a.O., S. 35.

[87] Ebda., S. 37; vgl. auch *Kosiol*, Kostenbegriff, a.a.O., S. 19 f.

men werden oder nicht — den „Beitragspflichtigen nach objektiven Merkmalen einen Vorteil bringen“[88].

In beschränktem Umfang kann auch der quantitative Verbrauch einer Reihe anderer Verbrauchsgüter durch Anordnung erzwungen sein. „Hier ist die Tatsache zu beachten, daß die Betriebe verpflichtet sind, ihre Steuern und Beiträge selbst zu errechnen, Erklärungen darüber abzugeben und in vorgeschriebener Form ... den Nachweis für die Richtigkeit ihrer Angaben zu führen, ferner die Abzüge vom Arbeitslohn unter Beachtung oft komplizierter Bestimmungen vorzunehmen und die Beträge an die öffentlichen Kassen abzuführen, Auskünfte zu erteilen, der Steueraufsicht Hilfsdienste zu leisten und dergleichen mehr[89].“ Schließlich kann ein quantitativer Verbrauch von Stoffen, von

---

[88] *Nöll v. d. Nahmer,* Robert, Artikel: Öffentliche Einnahmen und Ausgaben, in: HWB[3], Bd. III, Sp. 4177 f.

Beispiele solcher Beiträge sind: Anliegerbeiträge, Berufsschulbeiträge, Beiträge an Berufsgenossenschaften und an Industrie- und Handelskammern, Beiträge zur gesetzlichen Feuer- und Haftpflichtversicherung.

Erzwungener Güterverbrauch liegt hier insofern vor, als der Betrieb in diesen Fällen keine Wahlfreiheit hat. Er hat die betreffenden Zahlungen selbst dann zu leisten, wenn diesen überhaupt keine subjektiven Vorteile gegenüberstehen. Anders bei den Gebühren: Verwaltungsgebühren (z. B. Eichgebühren, Patentgebühren, Kataster-, Grundbuch- und baupolizeiliche Gebühren, auch Beurkundungsgebühren) und Benutzungsgebühren (z. B. Telefongebühren, Hafengebühren, Ausstellungsgebühren) rechnen wir — mit wenigen Ausnahmen — zum freiwilligen Verbrauch, da sie vom Betrieb als Mittel zur Erreichung der betrieblichen Zwecke angesehen werden und nur im Zusammenhang mit ‚ad hoc‘-Entscheidungen des Betriebes anfallen. Als Ausnahmen sind Strafgebühren (z. B. gebührenpflichtige Verwarnungen für die Übertretung von Verkehrsgeboten), Geldstrafen und die dem Betrieb durch Kostenentscheid auferlegten Kosten eines Prozesses, sofern dieser Prozeß nicht durch die Klage des Betriebs veranlaßt wird, u. ä. zu nennen.

Kosiol untersucht in seinem Aufsatz, ob „diese beiden Abgaben (Gebühren und Beiträge, Md.) unter den Verbrauch von Dienstleistungen einzugliedern“ sind, oder ob es sich „um die erzwungene Hingabe von Geld“ handelt. Er kommt zu dem Ergebnis, daß das letztere der Fall ist (Kostenbegriff, a.a.O., S. 20 f.). Das entspricht nur zum Teil unserer Auffassung. Wie obige Ausführungen zeigen, ist der mit der Entrichtung von Gebühren zusammenhängende Verbrauch nicht in jedem Falle erzwungen. Wenn die Zahlung von Gebühren zum Erwerb spezifischer Rechte führt, erscheint es uns außerdem zulässig, vom Verbrauch entsprechender Leistungsabgaben zu reden. Ob die einzelnen Gebühren „eine vollwertige Bezahlung der entstehenden Rechte“ darstellen (*Kosiol,* ebda., S. 20), bleibt dahingestellt. Schließlich kann die Gebührenzahlung auch den Erwerb einer fremden Leistungsabgabe (Dienstleistung) bezwecken.

[89] *Kosiol,* ebda., S. 21. Er fährt fort: „Diese Arbeitsleistungen sind kraft Gesetzes zu erbringen und stellen somit erzwungenen Güterverbrauch dar.“ Ergänzend ist darauf hinzuweisen, daß hier nicht nur der Verbrauch menschlicher Kräfte erzwungen wird, sondern auch der Verbrauch von Büromaterial, u. U. auch der Verbrauch von Diensten Angehöriger steuerberatender Berufe, der unmittelbare Verbrauch von Chancen aus dem Gebrauch von Büromaschinen u. a. m.

Dieter *Pohmer* apostrophiert diese unentgeltlich zu erbringenden Realleistungen treffend als „Frondienste“ (*Pohmer,* Dieter, Grundlagen der betriebswirtschaftlichen Steuerlehre, Reihe: Wirtschaftswissenschaftliche Ab-

Geld und von Chancen aus dem Gebrauch sachlicher Gebrauchsgüter bzw. aus dem von Rechten an solchen durch Anordnungen in Form behördlicher Beschlagnahme erzwungen werden. Diesem Fall kommt besonders bei abnormalen Wirtschaftsverhältnissen Bedeutung zu[90].

Dem sonstigen (nicht durch Anordnungen) erzwungenen Verbrauch können alle selbständigen Verbrauchsgüter sowie alle in betrieblichen Gebrauchsgütern steckenden (künftigen) Leistungsabgaben unterliegen. Er hat verschiedene Ursachen[91].

Zunächst sei der natürliche Verschleiß genannt, der sich z. B. im Verwittern, Verrosten, Verdunsten und in der Zersetzung von Stoffen bzw. von materiellen Gebrauchsgütern mit begrenzter Gebrauchsdauer äußern kann (quantitativer, in manchen Fällen auch qualitativer Verbrauch).

Eine Reihe anderer Ursachen führt im Gegensatz zum natürlichen Verschleiß zu einem weder dem Zeitpunkt noch dem Umfang nach vorhersehbaren Verbrauch: Der Katastrophenverschleiß in Form von Brandschäden, Wasserschäden, Maschinenbruch, Verkehrsschäden und anderen Folgen von Betriebs- oder Verkehrsunfällen kann die vollständige oder teilweise Vernichtung von Stoffbeständen und Bargeldbeständen sowie von abnutzbaren sachlichen Gebrauchsgütern bewirken (quantitativer oder auch qualitativer Verbrauch von selbständigen Verbrauchsgütern und von Leistungsabgaben betrieblicher Gebrauchsgüter). Außerdem kann er auch Schadensersatzverpflichtungen nach sich ziehen. Eine Ursache solchen (nicht durch Anordnungen) erzwungenen Verbrauchs finden wir auch in den Zugriffen „Unberechtigter auf Wirtschaftsgüter, die zum Entzug dieser Güter führen"[92]. Beispiele dafür sind der Diebstahl von Bargeldbeständen, von beweglichen Sachgütern (etwa von Stoffen, Geräten, Fahrzeugen), weiterhin der Entzug von Ansprüchen auf Geld (z. B. durch Scheckbetrug oder durch unberechtigten Einzug von Forderungen) und die unbefugte Nutzung von Grundstücken oder von geistigen Hilfsmitteln, die durch Immaterial-

handlungen, Volks- und betriebswirtschaftliche Schriftenreihe der Wirtschafts- und Sozialwissenschaftlichen Fakultät der Freien Universität Berlin, hrsg. v. Erich Kosiol und Andreas Paulsen, Heft 12, Berlin 1958 — künftig zit. ‚Grundlagen', S. 90 ff.; vgl. vom selben Verf., Über die Bedeutung des betrieblichen Werteumlaufs für das Rechnungswesen der Unternehmungen, in: Organisation und Rechnungswesen, Festschrift für Erich Kosiol zu seinem 65. Geburtstag, hrsg. v. Erwin Grochla, Berlin 1964 — künftig zit. ‚Werteumlauf' —, S. 305 ff., s. dort S. 344 f.).

[90] Bei normalen Wirtschaftsverhältnissen stellt die zwangsweise Enteignung eine Ausnahmeerscheinung dar, die i. d. R. mit widerrechtlichem Verhalten zusammenhängt (z. B. Enteignung im Zwangsvollstreckungsverfahren; Beschlagnahme von Druckerzeugnissen, weil ihre Herstellung gegen das Urheberrecht verstößt, weil sie Verleumdungen enthalten u. ä.).

[91] Vgl. dazu *Kosiol*, ebda., S. 18 f.

[92] *Kosiol*, ebda., S. 19.

güterrechte (des Betriebs oder Dritter, von denen der Betrieb die Gebrauchsrechte übertragen erhielt) gesichert sind (z. B. Patente, geschützte Gebrauchsmuster, geschützte Markennamen). Ähnlich verhält es sich auch mit Forderungsausfällen. Meist führen diese Vorgänge zu einem quantitativen Verbrauch. Eingriffe Unbefugter in Immaterialgüterrechte verursachen jedoch insoweit einen qualitativen Verbrauch, als nicht die Zahl der Chancen, die aus dem künftigen Gebrauch dieses Rechts erwachsen, sondern deren Qualität beeinträchtigt wird[93].

Hier ist nachzutragen, daß der Betrieb dem Zeitpunkt und Umfang nach unvorhersehbaren Verbrauch der zuvor genannten Art meist vermeiden, genauer: durch freiwilligen Verbrauch anderer Wirtschaftsgüter ersetzen kann, indem er sich gegen die betreffenden Risiken versichert[94]. Im Schadensfalle „wird der Versicherte — in den Grenzen der Deckung — von den wirtschaftlichen Folgen freigestellt. Der im Schadensereignis liegende Realgüterverzehr oder Nominalgüterverzehr ist deshalb insoweit nicht mehr dem Transformationsprozeß der versicherten Unternehmung, sondern dem Versicherungsunternehmen zuzurechnen"[95]. Dem betrieblichen Verbrauch unterliegen statt dessen die Chancen aus dem Recht auf Entschädigung, das der Betrieb durch die Zahlung der Versicherungsprämien erwirbt. Dieses Recht ist ein Gebrauchsgut mit begrenztem Kapazitäts-Querschnitt und teils vereinbarter, teils nicht von vornherein festgelegter Gebrauchsdauer.

---

[93] Wenn z. B. die Rechte eines Betriebs aus einem Patent auf die Alleinherstellung bestimmter Erzeugnisse von anderen Betrieben mißachtet werden, so bedeutet das keine Minderung der Zahl der objektiv wahrnehmbaren Chancen für den Betrieb. Die wirtschaftliche Qualität dieser Chancen kann sich jedoch durch den Eingriff in die Rechte des Betriebs so sehr mindern, daß die betreffenden Chancen praktisch gänzlich untergehen (die Knappheit der betreffenden Chancen wird auf direkte Weise, ihre Eignung als Mittel zur Erreichung des Wirtschaftsziels wird auf indirekte Weise verringert).

[94] Eine Ausnahme bilden Zwangsversicherungen, die einen durch Anordnung erzwungenen Verbrauch hervorrufen.

[95] *Pohmer*, Werteumlauf, a.a.O., S. 338 f.

Pohmer fährt fort: „Bei der sog. ‚Selbstversicherung' sieht es eigentlich nicht anders aus. Nur tritt in diesem Falle der Unternehmerhaushalt an die Stelle der Versicherungsunternehmung". Ihm, der die Bereitschaft zur Übernahme von Risiken aufbringt, müßte also der mit dem Schadensereignis eintretende Güterverzehr zugerechnet werden, *dem Betrieb dagegen jener, der im Einsatz der Risikobereitschaft des Unternehmers liegt.* Es erscheint konsequent, wenn *Pohmer* feststellt, diese Überlegungen träfen an sich auch für das Unternehmerwagnis (i. e. S.) zu (ebda., S. 336).

Sehen wir es richtig, so stellt nach seiner Auffassung „der im Schadensereignis liegende Realgüterverzehr oder Nominalgüterverzehr" niemals betrieblichen Verbrauch dar: stehen ihm keine Versicherungsleistungen gegenüber, dann ist er dem Unternehmerhaushalt zuzurechnen; insoweit er durch Versicherungsleistungen abgedeckt wird, erfährt der Unternehmerhaushalt (nicht der Betrieb!) eine Entlastung durch die betreffende Versicherung. Man kann noch weiter gehen und folgern, daß dann die Zahlung der Versicherungsprämien eigentlich als Angelegenheit des Unternehmerhaushalts betrachtet werden muß, der deshalb einem Versicherungsunter-

Die Minderung von Chancen aus konzedierten Gebrauchsgütern kann ebenfalls durch den Zugriff Außenstehender erfolgen, doch braucht dieser Zugriff nicht widerrechtlich zu sein (z. B. Abwerbung von Kunden und Belegschaftsmitgliedern, Schädigung des Betriebsklimas, Minderung der Standortvorteile; widerrechtlich ist u. a. der Verrat von Betriebsgeheimnissen, unlauterer Wettbewerb, sittenwidriges Verhalten, Vertragsbruch oder Verleitung zu solchem). In bezug auf den Charakter des Verbrauchs gilt hier dasselbe wie bei entsprechend erzwungenem Verbrauch garantierter Wirtschaftsgüter.

Schließlich sind noch zwei Erscheinungen zu betrachten, die als ‚wirtschaftlich-technische Überholung' und als ‚Außenwertminderung' bezeichnet werden. Die erstere betrifft nur die Chancen aus dem künfti-

---

nehmen gleicht, das einen Teil seiner Risiken durch Rückversicherungen abdeckt und im Eigenkapital des Unternehmers eine Art Schadenrückstellung besitzt. Dafür kann er von der Unternehmung ein Entgelt erwarten, dessen Höhe ebensowenig wie die regulärer Versicherungsprämien von dem Ausmaß der in diesem Unternehmen eingetretenen Wagnisse abhängt.

Diese Betrachtungsweise leuchtet vor allem ein, wenn auf die (Fremd-)versicherung versicherbarer Risiken bewußt verzichtet wird. Die Risikobereitschaft des Unternehmers kann dann mit dem selben Recht kalkulatorisch berücksichtigt werden wie seine Arbeitsleistung oder sein Beitrag zur Kapitalausstattung des Betriebs. Es könnte eingewendet werden, ein Versicherungsunternehmen habe im Schadensfalle den Vertragsbedingungen gemäß zu zahlen, während sich die Übernahme spezieller Risiken durch den Unternehmer derart vollziehe, daß der nicht versicherte Schadensverbrauch gegebenenfalls als Kosten (bzw. als Aufwand) erfolgswirksam, d. h. letztlich zu Lasten seines Eigenkapitals verrechnet wird; wobei sich die kalkulatorische Nivellierung des tatsächlich eintretenden Schadensverbrauchs als zweckbedingte verrechnungstechnische Regelung erkläre. Indessen hängt es, wie *Pohmer* (a.a.O., S. 339 f. u. passim) zeigt, vom Rechnungszweck ab, ob der mit dem Schadensereignis eintretende Güterverzehr oder ob eine kalkulatorische „Prämie für Risikoübernahme" rechnerisch zu berücksichtigen ist. Das erstere wäre beispielsweise angebracht, wenn die gesamten Einkünfte des Unternehmerhaushalts aus der Unternehmung festgestellt werden sollen, das letztere dagegen erschiene bei der Ermittlung des „funktionsbezogenen" Erfolgs zweckmäßig (s. u., Anm. 98 des zweiten Teils der Arbeit).

Das Unternehmerwagnis (i. e. S.) schließlich „ist ein Korrelat der Entscheidungsfreiheit" (ebda.). Der Unternehmer erhofft sich von der Ausübung seiner Entscheidungsfreiheit Gewinne. Er muß aber bereit sein, Verluste hinzunehmen, die sich statt ihrer ergeben können. Darin besteht sein Unternehmerwagnis. Nun errechnen sich Verluste — wie auch Gewinne — stets als Saldo zweier wie immer auch definierter, entgegengesetzter Erfolgskomponenten. Setzt man einen Betrag in Höhe des ansonsten entstehenden Erfolgssaldos als Teil der andernfalls kleineren Erfolgskomponente in die Rechnung ein, dann weist diese weder Gewinn noch Verlust aus. Wollte man die Bereitschaft des Unternehmers, das beschriebene Wagnis zu tragen, in dieser Weise rechnerisch berücksichtigen, dann wäre dieses Wagnis nicht länger in der Gefahr zu sehen, daß gegebenenfalls Verluste (i. S. der betreffenden Rechnung) hingenommen werden müssen. Eine solche Verrechnung würde also begriffliche Konsequenzen nach sich ziehen. *Pohmer* redet ihr übrigens keineswegs das Wort (vgl. ebda., S. 335 ff.). Er sieht die Übung der Praxis, den Einsatz der eigentlich unternehmerischen Risikobereitschaft „nicht als Kosten autonom zu erfassen und zu bewerten" (ebda., S. 336), als zweckbedingt an — sie ist auch dies! — und erwähnt den eben beschriebenen begrifflichen Aspekt nicht.

gen Gebrauch von Gebrauchsgütern, denen im Hinblick auf den technischen Vollzug der Produktion Bedeutung zukommt, die letztere betrifft darüberhinaus auch Bestände an Stoffen und an Geld sowie Leistungsabgaben betrieblicher Gebrauchsgüter anderer als der eben genannten Art. Beide äußern sich in einer Minderung des externen Gegenwerts, der im Tausch für diese Güter zu erwarten wäre. Sofern ein solcher Tausch oder eine unentgeltliche Überlassung des betreffenden Gutes an Dritte beabsichtigt ist, kann ein qualitativer Verbrauch konstatiert werden, da ja offenbar die Eignung dieses Gutes, Begehr zu mindern, geringer geworden ist. Der wirtschaftlichen Zielsetzung des Betriebes kann aber auch dadurch entsprochen werden, daß das betreffende Wirtschaftsgut zur Hervorbringung anderer (u. U. unverändert stark) begehrter Güter (produktiv) im Betrieb eingesetzt und dabei quantitativ verbraucht wird. Die Minderung des eventuellen externen Gegenwerts für das fragliche Wirtschaftsgut bedeutet dann keine Verringerung der betrieblichen Chancen zur Verwirklichung des betrieblichen Wirtschaftszweckes. Auf einen anderen Aspekt dieses Problems kommen wir später noch zu sprechen[96].

2. Leistungsverbundenheit

a) Der Begriff ‚Leistung'

Ein Güterverbrauch führt nur dann zu Kosten, wenn er mit der Erzeugung von Leistungen verbunden ist. Das zweite Merkmal des Kostenbegriffes dient also „dazu, den weiten Umfang des ersten Merkmals einzuengen"[97]. Um seine Bedeutung zu erkennen, müssen wir klären, was im vorliegenden Zusammenhang unter ‚Leistung' zu verstehen ist und welche Kriterien für die Leistungs-‚Verbundenheit' eines Güterverbrauchs bestehen.

Der Leistungsbegriff ist, wie schon gesagt, das Gegenstück zum Kostenbegriff. Es liegt daher nahe, ihn gewissermaßen symmetrisch zum Kostenbegriff zu entwickeln. Dem Güterabgang läßt sich demgemäß der Güterzugang gegenüberstellen. Beide sind insoweit erfolgswirksam, als sie nicht einen tauschwirtschaftlichen Ausgleich für einen von außen zufließenden bzw. für einen nach außen abfließenden Gegenwert darstellen. Den erfolgswirksamen Güterabgang haben wir mit *Kosiol* Güterverbrauch genannt, den erfolgswirksamen Güterzugang bezeichnen wir als Güterentstehung. In Analogie zur Definition des Güterverbrauchs können wir die Güterentstehung charakterisieren als eine Mehrung der spezifischen Chancen zur Verwirklichung des Wirt-

[96] s. u., Exkurs am Schluß des Teils I.
[97] *Kosiol*, Kostenbegriff, a.a.O., S. 23.

schaftszieles, soweit diese Mehrung nicht als tauschwirtschaftlicher Ausgleich für die Minderung von Chancen zu betrachten ist. Wie ersichtlich, herrscht bis hierher Symmetrie. Der nächste Schritt zur Abgrenzung des Kostenbegriffs ist die Beschränkung seiner Verwendung auf den leistungsbezogenen Güterverbrauch. Bei der Bestimmung des Leistungsbegriffes dürfen wir jedoch nicht in entsprechender Weise vorgehen, da sonst eine Zirkeldefinition entsteht. Wir greifen an dieser Stelle auf den Begriff des Wirtschaftens zurück. Mit seiner Hilfe läßt sich *die* Güterentstehung abgrenzen, die unmittelbares und (der Sache nach) planmäßiges Ergebnis des betrieblichen Wirtschaftens ist[98]. Sie ist gemeint, wenn wir bei der Kostendefinition von Leistungen sprechen[99]. Güter, die als Nebenfrüchte des Wirtschaftens entstehen, wie z. B. Betriebsklima, Lieferbeziehungen, Kundenstamm, Marktstellung und andere konzedierte Wirtschaftsgüter, ferner geschenkweise Zuwendungen an den Betrieb, Verbesserungen der wirtschaftlichen Qualität der betrieblichen Wirtschaftsgüter (auch ‚Außenwerterhöhungen' durch konjunkturelle oder andere Einflüsse) und dergleichen mehr sind in diesem Sinne keine Leistungen. Sie werden entweder nicht unmittelbar oder nicht planmäßig oder weder unmittelbar noch planmäßig erwirtschaftet. Als Leistungen sind vielmehr die Güter anzusehen, die der Betrieb absichtlich hervorbringt, weil er mit ihnen den Begehr Außenstehender nach Gütern mindern zu können glaubt[100]. Das trifft einmal auf Betriebserzeugnisse zu, die der Betrieb als solche in irgend-

---

[98] Es ist mithin nicht vorausgesetzt, daß die Quantität und die wirtschaftliche Qualität der entstehenden Güter den subjektiven, u. U. in Plänen niedergelegten Erwartungen entsprechen.

[99] *Kosiol* definiert (Kostenbegriff, a.a.O., S. 23) als „Leistung einer Unternehmung das bewertete Ergebnis ihrer planmäßigen Arbeitstätigkeit", „das erstrebte Resultat der produktiven Gestaltungsprozesse, die das geplante Programm der Unternehmung bilden", „jedes Ergebnis, das bei der Kombination von Produktionsfaktoren als Produkt dieser Transformation hervorgebracht wird".

Wolfgang *Kilger* (Flexible Plankostenrechnung, Einführung in die Theorie und Praxis moderner Kostenrechnung, Reihe: Veröffentlichungen der Schmalenbach-Gesellschaft, Band 31, Köln und Opladen 1961, S. 295 f.) verwendet — in Anlehnung an die Terminologie der Physik — den Ausdruck ‚Leistung' im Sinne von ‚Intensität': „Anzahl gleichartiger Produktionsbeiträge oder Arbeitsvorgänge" in der Zeiteinheit. Er verweist dabei auf Theodor *Beste*, Was ist Leistung in der Betriebswirtschaft?, in: ZfhF, 36 (1942), S. 6 ff. Vgl. dazu auch den Beitrag von *Beste*, Leistung, Leistungsvermögen, Leistungssteigerung, in: Der Wettbewerb als Mittel volkswirtschaftlicher Leistungssteigerung und Leistungsauslese, mit Beiträgen von Theodor Beste, Fritz Böhme u. a., vorgelegt von Günter Schmölders, Reihe: Schriften der Akademie für Deutsches Recht, Gruppe Wirtschaftswissenschaft, Heft 6, Berlin 1942, S. 131 ff.

Vgl. ferner die Studie von Stefan *Lorentz*, Der betriebswirtschaftliche Leistungsbegriff, in: ZfB, 9 (1932), S. 372 ff.

[100] Es ist gleichgültig, ob die Minderung des Begehrs Außenstehender vom Betrieb her gesehen als Endzweck anzusprechen ist oder nicht und ob die jeweiligen Leistungen als Wirtschaftsgüter begehrt sind oder als Güter, die zur Verwirklichung außerwirtschaftlicher Zwecke geeignet erscheinen.

einer Weise Außenstehenden zur Minderung eines bestimmten Begehrs überläßt, und zum andern auf jene Betriebserzeugnisse, die sich in einem Durchgangsstadium zu Gütern dieser Art befinden. Betriebserzeugnisse, die an Außenstehende überlassen werden, nennen wir hier Absatzleistungen[101], die sonstigen Betriebserzeugnisse (Wieder-)Einsatzleistungen[102].

b) Die Verbundenheit von Leistungen und Güterverbrauch

Der Zusammenhang zwischen (bestimmten) Leistungen und (ihnen zuzuordnenden) Kosten muß kausaler Art sein. Ein solcher ist zunächst dann gegeben, wenn die Erzeugung der betreffenden Güter Finalursache eines entsprechenden Güterverbrauchs ist. Dabei ist nicht nur an den Güterverbrauch zu denken, der unter den jeweiligen betrieblichen Umständen naturgesetzlich notwendige Voraussetzung der Güterentstehung darstellt, sondern an jeden Güterverbrauch, der in der Absicht, Güter zu erzeugen, ausgelöst wird, unabhängig davon, ob er tatsächlich zu der Realisierung dieser Absicht beiträgt oder nicht. Diese Bedingung ist beim freiwilligen, auf die Erzeugung von (bestimmten) Leistungen gerichteten Güterverbrauch erfüllt. Er ist subjektiv leistungsbezogen. Darüber hinaus liegt eine kausale Beziehung zwischen (bestimmten) Leistungen und (ihnen zuzuordnenden) Kosten vor, wenn die Erzeugung der fraglichen Leistungen einen Güterverbrauch verursacht, der zwar nicht in der Absicht, Güter hervorzubringen, ausgelöst wird, gleichwohl aber ohne das auf die Gütererzeugung gerich-

---

[101] „Diese Leistungen werden als absatzbestimmte Leistungen, Absatzleistungen, Kundenleistungen, Marktleistungen, Außenleistungen oder außerbetriebliche Leistungen bezeichnet" (*Nowak*, Paul, Artikel: Leistungsverrechnung, innerbetriebliche, in: HWB³, Bd. III, Sp. 3788 — künftig zit. ‚Leistungsrechnung' —; im Original teilw. kursiv). M. R. *Lehmann* spricht außerdem von absatzfähigen Leistungen (Industriekalkulation, 4. Aufl., Stuttgart 1951, S. 43 ff.).

Im vorliegenden Zusammenhang ist die tatsächliche Überlassung der Güter an Außenstehende in irgendeiner Form an einem beliebigen Ort maßgeblich. Das kommt u. E. am besten in dem Wort ‚Absatzleistungen' zum Ausdruck.

[102] Nach *Kosiol*, Kostenbegriff, a.a.O., S. 24. „Sie bestehen nicht nur aus den sogenannten innerbetrieblichen Leistungen, wie sie die praktische Kostenrechnung gewöhnlich unterscheidet ..." (*Kosiol*, ebda.) und wie sie auch als Innenleistungen oder Eigenleistungen bekannt sind (*Nowak*, a.a.O., ebda.). „Es gehören auch dazu alle Leistungen der einzelnen Kostenstellen ..., ferner die Vor- und Zwischenprodukte sowie Halbfabrikate und noch nicht abgesetzten Fertigerzeugnisse als Durchgangs- und Endstadien der industriellen Fertigung" (*Kosiol*, Kostenbegriff, a.a.O., S. 24).

Auch wenn ein Betrieb beispielsweise Wohngebäude oder Kindergärten unterhält, bringt er damit Leistungen hervor. Sie sind u. E. als (Wieder-) Einsatzleistungen anzusprechen, wenn sie unentgeltlich abgegeben werden und im Betriebsinteresse liegen, also etwa die Beschaffung von Arbeitskräften erleichtern oder das Betriebsklima fördern. Dagegen handelt es sich um Absatzleistungen, insoweit ihnen ein spezielles Entgelt gegenübersteht oder wenn sie Betriebsfremden zugute kommen.

tete betriebliche Wirtschaften nicht zustande käme. Anhand dieses Kriteriums läßt sich auch der Kostencharakter des erzwungenen Güterverbrauchs beurteilen[103]. Es erscheint jedoch unbefriedigend, hier von leistungsbezogenem Güterverbrauch zu sprechen, da das Adjektiv ‚bezogen' die Vorstellung eines ‚Finalnexus' erweckt, während vom Standpunkt des Betriebes aus im vorliegenden Falle nicht ein solcher, sondern eine Kausalbeziehung anderer, umfassenderer Art vorliegt. Wir verwenden deshalb im Gegensatz zu *Kosiol* den Ausdruck ‚leistungsverbunden' (bzw. ‚Leistungsverbundenheit'), um den Güterverbrauch zu charakterisieren, der zu Kosten führt[104].

c) Das Prinzip der alternativen Berücksichtigung konkurrierenden Güterverbrauchs verschiedener Produktionsstadien

Das planmäßige leistungsgerichtete Wirtschaften eines Betriebs setzt damit ein, daß der Betrieb von Außenstehenden jene Güter erwirbt, deren Verbrauch man im beschriebenen Sinn mit der Leistungserstellung verbunden glaubt[105]. Wir nennen diese Güter ursprüngliche Verbrauchsgüter[106]. Am Ende des betrieblichen Wirtschaftsprozesses steht die (regelmäßig entgeltliche) Überlassung der erzeugten Absatzleistun-

---

[103] Selbstverständlich handelt es sich auch beim ‚(subjektiv) leistungsbezogenen Güterverbrauch' um einen solchen, der ohne das auf die Gütererzeugung gerichtete betriebliche Wirtschaften nicht zustande käme.

[104] Das Verhältnis der Begriffe ‚leistungsverbunden' und ‚(subjektiv) leistungsbezogen' zueinander ist u. E. dem zwischen den Begriffen ‚Kausalität' und ‚Finalität' vergleichbar.

Paul *Nowak* (Kostenrechnungssysteme in der Industrie, Köln und Opladen 1954, S. 16 — künftig zit. ‚Kostenrechnungssysteme' —) verwendet ebenfalls den Terminus ‚leistungsverbunden' zur Definition des Kostenbegriffs.

Kosiol (Kostenbegriff, a.a.O., S. 26 f.) geht davon aus, daß die „allgemein übliche Fassung des Kostenbegriffes ... auf dem Kostenverursachungsprinzip" beruhe, das auf die „enge ursächliche Beziehung, die von der Leistungserstellung als causa finalis ausgeht", abgestellt sei. Vor allem beim Zwangsverbrauch werde dann der Kostencharakter fragwürdig. Deshalb erweitert er „das Kostenverursachungsprinzip zum Kosteneinwirkungsprinzip". Diesem zufolge sei zu fragen, „welcher Güterverzehr als causa efficiens die Leistungen hervorruft, oder besser: welcher Güterverzehr auf den Prozeß der Leistungserstellung zwangsläufig einwirkt, so daß dieser ohne ihn nicht zustandekommt". Ein entscheidender Punkt dieser Argumentation scheint uns zu sein, ob das Kostenverursachungsprinzip nur so eng wie hier oder ob es auch weiter ausgelegt werden kann.

[105] Dabei handelt es sich sowohl um selbständige Verbrauchsgüter als auch um Leistungsabgaben. (Künftige) Leistungsabgaben betrieblicher Gebrauchsgüter werden naturgemäß mit den entsprechenden Gebrauchsgütern erworben.

[106] Das entspricht der Übung, die Kosten aus dem Verbrauch solcher Güter, die der Betrieb von Außenstehenden erworben hat, als ursprüngliche (auch primäre, originäre, einfache) Kosten (-arten) zu bezeichnen.

Um die Unterscheidung zwischen Verbrauchsgütern und Gebrauchsgütern nicht zu verwischen, darf der Ausdruck ‚ursprüngliche Verbrauchsgüter' nicht auf Gebrauchsgüter als solche, sondern nur auf die aus ihnen stammenden Leistungsabgaben angewandt werden, soweit die betreffenden Gebrauchsgüter von Außenstehenden erworben wurden.

gen an Außenstehende. Zwischen diesen beiden Polen der betrieblichen Wirtschaftstätigkeit (Beschaffung und Absatz) spielt sich der Produktionsprozeß ab, durch den die ursprünglichen Verbrauchsgüter in Absatzleistungen umgewandelt werden. Im einfachsten Fall erfolgt diese Umwandlung sofort durch die Anwendung bestimmter Produktions- und Kombinationsverfahren auf die ursprünglichen Verbrauchsgüter. Je größer jedoch die Produktionstiefe eines Betriebes ist, desto mehr Stadien dieses Umwandlungsprozesses lassen sich unterscheiden. Jeweils im ersten dieser Stadien entstehen, Hand in Hand mit dem Verbrauch ursprünglicher Verbrauchsgüter, Einsatzleistungen, und jeweils im letzten Stadium entstehen Absatzleistungen in einem Hergang mit dem Verbrauch von Einsatzleistungen und (regelmäßig) dem Verbrauch ursprünglicher Verbrauchsgüter. In allen dazwischen liegenden Stadien werden Einsatzleistungen und (i. d. R.) auch ursprüngliche Verbrauchsgüter verbraucht und gleichzeitig Einsatzleistungen höheren ‚Reifegrades' erzeugt. Jede Einsatzleistung ist also im Hinblick auf ihre Entstehung eine Leistung, im Hinblick auf ihre Verwendung ein Verbrauchsgut, und zwar, wie wir sagen wollen, ein abgeleitetes Verbrauchsgut[107].

Wir wollen diesen Sachverhalt und die Konsequenzen, die sich aus ihm ergeben, mit Hilfe eines einfachen schematischen Beispiels verdeutlichen:

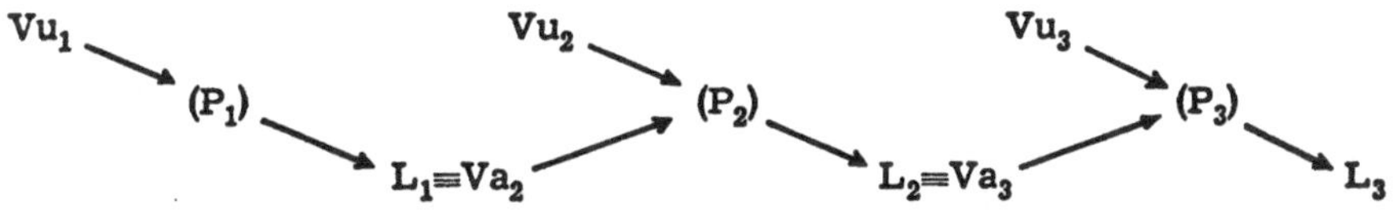

Ein Produktionsprozeß umfaßt drei Stadien [(P_1), (P_2), (P_3)]. In deren erstem [(P_1)] werden ursprüngliche Verbrauchsgüter [Vu_1] verbraucht und Einsatzleistungen [L_1 ($\equiv Va_2$)] erzeugt. Im zweiten Stadium [(P_2)]

---

107 Von abgeleiteten (auch sekundären, derivativen, zusammengesetzten) Kosten (-arten) wird meist im Hinblick auf die Kosten aus dem Verbrauch innerbetrieblicher Leistungen gesprochen. Innerbetriebliche Leistungen sind Einsatzleistungen, deren „Entstehung und Verbrauch ... in verschiedenen Abrechnungsbezirken ... vor sich gehen oder sich in verschiedenen Abrechnungsperioden vollziehen", sofern sie einer betrieblichen Leistungstätigkeit entstammen, die nicht unmittelbar an der Erzeugung von Absatzleistungen beteiligt ist (*Nowak*, Leistungsverrechnung, a.a.O., Sp. 3788 f.). Hier wird jedoch der Ausdruck ‚abgeleitete Verbrauchsgüter' in einem weiteren Sinn, nämlich für alle Einsatzleistungen verwendet (vgl. dazu Anm. 102 dieses Teils der Arbeit).

Die abgeleiteten Verbrauchsgüter sind entweder selbständige Verbrauchsgüter oder Leistungsabgaben betrieblicher Gebrauchsgüter, die im Betrieb hergestellt wurden.

werden aus den letzteren als abgeleiteten Verbrauchsgütern [($L_1 \equiv$) Va_2] sowie aus ursprünglichen Verbrauchsgütern [Vu_2] Einsatzleistungen [L_2 ($\equiv Va_3$)] hergestellt, die im letzten Prozeßstadium [(P_3)], in dem Absatzleistungen [L_3] entstehen, wiederum als abgeleitete Verbrauchsgüter [($L_2 \equiv$) Va_3] zusammen mit ursprünglichen Verbrauchsgütern [Vu_3] verbraucht werden.

In diesem Prozeß ist mit den Absatzleistungen [L_3], die aus dem letzten Teilprozeß [(P_3)] hervorgehen, jeder in diesem und in den vorangegangenen Stadien [(P_1), (P_2)] stattfindende Verbrauch [Vu_1, Vu_2, Vu_3 und Va_2, Va_3] verbunden. Entsprechendes gilt für alle Einsatzleistungen, ausgenommen jene, die im ersten Prozeßstadium entstehen [mit L_2 sind Vu_1, Vu_2 und Va_2 verbunden, mit L_1 dagegen nur Vu_1]. Wenn es jedoch die Kosten bestimmter Leistungen [z. B. L_3] zu ermitteln gilt, dann dürfen nicht die Kosten des mit ihnen verbundenen Verbrauchs aller ursprünglichen Verbrauchsgüter [Vu_1, Vu_2, Vu_3] und aller abgeleiteten Verbrauchsgüter [Va_2, Va_3] addiert werden (es sei denn, die betreffende Leistung entstehe im ersten Stadium des Produktionsprozesses). Ein solches Vorgehen würde zu einer (mindestens teilweise) mehrfachen Zählung der Kosten führen. Den betreffenden Leistungen [L_3] sind daher zunächst nur die Kosten jenes Verbrauchs zuzurechnen, der im gleichen Produktionsstadium [(P_3)] wie diese Leistungen zustande kommt [Vu_3, Va_3]. Umfaßt dieser Verbrauch auch abgeleitete Verbrauchsgüter, d. h. Einsatzleistungen [$L_2 \equiv Va_3$], die in einem vorgelagerten Teilprozeß [(P_2)] erzeugt wurden, so können statt der Kosten ihres Verbrauchs die desjenigen verrechnet werden, der bei ihrer Herstellung entstand [Vu_2, Va_2]. Möglicherweise besteht auch er zum Teil aus dem Verbrauch von Einsatzleistungen bzw. abgeleiteten Verbrauchsgütern [$L_1 \equiv Va_2$]; dann gilt insoweit wieder dasselbe [statt Va_2 kann Vu_1 verrechnet werden] usf. Letztlich lassen sich alle mit der Entstehung einer Leistung [L_3] verbundenen Kosten auf solche des Verbrauchs ursprünglicher Verbrauchsgüter [Vu_1, Vu_2, Vu_3] zurückführen[108].

Als Ergebnis dieser Betrachtung können wir festhalten, daß bei der Kostenermittlung für bestimmte Leistungen ein mit ihnen verbundener Güterverbrauch nur berücksichtigt werden darf, insoweit kein anderer, ebenfalls mit ihnen verbundener Güterverbrauch berücksichtigt wird, der sich auf ihn oder auf den er sich zurückführen läßt. Wir können kurz sagen: Der bei der Kostenermittlung konkurrierende Güterver-

[108] Für die Ermittlung (des Geldwerts) der Leistungen, die mit einem bestimmten Güterverbrauch verbunden sind, gilt mutatis mutandis das gleiche: Mit Vu_1 sind L_1, L_2 und L_3, mit Vu_2 und Va_2 sind L_2 und L_3 verbunden (mit Vu_3 und Va_3 nur L_3). Für die Ermittlung (des Geldwerts) der Leistungen, die mit Vu_1 verbunden sind, bestehen folgende Alternativen: 1. L_1, 2. L_2 ./. Vu_2, 3. L_3 ./. ($Vu_2 + Vu_3$); entsprechend gilt für ($Vu_2 + Va_2$): 1. L_2, 2. L_3 ./. Vu_3.

brauch verschiedener Produktionsstadien darf nur alternativ berücksichtigt werden[109, 110].

Diese Feststellung ist für die inhaltliche Präzisierung des Kostenbegriffs unerläßlich, denn die Kosten einer bestimmten Leistung sind offensichtlich als ‚leistungsverbundener Güterverbrauch' — von dessen ‚Bewertung' ganz abgesehen — nicht hinreichend charakterisiert. Zwar kann nicht allgemein gesagt werden, welcher leistungsverbundene Güterverbrauch der Kostenermittlung zugrunde zu legen ist: bei mehrstufigen Produktionsprozessen gibt es verschiedene und umso mehr Möglichkeiten, je zahlreicher die Stadien dieses Prozesses sind. Es ist jedoch möglich und notwendig, diese Möglichkeiten in allgemeingültiger

---

109 Eine andere, allgemeine Formulierung dieses Prinzips erlaubt uns das folgende Schema:

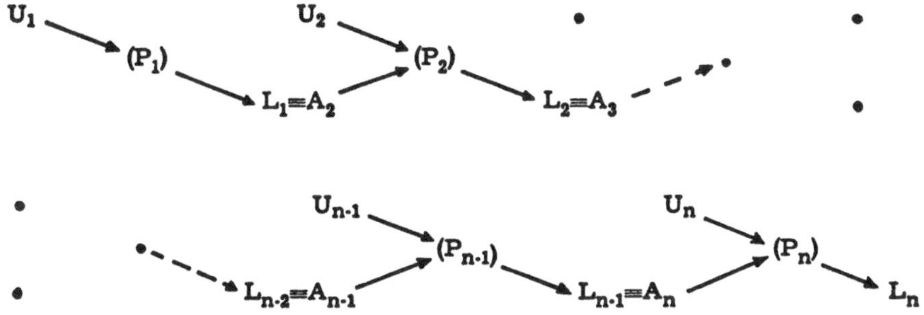

Der Produktionsprozeß umfaßt n Stadien: (P_i) $[i = 1, 2 .. n]$. Im übrigen gilt für deren erstes und deren letztes dasselbe wie in dem im obigen Text dargestellten Beispiel; was dort in bezug auf das zweite Stadium gesagt wurde, gilt hier sinngemäß für die Stadien (P_2) bis (P_{n-1}). Schließlich verwenden wir hier die Symbole U bzw. A statt Vu bzw. Va (ursprüngliche bzw. abgeleitete Verbrauchsgüter).

Den Leistungen L_x $[x \leq n]$ dürfen nur Kosten in Höhe des Geldwerts jener ursprünglichen Verbrauchsgüter U_j $[j = 1, 2, \ldots x]$ zugerechnet werden, die in den Produktionsstadien (P_j) $[j = 1, 2, \ldots x]$ verbraucht werden. Will man den Leistungen L_x die Kosten des Verbrauchs der abgeleiteten Verbrauchsgüter bzw. Einsatzleistungen A_y $[y \leq x]$ zurechnen, dann muß man auf die Verrechnung der Kosten des Verbrauchs der ursprünglichen Verbrauchsgüter U_k $[k = 1, 2, \ldots y - 1]$ und der abgeleiteten Verbrauchsgüter bzw. Einsatzleistungen A_l $[l = 2, 3, \ldots y - 1, y + 1, \ldots x]$ verzichten, d. h. den Leistungen L_x dürfen neben den Kosten des Verbrauchs der abgeleiteten Verbrauchsgüter bzw. Einsatzleistungen A_y nur noch die des Verbrauchs der ursprünglichen Verbrauchsgüter U_m $[m = y, y + 1, \ldots x]$ zugerechnet werden.

110 Damit ist die Frage eindeutig beantwortet, wann Kosten nur einmal und wann sie doppelt verrechnet worden sind. Sie gab schon im Zusammenhang mit der Verrechnung innerbetrieblicher Leistungen zu Zweifeln Anlaß (vgl. z. B. *Lehmann*, Bruno, Die Abrechnung innerbetrieblicher Leistungen in Fertigungsbetrieben, in: Die Wirtschaftsprüfung, 3 [1950], H. 2, S. 56; *Auffermann*, J[ohann] D[ietrich], Die Prüfung der Kostenrechnung, Stuttgart 1947, S. 83).

Weise eindeutig zu beschreiben und hervorzuheben, daß sie nur alternativ verwirklicht werden dürfen. Es läge nun nahe, das Prinzip der alternativen Berücksichtigung konkurrierenden Güterverbrauchs verschiedener Produktionsstadien in der Kostendefinition zum Ausdruck zu bringen (etwa so: Kosten sind ... leistungsverbundener, nicht konkurrierender Güterverbrauch). Wir glauben aber, hiervon absehen zu können, einmal weil sich dieses Prinzip — mag auch seine Herleitung etwas kompliziert aussehen und der Name, den wir ihm gaben, nicht eben anspruchslos klingen — aus der Natur der Sache heraus geradezu aufdrängt, weshalb es in aller Regel auch dort gewahrt wird, wo man sich seiner nicht deutlich bewußt ist, zum andern, weil nach dem Vorangegangenen kein Zweifel mehr darüber bestehen dürfte, was wir meinen, wenn wir die Kosten als ‚leistungsverbundenen' Güterverbrauch bezeichnen.

3. Bewertung

a) Die Bewertung als rechnerische Notwendigkeit

Das dritte und letzte Merkmal des hier zu erörternden Kostenbegriffs besteht darin, daß der leistungsverbundene Güterverbrauch ‚bewertet' sein muß. Unter der ‚Bewertung' von Gütern versteht man die „Veranschlagung der Güter nach einem einheitlichen Wertmaßstab"[111]. Der Güterverbrauch wird also durch seine Bewertung auf einen einheitlichen Nenner gebracht. Er erfüllt „damit die formale Voraussetzung für ... (seine; Md.) Erfassung und Verrechnung im betrieblichen Rechnungswesen"[112]. Als Wertmaßstab kommen prinzipiell alle Dinge in Frage, denen ein Wert beigelegt wird. Nehmen wir vorläufig als Indiz hierfür die Erscheinung, daß sie begehrt sind, so eignen sich grundsätzlich alle knappen Güter als Wertmaßstab. Der Wert eines Gutes ist demnach an sich unabhängig von dem Maßstab, in dem er Ausdruck findet. Diese Feststellung hat jedoch nur begriffliche und keine praktische Bedeutung, da es unmöglich ist, den Wert eines Gutes anders als in Quantitäten eines anderen Gutes, das als Wertmaßstab, als tertium comparationis, herangezogen wird, rechenhaft auszudrücken. Es bedarf keiner weiteren Begründung, daß sich in einer (Geld-)Verkehrswirtschaft[113] das (Währungs-)Geld weitaus am besten von allen knappen Gütern als Wertmaßstab eignet. Praktisch besteht deshalb die Bewertung des Güterverbrauchs darin, daß man ihn in einem Geldbetrag aus-

[111] *Bouffier*, Willy, Artikel: Wert, in: HWB³, Bd. IV, Sp. 6314.

[112] *Kosiol*, Kostenbegriff, a.a.O., S. 29.

[113] Eine Geldwirtschaft ist notwendig stets auch Verkehrswirtschaft, da sich Geld erst im Verkehr zwischen den Wirtschaftseinheiten herausbildet.

drückt, dessen Höhe nach dem Wert der jeweils verbrauchten Güter bemessen wird. Kosten sind somit der in Geld ausgedrückte Wert leistungsverbundenen Güterverbrauchs.

b) Rechnerischer Wert und wirtschaftliche Qualität der Güter

Wie wird nun die Höhe des (Geld-)Werts eines Gutes ermittelt? Welche Anhaltspunkte bestehen für seine Bestimmung? Die Beantwortung dieser Fragen setzt voraus, daß wir zunächst klären, welche Bedeutung dem Ausdruck ‚Wert' im vorliegenden Zusammenhang zukommt. Bekanntlich ist der Wertbegriff schon seit langem, und zwar nicht nur in unserer Disziplin, umstritten[114]. Es ist jedoch weder möglich noch notwendig, an dieser Stelle auf den Streit um den Wertbegriff einzugehen. Es kommt hier nur darauf an, deutlich zu machen, was bei der Kostenermittlung als Wert des Güterverbrauchs bezeichnet wird. Zu diesem Zweck knüpfen wir an die oben[115] getroffenen Feststellungen an: das Wirtschaftssubjekt erblickt in den Verfahren, die auf ein Wirtschaftsgut aufgrund seiner Beschaffenheit anwendbar sind, Chancen zum Erreichen des Wirtschaftszieles von verschiedener wirtschaftlicher Qualität; die wirtschaftliche Qualität, die den jeweiligen Chancen beigelegt wird, hängt erstens von der Stärke des Begehrs nach knappen Gütern ab, den man durch die Anwendung des fraglichen Verfahrens mindern zu können hofft, und zweitens von dem Maße der Gewißheit, in dem man von der Anwendung jenes Verfahrens den betreffenden Nutzen erwartet; aus dem Wesen des Wirtschaftens heraus ergibt sich für das Wirtschaftssubjekt die Aufgabe, die Chancen gegeneinander abzuwägen, die im Hinblick auf jedes einzelne der verfügbaren Wirtschaftsgüter bestehen, und jene Chance zu nutzen, die in seinen Augen die höchste wirtschaftliche Qualität aufweist; sie bestimmt die wirtschaftliche Bedeutung, die ein Wirtschaftssubjekt dem jeweiligen Wirtschaftsgut beilegt. Es ist unmöglich, die Faktoren vollständig aufzuführen, auf denen diese Bedeutung im Einzelfalle beruhen kann. Ihre Zahl ist umso größer, je weiter man die entsprechende Kausalkette zurückverfolgt; im Grunde ist sie unbegrenzt. Objektive Tatbestände (z. B. die natürliche Beschaffenheit der Wirtschaftsgüter und Daten der wirtschaftlichen Situation des wirtschaftenden Subjekts) spielen hier ebenso

---

[114] Vgl. dazu *Wittmann*, Waldemar, Der Wertbegriff in der Betriebswirtschaftslehre, Köln und Opladen 1956 (künftig zit. ‚Wertbegriff').
Es gibt eine ganze Reihe Autoren, die es vermeiden, den Ausdruck Wert zu benutzen (vgl. ebda., S. 1 u. S. 39 f.). *Wittmann* selbst lehnt seine Verwendung „in jenem Teil der Betriebswirtschaftslehre, wo man mit Ziffern und Zahlen arbeitet", ab (ebda., S. 106).
Die meisten betriebswirtschaftlichen Autoren hatten jedoch keine Bedenken gegen die Benutzung dieses Ausdrucks (vgl. *Wittmann*, ebda., Erster Teil: Die Wertbegriffe in der betriebswirtschaftlichen Literatur, S. 7 ff.).

[115] s. Abschn. I B 1 c.

eine Rolle wie subjektive Fakten (z. B. geistige und seelische Verfassung des Wirtschaftenden), rationale Erwägungen (z. B. über die Folgen des eigenen wirtschaftlichen Verhaltens und des Verhaltens Dritter) ebenso wie emotionale Momente (z. B. gefühlsbestimmte Reaktionen auf subjektiv angenommene Chancen und Risiken)[116]. Da sich die Konstellation der Daten wirtschaftlicher Betätigung, die Gemütsstimmung und die geistige Präsenz der Wirtschaftssubjekte im Zeitablauf ändern und auch von Person zu Person bestimmte Unterschiede aufweisen, ist die wirtschaftliche Bedeutung, die einem Wirtschaftsgut zuerkannt wird, weder bei allen Wirtschaftssubjekten noch bei einem dieser Wirtschaftssubjekte in jedem Zeitpunkt dieselbe. Im Prinzip läßt sich also die wirtschaftliche Bedeutung, die einem bestimmten Wirtschaftsgut von einem einzelnen Wirtschaftssubjekt beigemessen wird, nur von diesem Wirtschaftssubjekt selbst und nur für den jeweiligen Augenblick konstatieren. Das gilt auch für jedes Wirtschaftsgut, anhand dessen man diese Bedeutung auszudrücken, das man als Maßstab zu verwenden versucht. Darüber hinaus widerspricht die Erfahrung der Annahme, das Wirtschaftssubjekt sei fähig, die wirtschaftliche Qualität aller Güter, auf die sich seine wirtschaftlichen Erwägungen erstrekken[117], in einer bestimmten Rangfolge rechenhaft präzise zu ordnen[118]. Schließlich sei noch darauf hingewiesen, daß die wirtschaftliche Qualität, die ein Wirtschaftssubjekt einzelnen Wirtschaftsgütern beilegt, mit künftig beabsichtigten Maßnahmen und mit künftig erwarteten Ereignissen zusammenhängt, deren Verwirklichung bzw. Eintreffen sehr unsicher und deren Wirkungen recht ungewiß sein können[119]. Aus diesen Gründen müssen wir feststellen, daß die Überlegungen um die wirtschaftliche Qualität der Güter, deren wir zur Erklärung wirtschaftlichen Verhaltens bedürfen, keine Auskunft über die Modalitäten der Bestimmung betrieblicher Rechengrößen geben können[120].

---

[116] Vgl. dazu *Wittmann*, Waldemar, Information, a.a.O., insbes. S. 28 ff.

[117] Genauer: die wirtschaftliche Qualität jener Verfahren, deren Anwendung auf jeweils eines dieser Güter nach subjektiver Auffassung im Hinblick auf das Wirtschaftsziel am zweckmäßigsten erscheint. Außerdem ist zu bezweifeln, daß das Wirtschaftssubjekt in der Lage ist, die wirtschaftliche Qualität aller Verfahren, die auf jedes dieser Güter in Verfolgung des Wirtschaftszweckes anwendbar erscheinen, in der beschriebenen Weise einzustufen.

[118] Vgl. dazu *Wittmann*, Waldemar, Wertbegriff, a.a.O., S. 62 ff., und *Hensel*, K. Paul, Einführung in die Theorie der Zentralverwaltungswirtschaft, Eine vergleichende Untersuchung idealtypischer wirtschaftlicher Lenkungssysteme an Hand des Problems der Wirtschaftsrechnung, Reihe: Schriften zum Vergleich wirtschaftlicher Lenkungssysteme, hrsg. v. K. Paul Hensel, Heft 1, 1. Aufl., Stuttgart 1954, S. 3. (*Wittmann* schreibt allerdings vom ‚Wert' und *Hensel* vom ‚Nutzen').

[119] Damit ist nicht gemeint, daß sich eine Rechnung nicht auf Künftiges beziehen könne, sondern daß Annahmen über Künftiges die wirtschaftliche Qualität vorhandener Güter beeinflussen.

[120] Diese Feststellung umschließt zugleich das Eingeständnis, daß das be-

c) Definition und Ermittlung des rechnerischen Werts der Güter

Die wirtschaftliche Bedeutung, die den Wirtschaftsgütern von den Wirtschaftssubjekten beigelegt wird, ist nur subjektiv wahrnehmbar und nicht quantifizierbar, außerdem kann sie sich häufig ändern und auf fragwürdigen Annahmen beruhen[121]. Das betriebliche Rechnen muß aber von Größen ausgehen, die objektiv, eindeutig und rechenhaft festzustellen sind[122]. In einem ‚geschlossenen' Betrieb[123] erfüllen nur spezifische Mengenangaben diese Bedingung. Angaben über Quanten verschiedener Qualität lassen sich aber nur in sehr begrenztem Umfang zur Orientierung wirtschaftlichen Verhaltens rechnerisch nutzen[124]. Alle anderen Betriebe erwerben im Verlaufe ihrer Wirtschaftstätigkeit Wirtschaftsgüter von Dritten und (bzw. oder) veräußern solche an Dritte. Soweit sich Erwerb und Veräußerung nicht unentgeltlich vollziehen[125], entspricht jedem Güterabgang ein Güterzugang. Die Relation zwischen beiden ist objektiv und (quantitativ) eindeutig festzustellen. Im Sinne der Bewertung von Gütermengen zum Zwecke ihrer Erfassung und Verrechnung im betrieblichen Rechnungswesen kann daher — wie wir in erster Annäherung feststellen wollen — das Entgelt, der (externe, objektive) ‚Gegenwert', der mit einem Güterabgang gekoppelte, von

triebliche Rechnungswesen die ‚letzten' Gründe wirtschaftlichen Verhaltens nicht bloßzulegen vermag. Das Wirtschaften ist mindestens so lange mehr als ein Rechenexempel, solange die Wirtschaftssubjekte noch persönlich Entscheidungen treffen und solange sie die für ihr Wirtschaften relevanten Umweltbedingungen nicht völlig voraussehen oder als konstant annehmen oder aus eigener Macht setzen können.

121 Vgl. dazu *Wittmann*, Wertbegriff, a.a.O., S. 84 ff.

122 Vgl. dazu *Wittmann*, ebda., S. 81 f.

123 Diesen Ausdruck verwendet *Schmalenbach* (Kostenrechnung, 7. Aufl. 1956, a.a.O., S. 142). Hier sind damit Betriebe gemeint, die völlig isoliert, vollkommen autark wirtschaften.

124 Robinson könnte u. U. die Frage, ob es im Hinblick auf die sparsame Verwendung seiner Arbeitsleistung zweckmäßig war, eine Angel herzustellen und mit dieser Fische zu fangen, anstatt wie vorher ohne solche, rechnerisch klären. Er könnte aber nicht ‚errechnen', ob es besser gewesen wäre, statt einer Angel einen Speer zu fertigen, da für die Beantwortung dieser Frage entscheidend ist, welchen ‚subjektiven Wert' er unter den jeweiligen (wechselnden) Umständen einerseits den Fischen und andererseits dem Wild beilegt.

Sollte Robinson dem Freitag bestimmte wirtschaftliche Aufgaben zur selbständigen Ausführung überlassen und alle Verbrauchsgüter, die Freitag hierfür benötigt, mit ‚Richtwerten' versehen, so wäre Freitag als Subjekt eines selbständigen Betriebes anzusehen, der nicht geschlossen ist, sondern mit dem von Robinson in Arbeitsteilung steht. Entsprechendes gilt für Betriebe einer Zentralverwaltungswirtschaft, eines Konzerns, eines Oikos u. dgl. m. (s. dazu auch Anm. 145 dieses Teils der Arbeit).

125 Wir vermeiden es hier, von Tausch zu sprechen, da unsere Ausführungen auch für den Fall erzwungener Güterübertragung von einem Betrieb auf den andern bei (mehr oder weniger) einseitig festgelegtem Entgelt zutreffen sollen. Die Bezeichnung ‚wechselbezügliche Güterbewegung' wäre u. E. hier passend.

außen kommende Güterzugang als Wert eines Wirtschaftsgutes gelten[126].

Der Wert der Güter ist erst dann rechenhaft, wenn er nicht in Quantitäten von Fall zu Fall verschiedener spezifischer Wirtschaftsgüter seinen Ausdruck findet, sondern wenn er stets in Quantitäten eines einzigen Wirtschaftsgutes ausgedrückt werden kann. Wie sich aus dem Vorangegangenen ergibt, setzt letzteres voraus, daß in einem bestimmten Umfang das jeweilige Entgelt für den Zugang bzw. Abgang spezifischer Wirtschaftsgüter in einer entsprechenden Menge stets desselben Gutes, also eines allgemeinen Tauschmittels, entrichtet wird, das entweder selbst als Recheneinheit dient oder dessen relativer Wert gegenüber einem anderen, als Recheneinheit fungierenden Gut die Grundlage für die Ermittlung der Rechengrößen bildet[127]. Dieses allgemeine

---

[126] Zwischen dem Wert eines Gutes (im beschriebenen Sinne) und der wirtschaftlichen Bedeutung, die diesem Gut von den einzelnen Wirtschaftssubjekten beigelegt wird, können durchaus Zusammenhänge bestehen. Da es an dieser Stelle nur darauf ankommt, darzustellen, was als Wert im Rahmen des betrieblichen Rechnungswesens gilt, erübrigt es sich, diesen Zusammenhängen nachzugehen. Es soll nur folgendes erwähnt werden:

Je regelmäßiger der Austausch bestimmter Güter — als Folge entsprechender Arbeitsteilung — zwischen den Betrieben stattfindet, desto größer wird die Gewißheit sein, mit dem der von der Veräußerung von Gütern erhoffte (u. U. relativ geringe) Nutzen erwartet wird (vgl. *Wittmann*, Information, a.a.O., S. 30 f.). Je größer aber diese Gewißheit ist, desto eher stellt die Veräußerung eines Gutes jenes Verfahren dar, dem im Verfolg des Wirtschaftszieles die höchste wirtschaftliche Qualität durch die einzelnen Wirtschaftssubjekte zuerkannt wird, desto eher also bestimmt der Wert (im beschriebenen Sinn) die subjektive wirtschaftliche Bedeutung eines Gutes.

In extremer Weise zeigt sich dies beim Geld, das sich geradezu als jenes Gut charakterisieren läßt, dessen jeweils erhoffter ‚Veräußerungsnutzen' mit der relativ größten Gewißheit erwartet wird: seine wirtschaftliche Bedeutung, seine höchste wirtschaftliche Qualität liegt darin, daß es von jedermann und jederzeit ‚in Zahlung' genommen wird. Seine wirtschaftliche Bedeutung steigt und sinkt mit seinem Wert (im hier gemeinten Sinn, d. h. mit seiner Kaufkraft gegenüber anderen Gütern), solange es als Zahlungsmittel allgemein anerkannt wird. Wenn jedoch letzteres nicht mehr der Fall ist, brauchen sich Wert und wirtschaftliche Bedeutung dieses Gutes (das seine Geldeigenschaft — wenigstens teilweise — verloren hat!) wie bei anderen, spezifischen Wirtschaftsgütern, nicht zu decken. Als Beispiel hierfür sei angeführt, daß die wirtschaftliche Bedeutung, die der Reichsmark in der Zeit vom Kriegsende bis zur Währungsreform im Jahre 1948 subjektiv beigelegt wurde, u. a. von den erhofften Umstellungsbedingungen bei der erwarteten Währungsreform abhing.

[127] Es ist nicht notwendig, daß an allen zwischenbetrieblichen Güterbewegungen das allgemeine Tauschmittel beteiligt ist, der Umfang seiner Verwendung muß jedoch so groß sein, daß es möglich ist, den Wert der Güter (im beschriebenen Sinn) in einer bestimmten Zahl von Recheneinheiten auszudrücken. Die Einheit des allgemeinen Tauschmittels wiederum muß nicht unbedingt auch die Recheneinheit sein, die Existenz eines allgemeinen Tauschmittels ist jedoch praktische Voraussetzung für das Bestehen einer brauchbaren Recheneinheit.

Die erste Feststellung wird dadurch bewiesen, daß auch innerhalb einer Geldwirtschaft (mit Geldrechnung) der Naturaltausch ohne weiteres möglich ist. Die zweite Feststellung wird dadurch gerechtfertigt, daß in Zeiten ungeordneter (Binnen-) Währungsverhältnisse andere Güter die Funktion der Recheneinheit vom Geld übernehmen können. So setzte sich z. B. im 13. Jh.

Tauschmittel wird (Währungs-)Geld, die für eine bestimmte (Real-)-Gütermenge bezahlte Geldsumme wird deren Preis[128], der Erwerb von (Real-)Gütern gegen Geld wird Kauf und die Veräußerung von solchen gegen Geld wird Verkauf geheißen[129]. Nunmehr läßt sich der rechnerische Wert der Güter — präziser ausgedrückt, der rechnerische Wert jener Güter, die käuflich, d. h. gegen Hingabe einer bestimmten Menge des (Nominal-)Gutes ‚(Währungs-)Geld' erworben werden können — etwas genauer als vorher, jedoch immer noch nicht endgültig definieren: im Sinne der Bewertung von Gütermengen zum Zwecke ihrer Erfassung und Verrechnung im betrieblichen Rechnungswesen gilt der Preis der Güter als ihr Wert[130].

Es gibt Wirtschaftsgüter wie z. B. das Betriebsklima, persönliche Beziehungen Betriebsangehöriger zu Außenstehenden und andere konze-

---

der Florentiner Goldsolidus als „allgemeine Rechnungsmünze des Handels" durch (*Weber*, Max, Wirtschaftsgeschichte, 3. Aufl., Berlin 1958, S. 218), und zwar auch in Wirtschaftsräumen, wo er nicht als Zahlungsmittel gebräuchlich war; ein anderes, zeitnäheres Beispiel hierfür ist, daß die Betriebe gegen Ende der deutschen Inflation 1914—1923 dazu übergingen (vor allem) in Dollar zu rechnen (vgl. *Wall*, Fritz, Artikel: Goldmarkbilanzen, in: HWB[3], Bd. II, Sp. 2398). (Vgl. dazu auch *Ammon*, a.a.O., S. 321 ff.)

Heinz *Sauermann* (Geld und Kredit, in: HdW, a.a.O., Bd. II, S. 1006) schreibt, daß „das Bestehen einer abstrakten Rechnungseinheit eine Voraussetzung der Geldwirtschaft" sei. Diese Äußerung steht nicht im Gegensatz zu unseren Ausführungen, sie ergänzt diese vielmehr, denn sie bedeutet, „daß ein rationales Zahlensystem gegeben" sein muß, „mit dem die Wirtschaftssubjekte die Tauschbeziehungen berechnen und abrechnen" (ebda., S. 1005).

[128] Auch Miete, Pacht, Zins u. dgl. bezeichnen wir hier als Preise.

[129] Hier und im folgenden ist — soweit nichts anderes angegeben wird — unterstellt, daß Währungseinheit und Recheneinheit identisch sind. Außerdem wird künftig jede wechselbezügliche Güterbewegung, genauer, jeder Abgang von Gütern, der mit einer Geldeinnahme derart verbunden ist, daß der Güterabgang ohne die Geldeinnahme und die Geldeinnahme ohne den Güterabgang nicht zustande käme, als Verkauf bezeichnet. Entsprechend bedingen sich beim Kauf Gütereingang und Geldausgabe gegenseitig.

Immer wenn ein Kauf oder Verkauf stattfindet, bildet sich ein Preis. Mitunter wird als Preis der für eine Gutsmengen*einheit* zu zahlende bzw. bezahlte Geldbetrag bezeichnet (z. B. von *Stackelberg*, Heinrich, Grundlagen der theoretischen Volkswirtschaftslehre, 2. Aufl., Bern u. Tübingen 1951, S. 19, — künftig zit. ‚Grundlagen' —). Dieser Einschränkung des Preisbegriffes folgen wir hier nicht. Sie steht übrigens nicht in Einklang mit dem Sprachgebrauch (vgl. *Bouffier*, Willy, Artikel: Preis, in: HWB[3], Bd. III, Sp. 4373). Allerdings ist jeder Preis auf eine bestimmte Gütermenge bezogen.

[130] Da als Preis die für eine beliebige Gütermenge bezahlte Geldsumme definiert wurde, paßt diese Begriffsbestimmung nicht für den Wert des (Währungs-)Geldes. Wir behandeln die Frage des Geldwerts in diesem Abschnitt noch gesondert.

In diesem Zusammenhang ist zur Vermeidung von Unklarheiten darauf hinzuweisen, daß der Zins, der zuweilen kurz als ‚Preis des Geldes' bezeichnet wird, mit dem Preis, dem Wert des Geldes, wie er hier verstanden wird, nichts zu tun hat. Der Zins ist vielmehr ein Entgelt für die Überlassung von Verfügungsmacht, wobei als Medium der Überlassung meist das Geld dient. M. a. W.: der Zins ist der Preis, den der Betrieb dafür zu zahlen hat, daß Dritte zu seinen Gunsten vorübergehend auf die Ausübung ihrer Verfügungsmacht verzichten.

dierte Wirtschaftsgüter, die ihrer Natur nach als solche nicht Gegenstand zwischenbetrieblicher Güterübertragungen sein können. Für diese Güter gibt es keine Preise, damit ist auch kein Wert für sie feststellbar[131].

Andere Güter höchst individuellen Charakters werden nur in seltenen Fällen verkauft bzw. gekauft, so etwa der ‚Firmenwert'[132], Kundenadressen u. dgl. (konzedierte Wirtschaftsgüter). Der Preis, der gegebenenfalls für ein solches Gut bezahlt wird, ist ein Ausdruck des Güterwertes. Es geht jedoch nicht an, vom Preis dieses Gutes auf den mutmaßlichen Wert anderer, dem Namen nach gleicher, aber höchst individueller Güter zu schließen. Das bedeutet zugleich, daß der Preis, der für ein solches Gut bezahlt wurde, die einzige Grundlage der Bewertung dieses Gutes ist.

Wenn dagegen die Beschaffenheit eines Gutes der anderer Güter mehr oder weniger ähnlich ist und Güter der betreffenden Art häufig entgeltlich erworben werden, so kann von dem Preis eines oder mehrerer dieser Güter auch auf den Wert der übrigen gleichartigen Güter geschlossen werden, und zwar mit um so größerer Sicherheit und Berechtigung, je größer die Zahl der diesen Gütern jeweils gemeinsamen Merkmale ist, je wesentlicher die gemeinsamen Merkmale sind und je regelmäßiger solche Güter gekauft bzw. verkauft werden. Ist nun der Preis solcher Güter konstant und einheitlich, so hat diese Feststellung keine praktischen Konsequenzen. Wenn sich aber im Zeitablauf die Preise ändern, die jeweils für eine bestimmte Menge solcher Güter be-

---

[131] Karl *Käfer* (Standardkostenrechnung, Budget-, Plan- und Maßkosten im Rechnungswesen des Betriebes, Stuttgart 1955, S. 5, — künftig zit. ‚Standardkostenrechnung' —) spricht auch beim Verbrauch solcher Güter von Kosten und zwar von ‚Mengenkosten': „Zu den Mengenkosten müssen gelegentlich Mengen vom Einheitswert null, d. h. von freien Produktionsgütern (Gaben der Natur oder staatliche Gratisleistungen, wie etwa Straßenbenützung) gerechnet werden". *Käfer* versteht also unter Kosten nicht nur Rechengrößen der Kostenrechnung, denn die ‚Mengenkosten' sind, wie er selbst sagt, ‚nicht addierbar'; addierbar sind nur die ‚Wertkosten', bei denen es sich um Wertabnahmen handelt, „mit denen keine Mengenverminderung verbunden" zu sein braucht.

Für gesamtwirtschaftliche Betrachtungen wird eine so weite Fassung des Kostenbegriffes angebracht sein, sofern sie sich auf die Verwendung freier Güter und die Erstellung und den Verbrauch staatlicher Gratisleistungen erstrecken (vgl. z. B. *Kapp*, William, Volkswirtschaftliche Kosten der Privatwirtschaft, dtsch. v. Bruno Fritsch, Reihe: Hand- und Lehrbücher aus dem Gebiet der Sozialwissenschaften, hrsg. v. Edgar Salin, Günter Schmölders, Arthur Spiethoff, Tübingen-Zürich 1958, bes. S. 12 ff.). Im Rahmen unserer Untersuchungen scheint sie uns nicht notwendig. Selbstverständlich wird dadurch der enge Zusammenhang zwischen ‚Mengenkosten' und ‚Wertkosten' i. S. *Käfers* nicht in Abrede gestellt.

[132] Der Firmenwert wird grundsätzlich nicht als solcher verkauft, sondern zusammen mit wesentlichen Bestandteilen des Betriebes. Um seine Höhe zu bestimmen, müßte man in diesem Fall den Wert aller direkt bewertbaren Güter, die mitverkauft wurden, vom Gesamtpreis absetzen.

zahlt werden, und (bzw. oder) wenn für verschiedene Güter der betreffenden Art zu gleicher Zeit verschieden hohe Preise bezahlt werden[133], so eröffnen sich mehrere Möglichkeiten, den Wert eines jeden dieser Güter (objektiv, eindeutig und rechenhaft) zu bestimmen. Im hier gegebenen Zusammenhang gelten also nicht nur die Preise, die für die verschiedenen Wirtschaftsgüter vom Betrieb bezahlt wurden, als Wert jener Güter. Dieser kann vielmehr auch von den Preisen abgeleitet werden, die vom Betrieb oder von anderen Wirtschaftsteilnehmern für gleiche Mengen gleichartiger Güter bezahlt wurden[134]. Darüber hinaus läßt er sich u. U. sogar aus Preisen andersartiger Güter bzw. aus dem Wert, mit dem andersartige Güter angesetzt werden, ableiten. Die zuletztgenannte Möglichkeit spielt gerade im Rahmen der Kostenrechnung eine wesentliche Rolle: Der Wert von (Einsatz- und Absatz-)Leistungen kann ermittelt werden, indem man den Wert des leistungsverbundenen Verbrauchs an ursprünglichen Verbrauchsgütern und (bzw. oder) an abgeleiteten Verbrauchsgütern (Einsatzleistungen) zusammenzählt[135], d. h. indem man die Kosten dieser Leistungen errechnet. Umgekehrt kann der Wert eines ursprünglichen Verbrauchsgutes bzw. der Wert eines abgeleiteten Verbrauchsgutes (Einsatzleistung), das im Zusammenhang mit der Erzeugung von (Einsatz- oder Absatz-)Leistungen vebraucht wurde, errechnet werden, indem man vom Wert der letzteren den Wert des sonstigen leistungsverbundenen Güterverbrauchs, d. h. die sonstigen Kosten abzieht. Damit können wir nunmehr feststellen: Im Sinne der Bewertung von Gütern zum Zwecke ihrer Erfassung und Verrechnung im betrieblichen Rechnungswesen wird als Wert eines Gutes ein anhand eines oder mehrerer Güterpreise festgelegter Geldbetrag bezeichnet, der im betrieblichen Rechnungswesen oder in einem Teil desselben das betreffende Gut repräsentiert.

Für bestimmte Güter lassen sich unter bestimmten Bedingungen jeweils mehrere betragsverschiedene Werte ermitteln. Im Hinblick darauf wird von einem Bewertungsspielraum gesprochen. Unterstellt man ein rationales Verhalten, so liegt die Wahl des Wertansatzes allenfalls insoweit im subjektiven Ermessen des Bewertenden, als ver-

---

[133] I. d. R. nur bei gespaltenen Märkten; z. B. infolge mangelnder Transparenz (versch. Bezugsquellen) oder durch preispolitische Maßnahmen verursacht (Preisdifferenzierung) oder institutionell bedingt (‚graue' oder ‚schwarze' Märkte).

[134] Hans *Holzer* (Zur Axiomatik der Buchführungs- und Bilanztheorie, Versuch einer Theorie der Buchführungs- und Bilanztheorien, Stuttgart 1936, S. 59 ff.) spricht in ähnlichem Sinne von Preissubstitution: „Den zu bewertenden Objekten, denen selbst kein realer Preis zukommt, wird ein Wert beigelegt, dessen Ermittelung sich auf reale Preise stützt."

[135] Vgl. dazu unsere Ausführungen oben, Abschn. I B 2 c.

schiedene Wertansätze im Hinblick auf den Rechnungszweck neutral sind[136, 137].

In der folgenden Übersicht sollen die grundsätzlich bestehenden Möglichkeiten zur Feststellung des rechnerischen Werts der Güter wiedergegeben werden. Wir erheben aber nicht den Anspruch, daß diese Übersicht vollständig sei.

Preise als Grundlage der Bewertung von Gütern:

A. Für das zu bewertende Gut vom Betrieb bezahlter Preis (Anschaffungspreis)

B. Preis eines gleichartigen oder ähnlichen Gutes:

1. in einem bestimmten Zeitpunkt gültige Preise (z. B. am Liefertag, am Tag des Verbrauchs, am Umsatztag, am Tag der Verrechnung)
2. für ein bestimmtes Gut bezahlter Preis (z. B. für das zuerst oder für das zuletzt gekaufte der vorhandenen Güter — fifo, lifo)

---

[136] Von dem Bewertungsspielraum, der bei besonderen Rechnungsanlässen durch rechtliche Vorschriften eingeräumt wird, sei hier abgesehen. Ebenso davon, daß in der Praxis aus Gründen ökonomischer Sparsamkeit die Bewertung von Gütern willkürlich erfolgen kann, wenn dadurch die Rechnungsergebnisse nur unerheblich beeinflußt werden.

Über den grundsätzlichen Zusammenhang zwischen Bewertung und Rechnungszweck vgl. auch *Holzer*, a.a.O., S. 72 f.

[137] Besondere Bedingungen liegen vor, wenn der Rechnungszweck verlangt, daß der Wert, den die Güter voraussichtlich in einem künftigen Zeitpunkt haben werden, in die Rechnung eingeführt wird. Völlig sichere Anhaltspunkte über die Höhe künftiger Preise gibt es nicht. Das bedeutet jedoch nicht, daß der Wert der Güter willkürlich angesetzt werden darf. Der Rechnungszweck wird um so eher erfüllt, je näher die jeweiligen Ansätze den im betreffenden künftigen Zeitpunkt zu zahlenden Preisen kommen. Bei der Bewertung muß deshalb von der bisherigen Preisentwicklung und von der Entwicklung der erkennbaren Preisbildungsfaktoren ausgegangen werden. Je zahlreicher und komplizierter die Größen sind, die auf die Preisbildung einwirken, und je weiter die gesuchten Preise in der Zukunft liegen, desto schwerer ist die Beschaffung zuverlässiger Anhaltspunkte der Bewertung (vgl. *Wittmann*, Information, a.a.O., S. 82). „Im übrigen wird sich die Güte der Schlüsse auf zukünftige Erscheinungen und Zusammenhänge abhängig zeigen von der Strenge der dahinterstehenden Verknüpfung." „Ein weiteres ist die Frage der Meßbarkeit der Wahrscheinlichkeiten. Sie wird in manchen Fällen unmittelbar gegeben sein ..." „In anderen dürfte es ... möglich sein, noch zahlenmäßige Angaben zu machen, die allerdings nicht das Ergebnis eines formalmathematischen Kalküls sind ... Für die meisten Fälle, und zwar leider wohl meist auch da, wo es um die wesentlichsten Entscheidungen geht, werden wir uns mit einer rangmäßigen Ordnung im Sinne eines Größer oder Kleiner zufrieden geben müssen." „Und in ganz unbestimmten Fällen ... wird man sogar auf die Rechnung zu verzichten haben. Die einzelnen Ereignisse werden dann lediglich als möglich erachtet werden können, ohne daß ihnen ein größenmäßiges Prädikat zugeordnet werden könnte" (ebda., S. 135). Wir können also feststellen, daß der Ermessensspielraum bei der Feststellung künftiger Preise mit der Zahl und Stärke der angeführten Unsicherheitsmomente wächst.

C. Mittelwert aus mehreren Preisen gleichartiger Güter (z. B.: Durchschnitt der Anschaffungspreise eines bestimmten Bestandes an gleichartigen Gütern; in einem bestimmten Zeitraum und — bzw. oder — in einem bestimmten Wirtschaftsraum durchschnittlich für Güter gleicher Art bezahlter Preis; in einem bestimmten Sinn normaler Preis für Güter gleicher Art)

D. Wert andersartiger Güter[138]

1. Summe von Werten andersartiger Güter
2. Differenz zwischen Werten andersartiger Güter.

Das Ergebnis unserer bisherigen Betrachtung über Wesen und Ermittlung des Werts der Wirtschaftsgüter im Rahmen des betrieblichen Rechnungswesens gilt — seiner Herleitung entsprechend — nicht für (Währungs-)Geld-Bestände, -Forderungen und -Verbindlichkeiten, da es sich bei ihnen ja ohnehin um Geldbeträge handelt. Solange allein das Geld als Ausdruck des Güterwerts und als Recheneinheit dient, gibt die Höhe eines Geldbetrages unmittelbar dessen rechnerischen Wert an[139]. Eine Bewertung im oben beschriebenen Sinne ist überflüssig. Erst wenn man statt des Geldes einen anderen Wertausdruck wählt, wird es möglich, (Währungs-)Geldmengen zu bewerten. Als Wertmaßstab kommen wiederum grundsätzlich alle Dinge in Frage, denen ein Wert beigelegt wird, ausgenommen eben das Währungsgeld selbst. Da das Geld als allgemeines Tauschmittel dient, lassen sich

---

[138] Der Wert der betreffenden Güter ist letztlich wieder auf Preise zurückzuführen.

[139] An dieser Stelle wird der Charakter der Wirtschaftsrechnung deutlich: Sie ist im Grunde eine Mengenrechnung, aber eine solche mit Mengen einer einheitlichen Recheneinheit und zwar normalerweise mit Mengen von (Währungs-)Geldeinheiten. Derartige, auf die beschriebene Weise ermittelte Mengen nennt man ‚Werte', während bei dem Terminus (Güter-),Menge' im allgemeinen an einen der natürlichen Beschaffenheit der Wirtschaftsgüter adäquaten Zahlenausdruck gedacht ist.

Lorentz schreibt zu dieser Frage: „Beim Verbrauch von flüssiger Kaufkraft (d. i. Geld, Md.) fallen Menge und Wert zusammen, ja, man kann sagen, es sind Mengenausdruck und Wertausdruck identisch" (Der Kostenbegriff, in: ZfB, 8 (1931), S. 85, — künftig zit. ‚Kostenbegriff' —). Ähnlich äußert sich auch Silvio *Frassine* (Mengenmäßiges und wertmäßiges Denken in der Betriebswirtschaft, Wien 1934, S. 29).

Vgl. weiterhin *Szyperski*, Norbert, Zur Problematik der quantitativen Terminologie in der Betriebswirtschaftslehre, Reihe: Betriebswirtschaftliche Forschungsergebnisse, hrsg. v. Erich Kosiol, Band 16, Berlin 1962, S. 61. Dieses Buch wäre für die Beantwortung mehrerer Fragen, die in der vorliegenden Arbeit behandelt werden, eine hervorragende Grundlage gewesen. Es erschien jedoch erst, nachdem wir unser Manuskript im wesentlichen fertiggestellt hatten. So müssen wir uns damit begnügen, in einigen Anmerkungen auf *Szyperski* zu verweisen. Das ist aber auch ohne weiteres vertretbar, weil *Szyperski* in den fraglichen Punkten (auf teilweise anderen Wegen) weitgehend zu denselben Ergebnissen gelangt wie wir.

ebensoviele ‚Gegenwerte' des Geldes objektiv und (quantitativ) eindeutig feststellen, als Käufe bzw. Verkäufe stattfinden. Je disproportionaler die Entwicklung der Realgüterpreise verläuft, desto weniger Sinn hat es, irgend eines dieser Realgüter — mehr oder weniger willkürlich — als Wertmaßstab herauszugreifen. Unter diesen Umständen sind besonders zwei Möglichkeiten erwägenswert[140]. Die erste besteht darin, ein ausländisches Zahlungsmittel als Wertmaßstab zu verwenden, wozu der entsprechende Wechselkurs herangezogen werden könnte. Dieses Verfahren würde sich aber nur unter der Bedingung empfehlen, daß die Mängel, deretwegen das Währungsgeld als Wertmaßstab abgelehnt wird, dem ausländischen Zahlungsmittel nicht oder doch in geringerem Maß anhaften. Die zweite Möglichkeit ist jene, den Geldwert, die Kaufkraft des Geldes, mit einem Preisindex zu messen. In diesem Falle wird bekanntlich die Summe der Preise, die bestimmte, nach Art und Zahl festgelegte Realgüter im gegenwärtigen Zeitpunkt aufweisen, zur Summe der Preise, die für diese Güter in einem früheren Zeitpunkt galten, ins Verhältnis gesetzt. Der reziproke Wert dieser Relation bringt die Entwicklung der Kaufkraft des Geldes gegenüber den betreffenden Realgütern zum Ausdruck.

Auf die zahlreichen theoretischen und praktischen Schwierigkeiten bei der Festlegung jener Realgüter, deren Preise in den Index aufgenommen werden sollen, und bei der Ermittlung der Indexziffern kann hier nicht eingegangen werden. Wenn sie überwunden sind, bleibt noch das Problem zu lösen, wie die Kaufkraft des Geldes im betrieblichen Rechnungswesen zum Ausdruck gebracht werden soll. Offenbar könnte nicht mehr jede Währungseinheit jeder anderen Währungseinheit gleich erachtet werden, obwohl — das ist eine Voraussetzung der Ermittlung von Preisindexziffern — das Geld als allgemeines Tauschmittel fungiert. Es müßte zunächst der oben als Wert der Güter beschriebene Betrag ermittelt werden, und dieser Betrag wäre dann durch die ‚relative Kaufkraft einer Geldeinheit im Zeitpunkt' zu dividieren[141]. Recheneinheit wäre also nicht die Währungseinheit, sondern

[140] Im betriebswirtschaftlichen Schrifttum wurde das Problem der Preis- und Geldwertschwankungen — besonders im Hinblick auf die Erfolgsrechnung — schon oft und eingehend behandelt. (Vgl. die zusammenfassende Darstellung bei *von Colbe,* Walter Busse, Artikel: Preis- und Geldwertschwankungen, Eliminierung von ..., in: HWB³, Bd. III, Sp. 4423 ff., und die dort angeführte Literatur).

[141] Nehmen wir an, der Preisindex habe sich vom Zeitpunkt t_1 zum Zeitpunkt t_2 verdoppelt. Wird die relative Kaufkraft einer Geldeinheit im Zeitpunkt t_1 zur Recheneinheit gewählt, so ist ein Geldbestand G, der im Zeitpunkt t_2 vorhanden ist, nur mit der Hälfte seines Betrages in der Rechnung anzusetzen, da zwei Geldeinheiten des Zeitpunktes t_2 dieselbe Kaufkraft haben wie eine Geldeinheit des Zeitpunktes t_1. Für die Preise, die zur Ermittlung des Werts von Realgütern herangezogen werden, gilt sinngemäß das gleiche.

ein Güterkomplex bestimmter Zusammensetzung, der im Zeitpunkt ‚t' den Wert einer Währungseinheit hatte. Daran ändert sich auch dadurch nichts, daß man diese Recheneinheit wie die Währungseinheit benennt. Um bei solchem Vorgehen zu Ergebnissen mit praktischem Aussagewert zu kommen, müßten zahlreiche Umrechnungen vorgenommen werden[142]. Damit ginge ein Vorteil verloren, der sich mit der praktischen Handhabung einer Geldrechnung verbindet, und die Mängel, die einer solchen anhaften, würden (soweit überhaupt) nicht mit Sicherheit vermieden. Es erscheint uns daher angebracht, allein die Geldrechnung zu betrachten[143]. Wir halten deshalb endgültig fest: Im Sinne der Bewertung von Gütern zum Zwecke ihrer Erfassung und Verrechnung im betrieblichen Rechnungswesen gilt als Wert eines Gutes der Geldbetrag, der dieses Gut im betrieblichen Rechnungswesen oder in einem Teil desselben repräsentiert; er ist bei (Währungs-)Geldmengen unmittelbar feststellbar und wird für alle sonstigen Güter anhand jeweils eines oder mehrerer Güterpreise festgelegt[144,145].

Eine besondere Betrachtung verdient noch die Bewertung von Verfügungsmacht. Grundsätzlich stellen alle Güter, die sich im Verfügungsbereich eines Betriebes befinden, einen Ausdruck seiner Verfügungsmacht dar. Andererseits kommt, wie gesagt, nicht allen Wirtschaftsgütern, für die das zutrifft, ein Wert im beschriebenen Sinne zu. Es versteht sich, daß der Wert der betrieblichen Verfügungsmacht nur über den Wert der Güter ermittelt werden kann, in denen sich diese Verfügungsmacht konkretisiert. Der Wert der betrieblichen Verfügungsmacht ergibt sich also als Summe des Werts aller Güter, die zum Verfügungsbereich des Betriebes gehören. Mithin gilt die obige

---

142 Wird der Bezugszeitpunkt der Rechnung in die Vergangenheit gelegt und fixiert, so sind zunächst alle relevanten Geldbeträge auf Kaufkrafteinheiten jenes Zeitpunkts umzurechnen. Für zahlreiche Zwecke wird es auch notwendig sein, die Rechnungsergebnisse wieder in aktuelle Ziffern zurückzuverwandeln, und zwar ist das um so eher der Fall, je größer die Diskrepanz zwischen der Kaufkraft des Geldes im Bezugszeitpunkt und der gegenwärtigen Kaufkraft des Geldes ist.

Wird dagegen der jeweilige Bezugszeitpunkt der Rechnung auf die Gegenwart festgelegt, also auf den Zeitpunkt, in dem eine Betriebsrechnung durchgeführt wird, so haben zwar die Rechnungsergebnisse aktuelle Bedeutung, aber bei jeder Veränderung der Kaufkraft des Geldes, die im Zeitablauf stattfindet, muß eine neue Umrechnung vorgenommen werden. (Vgl. hierzu *Walb*, Erfolgsrechnung, a.a.O., S. 409 ff.)

143 Auf die Frage der Minderung der Kaufkraft des Geldes kommen wir wieder zurück (s. u., Exkurs am Schluß von Teil I).

144 Wenn wir diese Definition endgültig nennen, so gilt das selbstverständlich nur für diese Arbeit.

145 Es sei hier noch einmal (vgl. Anm. 124 dieses Teils der Arbeit) betont, daß wir Teile z. B. einer Unternehmung, die pretial gelenkt werden (vgl. z. B. *Schmalenbach*, Kostenrechnung, 7. Aufl. 1956, a.a.O., S. 199 ff.), als Betriebe bezeichnen. Die Geldbeträge, die ihnen im Zusammenhang mit Verbrauch und Herstellung von Gütern gutgeschrieben und belastet werden, sehen wir als Preise an.

Definition dessen, was im Sinne der Bewertung von Gütern zum Zwecke ihrer Erfassung und Verrechnung im betrieblichen Rechnungswesen unter dem Wert eines Gutes zu verstehen ist, auch für den Wert der betrieblichen Verfügungsmacht. Ergänzend ist zu bemerken, daß der in Geld ausgedrückte Wert betrieblicher Verfügungsmacht im Rahmen des betrieblichen Rechnungswesens als Kapital bezeichnet wird[146]. Fremdkapital ist jener Teil des Kapitals, der dem Betrieb gegen das Versprechen späterer Rückerstattung überlassen wird, Eigenkapital nennt man die (positive) Differenz zwischen Gesamtkapital und Fremdkapital[147].

Nachdem wir eine Antwort auf die Frage gefunden haben, was im Hinblick auf das betriebliche Rechnungswesen als Wert der Güter bezeichnet wird, können wir auch sagen, was unter dem Wert eines Güterverbrauchs zu verstehen ist: ein Geldbetrag, der entweder — beim Verbrauch von Währungs-Geldmengen — unmittelbar festgestellt oder — beim Verbrauch sonstiger Güter — anhand eines oder mehrerer Güterpreise festgelegt wurde und im betrieblichen Rechnungswesen bzw. in einem Teil desselben den jeweiligen Güterverbrauch repräsentiert. Die Bewertung als Teil der Kostenermittlung besteht dann in der Feststellung bzw. Festlegung solcher Geldbeträge für den leistungsverbundenen Güterverbrauch mit Rücksicht auf den jeweils vorliegenden Kostenrechnungszweck.

Die Bewertung stellt sich nach *Kosiol* stets „als multiplikative Verschmelzung zweier Größen dar, von denen die eine die Menge des verbrauchten Gutes oder ... eine geeignete Bezugsbasis für die Güterquantität und die andere ... den spezifischen Wert des Gutes, d. h. den auf die Mengeneinheit oder die Einheit der Bezugsbasis bezogenen Wert, bedeutet“[148]. *Kosiol* versteht „unter ‚Menge‘ im weitesten Sinne jede Quantifizierung des Güterverbrauchs, die gütermäßige Ausdehnung, den noch unbewerteten Umfang des Verbrauchs an sich“ und

---

146 Hier wird deutlich, warum wir es bisher unterließen, den Kapitalbegriff einzuführen, und statt dessen nur von Verfügungsmacht sprachen: Im Kapital findet möglicherweise nur ein Teil der betrieblichen Verfügungsmacht seinen Ausdruck.

147 Die Aufteilung des betrieblichen Gesamtkapitals in Fremd- und in Eigenkapital hat deshalb mit der jeweiligen Zusammensetzung der betrieblichen Wirtschaftsgüter und mit deren Wert im einzelnen nichts zu tun. Die Höhe des Fremdkapitals ergibt sich vielmehr (solange noch Eigenkapital vorhanden und die Überschuldungsgrenze nicht überschritten ist) aus dem Umfang der i. d. R. von vornherein nominell fixierten Tilgungsverpflichtungen. Nur in Ausnahmefällen treten hier Wertänderungen ein (z. B. bei Verbindlichkeiten in ausländischer Währung, sofern Wecheselkursänderungen stattfinden, oder bei Rückstellungen). Das Eigenkapital ergibt sich als Restgröße. Seine Aufteilung ist — abgesehen von diesbezüglichen Gesetzesbestimmungen und Vertragsvereinbarungen — eine Zweckmäßigkeitsfrage.

148 *Kosiol*, Kostenbegriff, a.a.O., S. 29.

unter dem Wert je Mengeneinheit jeden Wertansatz je Mengeneinheit[149]. Diese Beschreibung des Bewertungsvorgangs trifft ohne weiteres für alle Güter außer dem (Währungs-)Geld zu. Der Bewertung ihres Verbrauchs liegt zweifellos „irgendwie neben der Bestimmung des Wertniveaus auch eine Abwägung des quantitativen Umfangs zugrunde"[150]. Für den quantitativen Verbrauch von (Währungs-)Geld kann sie dagegen nur aufrechterhalten werden, wenn man die Ermittlung unmittelbar und quantitativ verbrauchter Geldbeträge in folgender Weise interpretiert: „Als verbrauchte Gütermenge tritt ... die Menge an Geldeinheiten (Währungseinheiten) auf, die mit dem Wert der Währungseinheit (z. B. DM 1,—) angesetzt wird[151]." Es ist aber nach unserem

---

[149] *Kosiol,* ebda., S. 30.

Kosiol nennt den Wert je Mengeneinheit auch Preis. Unter letzterem ist „nicht allein der besondere Fall des Marktpreises im Sinne eines bestimmten Sachgehaltes zu verstehen, sondern in einem viel weiteren formalen Sinne jeder Wertansatz je Mengeneinheit" (ebda., S. 30). Der spezifische ökonomische Wert eines Gutes kommt nach *Kosiol* (ebda., S. 13) durch eine Verschmelzung der spezifischen technischen Eignung eines Gutes für Produktionsprozesse und Konsumvorgänge mit der mengenmäßigen relativen Seltenheit (Knappheit) bei seiner Verwendung in Produktion und Konsumtion zustande. *Kosiol* gibt also zunächst dem Wertbegriff einen bestimmten materiellen Inhalt und definiert dann: Preis = Wert : Gütermenge. Der Formel ‚Wert = Menge × Preis' ist also bei *Kosiol* die Definition des Preises implizit.

Gerade umgekehrt geht *v. Stackelberg* vor (a.a.O., S. 19). Er gibt dem Begriff Preis einen materiellen Inhalt (Geldsumme, „die auf dem Markte für die Mengeneinheit des Gutes bezahlt wird") und definiert daraufhin: Wert = Menge × Preis. In diese Formel ist also bei *v. Stackelberg* die Definition des Wertes mit eingeschlossen.

Sowohl bei *Kosiol* wie auch bei *v. Stackelberg* ist der Wertbegriff dem Preisbegriff formal übergeordnet. Die von uns unter dem Namen Wert bzw. Preis eingeführten Begriffe stehen in einem anderen Verhältnis zueinander. Sieht man davon ab, daß beide auf eine bestimmte Gütermenge, nicht aber auf eine Mengeneinheit eines Gutes abgestellt sind, so entspricht *v. Stackelbergs* Preisbegriff dem unseren, und in ähnlicher Weise korrespondiert *Kosiols* Preisbegriff („jeder Wertansatz je Mengeneinheit") mit unserer Definition des Wertes (jeder objektiv und eindeutig ermittelte Geldbetrag, der im betrieblichen Rechnungswesen oder in einem Teil desselben eine bestimmte Menge eines Gutes repräsentiert). Preis und Wert eines (Real-) Gutes hängen dadurch zusammen, daß nur von (bestimmten) Preisen hergeleitete Geldbeträge als Ausdruck des Werts eines Gutes gelten. (Über unsere Auffassung von dem Zusammenhang zwischen technischer Eignung, Knappheit, wirtschaftlicher Bedeutung, Wert und Preis eines Gutes vgl. o., Abschn. I B 1 c und Abschn. I B 3 c.)

[150] *Kosiol,* Kostenbegriff, a.a.O., S. 29.

[151] *Kosiol,* ebda., S. 34 f.

Kosiol schreibt dazu (ebda., S. 35): „Die innere Folgerichtigkeit der (hierin zum Ausdruck kommenden; Md.) Begriffserweiterung tritt sofort zutage, wenn man die Umbewertung zum Tagespreis ins Auge faßt." Bei Realgütern bleibe die Verbrauchsmenge selbst unverändert, nur ihre Bepreisung werde gewechselt, wenn an die Stelle einer geldhaften eine güterhafte Betrachtung trete. Das lasse sich auch so formulieren, daß die Veränderung der speziellen Kaufkraft des Geldes gegenüber einem bestimmten Kostengut im Preisansatz für dieses Kostengut berücksichtigt werde, während dessen Menge dieselbe geblieben sei. Wenn man die güterhafte Betrachtung auf den Verbrauch von Geld ausdehnen wolle, so müsse man in den realen

Dafürhalten unwesentlich, ob man den Standpunkt vertritt, hier werde eine Stückzahl mit der Währungseinheit multipliziert[152], oder ob man hier von einem besonderen Fall spricht, in dem die Notwendigkeit der Bewertung entfällt. Zieht man das letztere vor, dann darf man allerdings genau genommen die Kosten nicht mehr als ‚bewerteten' leistungsverbundenen Güterverbrauch definieren. Statt dessen kann man sagen: Kosten sind ‚in Geld ausgedrückter Wert' (oder auch ‚Geldwert')

Kostengütern denken, die mit Geld beschafft werden. Steigen die Preise derselben, „so muß man nunmehr eine größere Geldmenge ansetzen, da die Bewertung mit der gesetzlichen Währungseinheit unverändert bleibt. Nur läßt sich die gesunkene Kaufkraft jetzt nicht mehr auf ein bestimmtes Kostengut beziehen, sondern müßte durch einen Index aller Kostengüter gemessen werden".

Es ist nicht leicht einzusehen, was *Kosiol* mit den letzten Sätzen sagen will, insbesondere was nach seiner Auffassung im Hinblick auf die Bewertung des Verbrauchs von Geld bei veränderter Kaufkraft des Geldes geschehen sollte und inwiefern sich daraus ein Argument für seine Interpretation der Bewertung ergibt. U. E. bestehen folgende Möglichkeiten:

1. Man bleibt dabei, den Wert des Güterverbrauchs wie beschrieben mit Geldeinheiten zu messen und auszudrücken, dann sind Differenzen zwischen dem Anschaffungswert und dem Tageswert (einer bestimmten Art) für den Ansatz des quantitativen Verbrauchs von Währungsgeld nur insoweit relevant, als sie unmittelbar solchen Verbrauch betreffen. Das ist z. B. der Fall, wenn Steuersätze geändert werden und der betreffende Verbrauch von Geld auf Basis des bisherigen oder auf Basis des veränderten Steuersatzes festgestellt werden kann. In beiden Fällen wird der Wert der bisher oder nunmehr zu zahlenden, der tatsächlich oder fiktiv verbrauchten Geldmenge auf die gleiche Weise ermittelt. Ein Argument dafür, daß der Wertansatz des quantitativen Verbrauchs von Geld auf (Geld-)Menge und (Geld-)Preis zurückzuführen ist, wird jedenfalls nicht gewonnen.

2. Man geht dazu über, den Wert des Güterverbrauchs „durch einen Index aller Kostengüter" zu messen und auszudrücken, dann bleibt aber „die Bewertung mit der gesetzlichen Währungseinheit" nicht unverändert. Zeigt sich bei einem solchen Vorgehen, daß die Kaufkraft des Geldes nicht konstant bleibt, so hat das u. E. ebenfalls keine Bedeutung für die Beantwortung der Frage, ob der Wert des quantitativen Verbrauchs von (Währungs-)Geld unter der Voraussetzung, daß er in Währungseinheiten ausgedrückt wird, ein Produkt aus (Geld-)Menge und (Geld-)Wert je Mengeneinheit ist.

3. Es bleibt noch zu prüfen, ob die Ausführungen *Kosiols* für den *qualitativen* Verbrauch von (Währungs-)Geld zutreffen (auf diesen Fall kommen wir noch zu sprechen; s. u., Exkurs am Schluß des Kapitels I B.) U. E. läßt sich jedoch aus der Eigenart der Bewertung des *qualitativen* Verbrauchs von Geld kein zwingendes Argument für die Interpretation der Ermittlung des Werts eines *quantitativen* Verbrauchs von Geld ableiten.

[152] Man könnte diesen Standpunkt auch damit zu begründen suchen, daß sich die Bewertung von Realgütern, deren Mengeneinheiten den Wert einer Währungseinheit haben, ebenfalls als Produkt der Mengeneinheit mit einer Währungseinheit darstelle und daß auch die Menge eines Verbrauchs den Umfang einer Mengeneinheit haben könne, was zur Multiplikation des Werts dieser Mengeneinheit mit der Zahl ‚1' führe. In diesen Fällen wird aber stets der Wert des betreffenden Guts in einem anderen Gut, dem Geld, ausgedrückt, bemessen. Die Besonderheit der ‚Bewertung' des quantitativen Verbrauchs von Währungsgeld liegt aber darin, daß der Wert der Menge, die von diesem Gut verbraucht wurde, in einer Menge eben dieses Gutes Geld, und zwar notwendig in derselben Menge Geld ausgedrückt, ‚bemessen' werden soll.

leistungsverbundenen Güterverbrauchs. Da die zuletzt genannte Formulierung beiden Deutungen des ‚Bewertungs'-Vorgangs gerecht wird und das Wesen desselben deutlicher zum Ausdruck bringt als das Adjektiv ‚bewertet', wollen wir uns künftig ihrer bedienen[153].

Exkurs: Grundprobleme der Kostenermittlung

Die Kosten einer Leistung lassen sich eindeutig ermitteln, soweit die betreffende Leistung gegenüber allen sonstigen Leistungen scharf abgegrenzt werden kann, soweit der mit dieser Leistung und nur mit ihr verbundene Verbrauch genau erfaßbar ist und soweit sich der Wert des letzteren sicher feststellen läßt. In der Praxis bereiten aber Leistungsabgrenzung, Verbrauchserfassung und Wertbestimmung oft erhebliche Schwierigkeiten. Mit letzteren, d. h. mit der Frage, welche Grenzen einer exakten Kostenermittlung gezogen sind, wollen wir uns nunmehr befassen. Es wäre zwar auch möglich gewesen, die betreffenden Probleme teils bei der Analyse des Güterverbrauchs, teils im Zusammenhang mit dessen Leistungsverbundenheit und Bewertung zu behandeln, und schließlich hätten wir auf ihre Erörterung im Rahmen dieser Arbeit ganz verzichten können. Es erschien uns jedoch angebracht, auf diese Fragen hier einzugehen und sie gemeinsam zu betrachten, erstens weil sie miteinander nahe verwandt und eng verbunden sind, zweitens weil uns ihre Untersuchung Gelegenheit gibt, die Ergebnisse (eines Teils) unserer bisherigen Überlegungen zu wiederholen und zusammenzufassen, zu vertiefen und zu ergänzen, drittens weil wir auf diese Weise die praktische Bedeutung unserer mitunter verhältnismäßig abstrakten Ausführungen und Feststellungen aufzeigen können. Freilich müssen wir uns darauf beschränken, die erwähnten Probleme der Kostenermittlung unter allgemeinen Gesichtspunkten darzustellen. Vor allem soll dahingestellt bleiben, welchen Zwecken die Kostenrechnung dient und ob bzw. inwieweit diesen auch ungenaue Ergebnisse genügen[154]. Selbst nach dieser Einengung des Untersuchungsgegenstandes werden wir noch auf Fragen stoßen,

---

[153] Es ist u. E. zu wenig, wenn man die Kosten ‚in Geld ausgedrückten leistungsverbundenen Güterverbrauch' nennt, denn ein Verbrauch kann nicht mit jedem beliebigen Geldbetrag, sondern nur mit Geldbeträgen, die bestimmten Bedingungen genügen, beziffert werden. Und diese Geldbeträge nennen wir eben ‚Werte'.

[154] Die Ungenauigkeiten der Kostenermittlung können unvermeidlich sein. Möglicherweise beruhen sie auch darauf, daß wegen wirtschaftlicher Bedenken auf eine an sich mögliche genaue Kostenermittlung verzichtet wird. Solche Bedenken sind umso eher gerechtfertigt — und die an die Stelle einer genauen Erfassung tretende Schätzung darf umso gröber sein —, je weniger die betroffenen Kosten unter den zu ermittelnden Kosten bestimmter Leistungen zu Buche schlagen und je mehr die Kosten, die eine genaue Erfassung selbst verursachen würde, ins Gewicht fallen.

die so verwickelt sind, daß wir es bei Andeutungen bewenden lassen müssen.

Um auf kürzestem Weg einen Überblick über die erwähnten Probleme der Kostenermittlung zu erhalten, betrachten wir die verschiedenen Abschnitte der Kostenermittlung nicht einzeln, sondern untersuchen zuerst, auf welche Weise und innerhalb welcher Grenzen Menge und Wert eines Güterverbrauchs bestimmt werden können, und danach, welche Möglichkeiten und Probleme bei der Zurechnung des Verbrauchs auf die Leistungen vorliegen. Da die Ermittlung von Menge und Wert eines Güterverbrauchs in erster Linie von der Eigenart des jeweils verbrauchten Gutes abhängt, liegt es nahe, bei ihrer Untersuchung nacheinander die einzelnen Verbrauchsgütergruppen ins Auge zu fassen. Eine weitere Untergliederung dieses Teils unserer Darstellung ergibt sich dadurch, daß die Bestimmung des Werts von qualitativem Verbrauch mit besonderen Problemen verbunden ist, die wir für sich erörtern werden, und zwar im Anschluß an die Fragen der (mengen- und wertmäßigen) Erfassung des quantitativen Verbrauchs.

Selbständige Verbrauchsgüter sind einerseits Stoffe verschiedener Art, andererseits Bestände an Zahlungsmitteln. Der (quantitative) Verbrauch solcher Güter läßt sich in der Regel verhältnismäßig leicht feststellen. Soweit es sich um Geld handelt, bedarf das keiner besonderen Erläuterung[155]. Der Verbrauch an Stoffen kann anhand der Güter selbst erfaßt werden[156]: Sofern sie in Stücke gleicher Größe geteilt sind, lassen sich diese (ohne Bezug auf eine physikalische Maßeinheit) zählen[157], sofern sie geeignete zuständliche Größenmerkmale (Gewicht, Ausdehnung) aufweisen, sind die Gutsmengen meßbar. Die Verwendung eines einheitlichen Ausdrucks für eine bestimmte Gütermenge ist allerdings hier wie bei anderen Gütern nur gerechtfertigt, wenn es sich um ein homogenes Gut handelt, d. h. wenn jede Mengeneinheit dieses Gutes mit jeder anderen Mengeneinheit desselben in allen für seine wirtschaftliche Verwendung wesentlichen Merkmalen übereinstimmt[158]. Auch die Bestimmung des Werts von quantitativem Verbrauch selbständiger Verbrauchsgüter ist relativ unproblematisch. Beim Währungsgeld sind Menge und Wert des Verbrauchs identisch; bei Zahlungsmitteln in ausländischer Währung ergibt sich der Wert des Verbrauchs je Mengeneinheit aus den Wechselkursen. Stoffe sind

155 Hier ist besonders an Steuern und andere Abgaben, aber auch an Geschenke, Forderungsausfälle, Zugriffe Unberechtigter usw. zu denken.

156 Entweder unmittelbar anhand der verbrauchten Güter oder mittelbar aufgrund der mit dem Verbrauch korrespondierenden Bestandsminderungen.

157 Z. B. Kleinmaterial, bezogene Teile, Halbfabrikate.

158 Die Gliederung des Verbrauchs nach ‚Kostenarten' ist teilweise tiefer (z. B. beim Verbrauch von Geld) und teilweise weniger tief (z. B. bei den aus betrieblichen Gebrauchsgütern stammenden Leistungsabgaben). Vgl. hierzu *Szyperski*, a.a.O., S. 63 f.

in der Regel in Quantitäten derselben Mengenskalen, die auch zur Erfassung der Verbrauchsmengen herangezogen werden, Gegenstand des zwischenbetrieblichen Verkehrs. D. h. der Wert des Verbrauchs je Mengeneinheit ist meist ohne weiteres aus Preisen der verbrauchten oder aus Preisen gleichartiger Güter ableitbar[159]. Preisnachlässe wie z. B. ein Mengenrabatt stellen aber eine Ausnahme von dieser Regel dar. Ein Mengenrabatt ist auf die gesamte Gütermenge bezogen, auf die er gewährt wurde. Deshalb läßt sich nicht allgemeingültig sagen, ob und in welchem Umfang er zu berücksichtigen ist, wenn der Wert eines Teils dieser Gütermenge bestimmt werden soll: Er kann bei der Ermittlung des Werts einer (Güter- bzw. Verbrauchs-)Mengeneinheit entweder in voller Höhe oder auch gar nicht und schließlich in irgendeiner zwischen diesen beiden Extremen liegenden Weise (z. B. so, daß alle mit Rabatt erworbenen Gütermengeneinheiten gleichmäßig an ihm partizipieren) berücksichtigt werden[160]. Der Wert der verbrauchten Gütermenge muß also hier — und in allen gleich gelagerten Fällen ebenso[161] — innerhalb gewisser Grenzen autonom festgesetzt werden. Anhaltspunkte dafür, welcher der theoretisch möglichen Wertansätze in einem konkreten Fall ‚richtig' ist, ergeben sich allenfalls aus dem jeweiligen Rechnungszweck.

Der quantitative Verbrauch fremder Leistungsabgaben kann nicht anhand zuständlicher Größenmerkmale dieser Güter selbst festgestellt werden, da diese — ebenso wie die Leistungsabgaben betrieblicher Gebrauchsgüter — im Augenblick ihrer Freisetzung aus den betreffenden Leistungspotentialen untergehen, d. h. verbraucht werden. Aus demselben Grunde, also weil Erwerb und Verbrauch zeitlich zusammenfallen, ist es aber meist möglich, die Verbrauchsmengen fremder Leistungsabgaben anhand der Anhaltspunkte zu bestimmen, die sich aus ihrem Erwerb ergeben.

Im einfachsten Fall lassen sich die verbrauchten Mengeneinheiten zählen. Das ist bei einigen Diensten der Fall, die in homogene Teilmengen gegliedert werden können[162]. Die Ermittlung des Werts einer Verbrauchsmengeneinheit ist unproblematisch, soweit der Preis solcher Dienste auf dieselben Mengeneinheiten bezogen ist. Zuweilen werden

---

159 Das gilt selbstverständlich nicht für Zwischenprodukte und Fertigerzeugnisse, deren Wert über die Kosten ihrer Herstellung errechnet wird, denn die Kostenrechnung ist grundsätzlich mit allen im folgenden noch zu besprechenden Schwierigkeiten belastet.

160 Das gilt unabhängig davon, ob der Preisnachlaß auf die verbrauchten Güter selbst oder ob er auf gleichartige Güter gewährt wurde, deren Preis herangezogen wird, um den Wert des Güterverbrauchs zu bestimmen.

161 Dabei ist auch an ‚Preiszuschläge', also z. B. an Beschaffungs-(neben-)kosten zu denken.

162 Z. B. Postsendungen einer Tarifposition, telefonische Ortsgespräche, Beförderung von Gütern gleicher Art und Menge auf gleiche Weise über gleiche Entfernungen u. dgl.

jedoch für gleichartige oder verwandte Dienste Beträge in Rechnung gestellt, deren Höhe von der Zahl der in Anspruch genommenen Dienste gänzlich oder in gewissen Grenzen unabhängig ist[163]. Dann muß der Wert einer Mengeneinheit (begrenzt) autonom festgelegt werden.

Zur Erfassung des Verbrauchs menschlicher Kräfte stehen zwei Wege offen. Entweder wird die Verbrauchsmenge durch die Leistungsmenge ausgedrückt, die (mit) durch den produktiven Einsatz menschlicher Kräfte hervorgebracht wird, oder sie wird in Zeiteinheiten gemessen. Vorausgesetzt, dic Menge der erzeugten Leistungen kann festgestellt und einheitlich ausgedrückt werden, indem man die einzelnen Leistungen zählt oder mit einem bestimmten, hierfür geeigneten Maßstab mißt[164], weiterhin vorausgesetzt, die Höhe des Arbeitsentgelts, von dem der Wert einer Verbrauchsmengeneinheit abgeleitet wird, richtet sich nach der Menge solcher Leistungen, dann ist es zweckmäßig, das zuerst genannte Verfahren anzuwenden. Wenn dagegen die Höhe des Arbeitsentgelts, das der Wertermittlung zugrunde gelegt wird, nicht vom Arbeitsergebnis, sondern von der Arbeitsdauer abhängt, dann empfiehlt sich das zweite Verfahren[165]. Der Grund hierfür liegt beide Male darin, daß sich der Wert einer Verbrauchsmengeneinheit unter den angeführten Voraussetzungen ohne Schwierigkeiten anhand der jeweils zu diesem Zweck betrachteten Arbeitsentgelte bestimmen läßt, weil letztere unmittelbar auf die Verbrauchsmengeneinheiten bezogen sind. Es gibt allerdings Teile des Arbeitsentgelts, deren Höhe sich weder zum Arbeitsergebnis noch zur Arbeitsdauer proportional verhält[166]. Umfaßt das Arbeitsentgelt, von dem bei der Bewertung des Verbrauchs ausgegangen wird, solche Teile, dann bleibt der Wert einer Verbrauchsmengeneinheit in entsprechendem Umfang zunächst unbestimmt, d. h. er muß autonom (bzw. zweckorientiert) festgesetzt werden. Ist das betreffende Arbeitsentgelt in voller Höhe weder der Leistungsmenge noch der Arbeitsdauer proportional[167], dann trifft das Gesagte in gleicher Weise für den ganzen Wert einer Verbrauchsmengeneinheit zu. Darüber hinaus ist in derartigen Fällen schon die Wahl des Maßstabs für die Verbrauchsmengen problematisch. Sie läßt

---

163 Z. B. bei Fernsprechgebühren.

164 Unter welchen Bedingungen dies möglich ist, wird später noch besprochen.

165 Häufig werden mehr oder weniger ungleichartige Leistungen, um sie auf einen einheitlichen Nenner zu bringen, in Zeitmengen umgerechnet. Dieses Vorgehen hat mit dem zweiten der genannten Verfahren nichts zu tun.

166 Z. B. Gewinn- u. a. Prämien, Gratifikationen, Urlaubs- und Feiertagslöhne, Lohnfortzahlungen in Krankheitsfällen, bestimmte (Lohn-)Zulagen.

167 Arbeitsentgelte, deren Höhe z. B. pro Woche, pro Monat oder pro Jahr fixiert ist, ungeachtet dessen, daß die Arbeitsdauer in diesen Zeiträumen (mindestens innerhalb gewisser Grenzen) schwanken kann.

sich nicht damit begründen, daß etwa ein Ausdruck für die Leistungsmenge oder die Arbeitsdauer im Hinblick auf die Bewertung der Verbrauchsmengeneinheiten zweckmäßig sei. Hier äußert sich die Tatsache besonders deutlich, daß die körperlichen und geistigen Kräfte des Menschen höchst individuell und kompliziert beschaffen sind, daß der Umfang und die Art, in denen sie eingesetzt werden, von der inneren Bereitschaft hierzu und von den äußeren Bedingungen ihres Einsatzes abhängen und daß es deshalb keinen Maßstab gibt, mit dem sich in der Betriebspraxis jeder Verbrauch solcher Kräfte (arbeitsphysiologisch gesehen) exakt erfassen ließe. In Anbetracht dessen bleibt nichts anderes übrig, als vom Rechnungszweck auszugehen und den Verbrauch menschlicher Kräfte zweckentsprechend anhand der Arbeitsergebnisse oder der Arbeitsdauer oder sonstwie auszudrücken. Es muß in Kauf genommen werden, daß dann genau betrachtet nicht jede Arbeitsmengeneinheit mit jeder anderen Arbeitsmengeneinheit, die den gleichen Namen trägt und gleich bewertet wird, in allen für ihre wirtschaftliche Beurteilung relevanten Merkmalen übereinstimmt[168].

Zuweilen werden auch Naturkräfte[169] (insbesondere elektrische Energie) als fremde Leistungsabgaben erworben. Ihr quantitativer Verbrauch läßt sich anhand spezifischer Ablaufgrößen (z. B. PS/h, W/h) ausdrücken. Diese werden mit Geräten gemessen, deren Funktionsweise auf naturgesetzlich fixierten, quantitativen Zusammenhängen zwischen dem Verbrauch je Mengeneinheit solcher Güter und bestimmten Verbrauchswirkungen beruht. Die Proportionalität zwischen Verbrauchsmenge und Meßergebnis ist gewissermaßen vorgegeben. Der Wert einer Verbrauchsmengeneinheit kann jedoch in der Regel nicht mit derselben Eindeutigkeit wie die Verbrauchsmenge festgestellt werden, da die Preise, die für den Bezug von solchen Gütern berechnet werden, fast immer Bestandteile enthalten, die von der jeweiligen Verbrauchsmenge innerhalb gewisser Grenzen oder gar vollständig unabhängig sind. (So liegt beispielsweise dem Preis für den Bezug von elektrischem Strom im einfachsten Falle neben einem Arbeitspreis, der der Verbrauchsmenge proportional ist, ein Grundpreis zugrunde, dessen Höhe von der Verbrauchsmenge nicht beeinflußt wird. Bei größeren Bezugsmengen richtet sich der Rechnungsbetrag außerdem nach Faktoren wie Wirkleistung, Blindleistung, Steinkohlenpreis u. a.). Der Wert einer Verbrauchsmengeneinheit muß also auch hier in mehr oder weniger begrenztem Umfang autonom — mit Rücksicht auf den jeweiligen Rechnungszweck — bestimmt werden.

Der Wert von Gebrauchsgütern, die in einem Recht auf bestimmte selbständige Verbrauchsgüter oder auf fremde Leistungsabgaben be-

---

[168] Vgl. dazu *Szyperski*, a.a.O., S. 71 f. und S. 75 ff.
[169] Beachte Anm. 60 dieses Teils der Arbeit.

stehen (z. B. Lieferverträge) und von Gebrauchsgütern, die konzedierte Wirtschaftsgüter darstellen, läßt sich teils gar nicht, teils nur in Ausnahmefällen[170] feststellen. Es wäre daher müßig, an dieser Stelle nach den Maßstäben, mit denen die Verbrauchsmengen solcher Güter erfaßt werden, und nach den Preisen zu fragen, von denen der Wert einer Verbrauchsmengeneinheit abgeleitet werden kann. Außerdem erübrigen sich derartige Überlegungen für betriebliche Gebrauchsgüter, die eine unbegrenzte Gebrauchsdauer bei gleichbleibendem Kapazitäts-Querschnitt aufweisen[171]. Der Gebrauch solcher Güter mindert den in ihnen steckenden Bestand an künftigen Chancen nicht spürbar, infolgedessen wird ihr Wert durch den quantitativen Verbrauch der entsprechenden Chancen nicht beeinflußt[172]. Wir können also unsere weiteren Betrachtungen über Menge und Wert des quantitativen Güterverbrauchs beschränken auf 1. materielle Gebrauchsgüter mit begrenzter Gebrauchsdauer, 2. geistiges Eigentum des Betriebes, 3. Rechte an materiellen und immateriellen Gebrauchsgütern Dritter und 4. betriebliche Verfügungsmacht.

Der quantitative Verbrauch von Leistungsabgaben materieller Gebrauchsgüter des Betriebs mit begrenzter Gebrauchsdauer ist nicht anhand dieser Leistungsabgaben selbst (etwa indem man sie zählt) feststellbar, da diese — wie alle Leistungsabgaben — keinen stofflichen Charakter haben und im Augenblick ihrer Freisetzung verbraucht werden. Statt dessen kann man die Dauer des jeweiligen Gebrauchs (und evtl. außerdem die Inanspruchnahme des Kapazitäts-Querschnitts) oder die Menge der jeweils erzeugten Leistungen[173] zu erfassen versuchen und das Ergebnis als Ausdruck der Verbrauchsmenge betrachten. Zeiteinheiten der Gebrauchsdauer oder Leistungsmengeneinheiten sind aber nur dann exakte Maßgrößen des quantitativen Verbrauchs, wenn die jeweils wirksamen Verbrauchsursachen zu ausschließlich gebrauchsdauer-proportionalem bzw. leistungsmengen-proportionalem quantitativem Verbrauch führen. Diese Voraussetzung dürfte bei kaum einem sachlichen Gebrauchsgut mit begrenzter Gebrauchsdauer zutreffen. Möglicherweise läßt sich diese Schwierigkeit

---

[170] Etwa wenn gelegentlich ein Verkauf solcher Güter erfolgt oder wenn Vertragsstrafen bzw. Abstandszahlungen vereinbart wurden.

[171] ‚Gebrauchsdauer' und ‚Kapazitäts-Querschnitt' wurden oben (Abschn. I B 1 d) erläutert.

[172] Als Beispiel ist vor allem der nur als Standortbasis gebrauchte Boden zu nennen.

[173] Einheitliche Leistungen können gezählt werden; Leistungen, die sich nur der Größe und nicht der Art nach unterscheiden, lassen sich anhand ihrer Größenmerkmale (Gewicht, Länge, Fläche, Raum) messen; unter Umständen (z. B. bei elektrischem Strom) können spezifische Ablaufgrößen herangezogen werden. Handelt es sich um verschiedenartige Leistungen, zu deren Erzeugung das betreffende Gebrauchsgut stets in derselben Weise eingesetzt wird, so kann die Dauer der jeweiligen Inanspruchnahme als Maß des Verbrauchs betrachtet werden (z. B. Laufstunden einer Maschine).

aber dadurch umgehen, daß man den quantitativen Verbrauch der Leistungsabgaben eines solchen Gebrauchsgutes mit Maßgrößen beider Art erfaßt. Anhaltspunkte dafür, in welcher Weise dies geschehen könnte, wie überhaupt für die Beantwortung der Frage, welche Maßgrößen für die Ermittlung des quantitativen Verbrauchs der jeweiligen Leistungsabgaben am geeignetsten erscheinen, liefern vielleicht technische Daten des betreffenden Gebrauchsgutes oder (betriebs-)statistische Untersuchungen über den Zusammenhang zwischen dem Umfang des produktiven Einsatzes und der Gebrauchsdauer gleichartiger Güter. Die Ergebnisse solcher Untersuchungen sind u. U. auch für die Beantwortung der Frage brauchbar, ob die Erfüllung des Rechnungszwecks durch die Diskrepanz zwischen rechnerisch berücksichtigtem und tatsächlichem Verbrauch in Frage gestellt ist bzw. inwieweit von dieser Diskrepanz herrührende Ungenauigkeiten die Aussagekraft der Rechnungsergebnisse beeinträchtigen.

Für die Bestimmung des Werts einer Verbrauchsmengeneinheit der Leistungsabgaben betrieblicher Gebrauchsgüter kommen allgemein jene Preise in Frage, die für entsprechende Gebrauchsgüter bezahlt werden. Materielle Gebrauchsgüter werden zum Teil noch in gebrauchtem Zustand gehandelt (z. B. gebrauchte Kraftfahrzeuge). Gegebenenfalls können auch die Preise, die sich hierbei bilden, für die Bewertung herangezogen werden. In jedem Falle stellt die Gesamtheit aller Chancen, die im Zeitpunkt der Gültigkeit dieser Preise mit dem künftigen Gebrauch der betreffenden Gebrauchsgüter verbunden sind, die jeweilige Preisbasis dar. Der Wert einer Verbrauchsmengeneinheit kann deshalb nur autonom festgesetzt werden[174]. Gehen wir davon aus, der Rechnungszweck verlange, daß jeder Verbrauchsmengeneinheit ein positiver Wert beigelegt werde[175] — was oft der Fall sein dürfte —, dann läßt sich die Bewertung erst durchführen, nachdem einerseits der Umfang des Bestands an künftigen Leistungsabgaben, der die Preisbasis darstellt und andererseits die Zahl aller Verbrauchsmengeneinheiten bestimmt ist, die in der angegebenen Weise bewertet werden sollen[176]. Beide lassen sich aber fast nie mit völliger Gewißheit feststellen[177], und zwar zum Teil deshalb, weil hier dieselben Schwierig-

---

174 Vgl. auch *Szyperski*, a.a.O., S. 82.

175 Z. B. jeder Verbrauchsmengeneinheit der gleiche Wert oder ein im Verlaufe der Gebrauchsdauer in bestimmter Weise abnehmender bzw. zunehmender Wert.

176 Soweit der Wert der Verbrauchsmengeneinheiten vom Preis des gebrauchten Gutes selbst abgeleitet wird, sind die beiden oben genannten Größen identisch, da die Zahl aller zu bewertenden Verbrauchsmengeneinheiten ein Ausdruck für den Umfang des Bestands an künftigen Leistungsabgaben ist, der in dem jeweils gebrauchten Gute steckt.

177 Es sind Ausnahmefälle denkbar: z. B. kann der Gebrauch einer Maschine an eine Lizenz gebunden sein, die zeitlich — oder auf eine bestimmte Zahl von Erzeugnissen — begrenzt ist. Kann die betreffende Maschine nach

keiten wie bei der Ermittlung der Verbrauchsmengen auftreten. Möglicherweise ergeben sich aus technischen Daten oder aus betriebsstatistischen Unterlagen ebenso wie für die Verbrauchsermittlung auch Anhaltspunkte für die Bestimmung bzw. Schätzung der Gebrauchsdauer der betreffenden Gebrauchsgüter oder der Leistungsmenge, die durch deren Gebrauch erzeugt werden kann[178]. Allgemein läßt sich sagen, daß die Zahl und der Aussagewert solcher Anhaltspunkte umso geringer sind, m. a. W. daß der Ermessensspielraum bei der Bestimmung der Menge an (künftigen) Leistungsabgaben, die in einem bestimmten Gebrauchsgut stecken, umso größer ist, je langlebiger und je seltener derartige Gebrauchsgüter sind und je häufiger und stärker Umfang und Art ihrer Beanspruchung wechseln.

Rechte, die ein ‚geistiges Eigentum', d. h. die ausschließliche Verfügungsgewalt über geistige Güter begründen, weisen, soweit wir sehen, stets eine begrenzte Gebrauchsdauer und einen unbegrenzten Kapazitäts-Querschnitt auf. Der quantitative Verbrauch der Chancen, die aus dem Gebrauch eines solchen Gutes erwachsen, ist daher eine Funktion der Zeit: Der Verlust der zeitpunktgebundenen Möglichkeiten zur Wahrnehmung der entsprechenden Chancen ist entscheidend; und diese Möglichkeiten sind in jedem Augenblick der Gebrauchsdauer gleich groß und schwinden mit deren Ablauf[179]. Bei der Bewertung einer Verbrauchsmengeneinheit, also einer Zeiteinheit der Gebrauchsdauer, muß wegen der Individualität ‚geistigen Eigentums' in aller Regel von dem Kaufpreis der betreffenden (Eigentums-)Rechte bzw. von den Kosten ausgegangen werden, die durch die Schaffung der geistigen Güter und durch deren rechtliche Sicherung verursacht wurden. Bezugsbasis dieses (Preis- bzw. Kosten-)Betrags ist auch hier die Gesamtheit aller Leistungsabgaben, die mit dem künftigen Gebrauch des jeweiligen Leistungspotentials verbunden sind. Das bedeutet, daß der Wert einer Verbrauchsmengeneinheit autonom bestimmt werden muß. Dabei treten jedoch keine besonderen Schwierigkeiten auf, da die Verbrauchsmengen sowie der Umfang der Bestände an entsprechenden künftigen Leistungsabgaben genau, und zwar an Hand ein und dessel-

Ablauf der Lizenz nicht in anderer Weise eingesetzt werden, dann ist sie wirtschaftlich (nicht aber technisch) gesehen unbrauchbar. Eine hinsichtlich ihrer rechnerischen Seite ähnliche Sachlage entsteht, wenn der Rechnungszweck verlangt (oder erlaubt), daß nur eine begrenzte Zahl von Verbrauchsmengeneinheiten bewertet wird (z. B. Beschränkung auf eine bestimmte Gebrauchsdauer oder auf eine bestimmte Leistungsmenge).

178 Wenn der Gesamtwert eines Leistungspotentials teils der Gebrauchsdauer und teils der Leistungsmenge proportional verrechnet werden soll, müssen auch Kriterien für diese Aufteilung, d. h. für die Festlegung der Relation zwischen dem Wert je Zeiteinheit der Gebrauchsdauer und dem je Leistungsmengeneinheit gesucht werden.

179 Die Zahl der Chancen, die in einem bestimmten Zeitraum tatsächlich wahrgenommen werden, ist in jedem Falle gegenüber der Zahl der theoretisch wahrnehmbaren Chancen verschwindend klein und daher irrelevant.

ben Maßstabs (nämlich in Zeiteinheiten), erfaßt und ausgedrückt werden können.

Bei Gebrauchsgütern, die in Rechten an materiellen oder immateriellen Leistungspotentialen Dritter bestehen, ist zwischen dem Verbrauch der Chancen, die die betreffenden Rechte gewähren, und dem Verbrauch der Leistungsabgaben jener Gebrauchsgüter, auf die sich diese Rechte beziehen, scharf zu unterscheiden. Der erstere ist regelmäßig eine Funktion der Gebrauchsdauer bzw. — da solche Rechte fast immer für einen bestimmten Kalenderzeitraum eingeräumt werden — eine Funktion der Zeit. (Bei letzteren braucht das nicht der Fall zu sein, insbesondere dann nicht, wenn es sich um materielle Gebrauchsgüter mit begrenzter Gebrauchsdauer und begrenztem Kapazitäts-Querschnitt handelt.) Die Maßgrößen für den Umfang des Verbrauchs von Chancen aus solchen Rechten sind daher (Kalender-)Zeiteinheiten. Für deren Bewertung haben die Preise jener Gebrauchsgüter, die Objekt der fraglichen Rechte sind, keine (unmittelbare) Bedeutung[180]. Für den Wert einer Verbrauchsmengeneinheit sind vielmehr solche Entgelte maßgeblich, wie sie für die Überlassung derartiger Rechte entrichtet werden. Diese Entgelte sind regelmäßig auf bestimmte (Kalender-)Zeiträume bezogen. Sie müssen zur Bestimmung des Werts einer Verbrauchsmengeneinheit auf jene Verbrauchsmengeneinheiten, die die Bezugsbasis des jeweiligen Entgelts bilden, d. h. auf jene (Kalender-)Zeiteinheiten, die in den entsprechenden (Kalender-)Zeitraum fallen, zweckentsprechend (autonom) verteilt werden[181].

---

180 Es kann jedoch sein, daß ein Miet-, Pacht- oder Betriebsüberlassungsvertrag dem Betrieb die Instandhaltung von Gebrauchsgütern aufbürdet, die ihm nicht gehören.

181 Es kommt vor, daß ein Betrieb die Lizenz zur Herstellung bestimmter Erzeugnisse unter der Bedingung erwirbt, (evtl. neben einem einmaligen ‚Eintrittsgeld') für jedes hergestellte Erzeugnis eine vertraglich vereinbarte Lizenzgebühr zu entrichten. Auf den ersten Blick scheint es, daß in diesem Falle (und in entsprechend gelagerten anderen Fällen) die einzelnen Leistungsabgaben Preisbasis sind. Will man sich mit dem Bestehen von Ausnahmen um der konsequenten Anwendung der eingeführten Begriffe willen nicht abfinden, so kann der vorliegende Sachverhalt folgendermaßen interpretiert werden:

Das Recht, das der Lizenzvertrag dem Lizenznehmer gewährt, besteht unabhängig davon, ob von ihm Gebrauch gemacht wird. Die Chancen, die aus diesem Recht als einem Gebrauchsgut erwachsen, liegen darin, daß es während der Vertragsdauer jederzeit möglich ist, eine beliebige Anzahl der betreffenden Erzeugnisse herzustellen. Diese Chancen schwinden mit dem Ablauf der Vertragsdauer. Ihr quantitativer Verbrauch ist eine Funktion der Zeit, und ihr Wert hat mit der Gebühr, die je Erzeugnis zu zahlen ist, nichts zu tun, er hängt vielmehr von dem gegebenenfalls bezahlten ‚Eintrittsgeld' ab. Die pro Erzeugnis zu zahlende Gebühr ist als Preis einer fremden Leistungsabgabe aufzufassen: des Dienstes, den der Lizenzgeber dem Lizenznehmer erweist, wenn er ihn von dem betreffenden Herstellungsrecht Gebrauch machen läßt.

Zur Verdeutlichung sei auf eine Parallele hingewiesen: Ein Liefervertrag verpflichtet den Lieferanten zur Lieferung auf Bestellung, den Vertrags-

Naturgemäß kann der Verbrauch von Chancen aus dem Gebrauch betrieblicher Verfügungsmacht nur insoweit Gegenstand der Kostenrechnung sein, als diese Chancen mit dem Einsatz von Kapital, also mit der Ausübung von Verfügungsmacht über werthabende Güter verbunden sind[182]. Anhaltspunkte für die Bestimmung des Werts dieser Chancen ergeben sich aus den Preisen, die für die Überlassung von Kapital bezahlt werden[183]. Solche Preise sind an sich nur für Fremdkapital feststellbar, also für Kapital, das den Betrieben unter der Bedingung späterer Rückerstattung eines nominell von vornherein fixierten Kapitalbetrags überlassen wird[184].

Das Wesen der betrieblichen Verfügungsmacht ist jedoch unabhängig von den Bedingungen, unter denen sie der Betrieb empfängt. Das zeigt sich schon darin, daß sich im allgemeinen nicht angeben läßt, ob die Verfügbarkeit eines bestimmten Vermögensgegenstands auf der Über-

partner aber nicht zur Bestellung. Bestellt letzterer, so sichern ihm seine Vertragsrechte die Ausführung seiner Bestellung. Darin bestehen die Leistungsabgaben des Gebrauchsgutes ‚Liefervertrag'. Selbstverständlich müssen davon unabhängig die bestellten selbständigen Verbrauchsgüter bezahlt werden.

182 Die Verfügungsobjekte eines Betriebes sind verschiedenartig. Der Umfang der entsprechenden Verfügungsmacht kann daher nur anhand des Werts der verfügbaren Güter, d. h. in Geldeinheiten, einheitlich und rechenhaft ausgedrückt werden. Der in Geld ausgedrückte Wert betrieblicher Verfügungsmacht wird Kapital genannt (vgl. oben, Abschn. I B 3 c).

183 Die betriebliche Verfügungsmacht beruht stets darauf, daß sie dem Betrieb von anderen Wirtschaftssubjekten überlassen wird (s. o., Abschn. I B 1 e). Normalerweise erfolgt die freiwillige, mitunter auch die erzwungene Überlassung von Verfügungsmacht nicht endgültig und unentgeltlich. Das gilt mindestens so lange und insoweit, als die Wirtschaftsordnung den einzelnen Wirtschaftssubjekten gestattet, Verfügungsmacht — die stets eine wesentliche Voraussetzung wirtschaftlicher Betätigung darstellt — als Mittel zur Erreichung der Zwecke des individuellen Wirtschaftens einzusetzen.

184 Für die Überlassung von Eigenkapital gibt es keinen Marktpreis. Wer einem Betrieb Kapital gegen Eigentumsrechte am Betrieb überläßt, handelt zwar im Verfolg wirtschaftlicher Zwecke; aus dem Zusammenwirken verschiedenster Gründe heraus erscheint es jedoch unangebracht, vom Erfolg dieses Handelns auf den Wert der Chancen zu schließen, die die betriebliche Verfügungsmacht darbietet: erstens bleibt dahingestellt, ob sich dieser Erfolg in Geld (genauer: in Geld allein) ausdrücken läßt, zweitens ist der als Geldsumme ausgedrückte Erfolg in der Praxis als Produkt bestimmter Rechenoperationen nicht umproblematisch, drittens hängt die Größe der Erfolgsziffer (wie auch die des entsprechenden Eigenkapitals) nicht nur von den Methoden der Erfolgsrechnung, sondern auch von den jeweiligen Wirtschaftsbedingungen ab, viertens trägt der Kapitalgeber auch das Risiko eines Mißerfolgs, fünftens sind Gewinn und Verlust formal als Mehrung und Minderung von Eigentumsansprüchen, also als Kapitaleinzahlungen und Kapitalrückzahlungen anzusehen, und sechstens ergibt sich der Gewinn bzw. Verlust einer bestimmten Rechnung als Saldo ihrer positiven und negativen Erfolgskomponenten, er kann daher im Hinblick auf den Zweck *dieser* Rechnung nicht Kosten darstellen. Außerdem treten die rechtlichen Gegebenheiten, die den Charakter des Eigentums am Betrieb bestimmen (Ausmaß und Art der Erfolgsbeteiligung, der Haftung, der Weisungsrechte, Möglichkeiten und Bedingungen der Lösung bzw. der Verstärkung des betreffenden Kapitalengagements u. dgl. m.), in zahlreichen Nuancen in Erscheinung.

lassung von Eigenkapital oder auf der von Fremdkapital beruht[185]. Daher ist es gerechtfertigt, den Wert des Verbrauchs der Chancen, die aus dem Gebrauch der gesamten betrieblichen Verfügungsmacht über werthabende Güter resultieren, von den Preisen abzuleiten, die für die Überlassung von Fremdkapital bezahlt werden.

Diese Preise, Zinsen genannt, sind jeweils je Einheit des Kapitalbetrags und der Überlassungsdauer als Zinssatz festgelegt[186]. Ihre Bezugsbasis ist zugleich die Maßeinheit, an Hand deren der Umfang des Verbrauchs von Chancen aus dem Gebrauch des betrieblichen Kapitals erfaßt und ausgedrückt wird. Zuweilen umfaßt jedoch das Entgelt für die Überlassung von Fremdkapital neben dem Zins auch Beträge, die nicht pro Zeiteinheit und Geldeinheit bemessen werden[187]. Sollen solche bei der Bewertung berücksichtigt werden, dann ist dies nur durch eine autonome (zweckgerichtete) Verteilung auf die entsprechenden Verbrauchsmengeneinheiten möglich.

Qualitativer Verbrauch kann nur bei betrieblichen Vorräten an Wirtschaftsgütern eintreten, also bei selbständigen Verbrauchsgütern und bei den in betrieblichen Gebrauchsgütern steckenden künftigen Leistungsabgaben. Die mengenmäßige Erfassung von qualitativem Verbrauch und die Bewertung der Verbrauchsmengeneinheiten ist mit den gleichen Schwierigkeiten verbunden wie die Erfassung des Umfangs und die Bewertung entsprechenden quantitativen Verbrauchs, da die jeweiligen Maßgrößen der Verbrauchsmengen und die Gütermengen, auf die sich die für die Bewertung jeweils in Frage kommenden Preise beziehen, grundsätzlich hier wie dort dieselben sind[188]. Darüber hinaus

---

[185] Gleiches gilt auch für das sogenannte nicht ‚betriebsnotwendige', besser: nicht ‚betriebsgebundene' Vermögen einer Unternehmung. Wenn sich aber nicht sagen läßt, ob dieses Vermögen mit Eigenkapital oder mit Fremdkapital finanziert wurde, dann läßt sich auch nicht eindeutig beantworten, ob und inwieweit die Verfügbarkeit des ‚betriebsgebundenen' Vermögens auf der Überlassung von Eigenkapital bzw. auf der von Fremdkapital beruht. Daraus folgt wiederum, daß es unmöglich ist, den Anteil der ‚kalkulatorischen Eigenkapitalzinsen' an den gesamten Zinskosten zu bestimmen, wenn letztere Gegenstand einer Rechnung sind, die nur einen Teil der Unternehmung und des Unternehmungskapitals betrifft und wenn diese Unternehmung nicht ausschließlich mit Eigenkapital arbeitet.

[186] Der Zinssatz kann von Fall zu Fall verschiedene Höhe haben und sich im Zeitablauf ändern. Der Bewertungsspielraum, innerhalb dessen der Wertansatz nach Zweckmäßigkeit gewählt werden kann, ist deshalb so groß wie die Spanne zwischen dem höchsten und dem niedersten der in einem bestimmten Zeitpunkt oder Zeitraum wirtschaftlich relevanten (verlangten, vereinbarten, erwarteten) Zinssätze.

[187] Z. B. Provisionen verschiedener Art, Verwaltungskostenbeiträge, Disagio (möglicherweise ist es aber angebracht, derartige Beträge als Preise entsprechender Dienste aufzufassen). Das Entgelt für die Fremdkapitalüberlassung hängt mitunter auch ganz oder teilweise vom Betriebserfolg ab.

[188] Der qualitative Verbrauch von künftigen Leistungsabgaben betrieblicher Gebrauchsgüter betrifft immer nur den jeweiligen (Rest-)Bestand solcher Verbrauchsgüter. Der Umfang dieses Bestands — der bei der Be-

verursacht die Feststellung des Werts qualitativen Verbrauchs noch besondere Probleme, auf die nunmehr eingegangen werden soll.

Qualitativer Verbrauch entsteht, wenn sich die wirtschaftliche Qualität eines Gutes mindert. Nun haben wir schon dargetan[189], daß sich diese weder objektiv ermitteln noch eindeutig und rechenhaft ausdrücken läßt und daß deshalb der Wert der Güter in Geld beziffert und — soweit es sich bei diesen Gütern nicht um Geld handelt — an Hand entsprechender Güterpreise festgelegt werden muß. Während der Wert eines quantitativen Verbrauchs ebenso hoch ist wie der Wert der bei diesem Verbrauch untergegangenen Gütermenge, ergibt sich der Wert eines qualitativen Güterverbrauchs als Wertminderung des betroffenen, mengenmäßig unveränderten Gütervorrats[190]. Genauer gesagt: In einer Geldrechnung, in welcher der Wert der Wirtschaftsgüter in der besprochenen Weise festgelegt wird und als Ausgangspunkt einer unter dem Prinzip der Wertfortführung stehenden (‚materiell kontinuierlichen') Verrechnung dient, ergibt sich der Wert des qualitativen Verbrauchs einer bestimmten Gütermenge als der Betrag, um den der bisherige Wertansatz dieser Gütermenge deren neuen übersteigt. In der Differenz dieser beiden Wertansätze kommt zum Ausdruck, daß der mutmaßliche Beitrag der betreffenden Güter zum Erreichen des Wirtschaftszieles auf Grund objektiver Anhaltspunkte (d. s. entsprechende Güterpreise) geringer veranschlagt wird als bisher[191]. Ähnliches gilt, wenn Güterpreise steigen, von denen die Höhe betrieblicher Schulden abhängig gemacht wurde. Eine Devisenschuld beispielsweise kann höher als bisher angesetzt werden, wenn der ‚Preis' der entsprechenden Devisen gestiegen ist. Der betreffende Wechselkurs ist ein objektiver Anhaltspunkt für die Bewertung der Devisenschuld, und der Betrag, um den der neue Ansatz dieser Schuld deren bisherigen übersteigt, ist ein Ausdruck für die Verringerung der Chancen, die der Betrieb im

---

wertung quantitativen Verbrauchs entsprechender Leistungsabgaben nur in besonderen Fällen festgestellt werden muß (z. B. wenn Fehlschätzungen korrigiert werden sollen oder wenn von Preisen gebrauchter Gebrauchsgüter ausgegangen wird) — ist ebenso schwer zu bestimmen wie der jenes Bestands an künftigen gebrauchsverbundenen Chancen, der ursprünglich mit dem betreffenden Gebrauchsgut erworben wurde.

189 s. o., Abschn. I B 3 b.

190 Es ist hier kein Raum, um den zahlreichen Ursachen nachzugehen, auf die im Einzelfalle die Veränderungen der Güterpreise zurückzuführen sind. Hier wären die verschiedensten politischen, rechtlichen, technischen, psychologischen, wirtschaftlichen etc. Tatbestände zu nennen.

191 Wenn die Preise, die für die Bewertung eines Güterverbrauchs in Frage kommen, verschieden hoch sind, richtet sich die Wahl zwischen ihnen bekanntlich nach dem Rechnungszweck. Es hängt also auch vom Rechnungszweck ab, ob und in welchem Umfang gegebenenfalls von der Möglichkeit, einen qualitativen Verbrauch zu verrechnen, Gebrauch gemacht wird oder nicht und welche Art qualitativen Verbrauchs berücksichtigt wird (vgl. Abschn. I B 1 f und auch Anm. 190 dieses Teils der Arbeit).

Verfolg seines Wirtschaftsziels bis zum Eintritt der Wechselkursänderung hatte[192].

Unsere bisherigen Überlegungen über die Ermittlung des Werts von qualitativem Güterverbrauch betreffen weder die Bestände an (Währungs-)Geld[193] noch die Verfügungsmacht der Betriebe, denn erstens kann sich der Ansatz eines bestimmten Bestands an (Währungs-)Geld in einer Geldrechnung nicht ändern[194], und zweitens darf eine Minderung des Werts der betrieblichen Verfügungsmacht nicht als Verbrauch angesehen werden[195]. Zweifellos kann sich aber auch die Kaufkraft des Geldes ändern. Daraus ergibt sich die Frage, in welcher Weise gegebenenfalls eine Minderung der Kaufkraft des Geldes, m. a. W. ein qualitativer Verbrauch von Geld im Rahmen einer Geldrechnung erfaßt und berücksichtigt werden kann, falls dies der Rechnungszweck verlangt[196]. Hier ist zunächst zu beachten, daß eine Minderung der Kaufkraft des Geldes nicht nur (Währungs-)Geldbestände und Geldforderungen, sondern auch den in einzelnen Realgütervorräten, d. h. den ganzen in den Verfügungsobjekten eines Betriebes gebundenen Kapitalbetrag betrifft. Weiterhin ist festzustellen, daß die Veränderungen der Kaufkraft des Geldes nur jeweils für einen bestimmten Zeitraum und an Hand eines eindeutigen Maßstabs ermittelt werden können[197]. Sind die entsprechenden Festlegungen getroffen, dann ergibt sich der Wert des qualitativen Verbrauchs eines bestimmten Kapitalbetrags, der während des betrachteten Zeitraums im Betrieb bzw. in einzelnen betrieblichen Verfügungsobjekten gebunden war, als Differenz zwischen diesem Betrag und jenem, der am Ende des betreffenden Zeitraums dieselbe Kaufkraft repräsentiert wie er an dessen Anfang[198]. Das gilt allerdings nur unter gewissen Voraussetzungen, z. B. wenn der fragliche Kapitalbetrag Güterbestände repräsentiert, deren Umfang, Zusammensetzung und Bewertung am Anfang und am Ende des Zeitraums gleich sind. Han-

---

192 Ob ein solcher Verbrauch rechnerisch berücksichtigt werden soll, hängt wiederum vom Rechnungszweck ab.

193 Einschließlich der Ansprüche auf solches.

194 Vgl. Abschn. I B 3 c.

195 Vgl. o., Anm. 79 dieses Teils der Arbeit.

196 Welche Schwierigkeiten auftreten, wenn man den Boden der Geldrechnung verläßt, um Veränderungen der Kaufkraft des Geldes im rechnerischen Ansatz der Wirtschaftsgüter ausdrücken zu können, wurde oben (Abschn. I B 3 c) schon umrissen.

197 Es wurde schon an anderer Stelle (s. o., Abschn. I B 3 c) angedeutet, daß es verschiedene Maßstäbe für die Messung der Kaufkraft des Geldes und derer Veränderungen, d. h. für die Ermittlung des Werts eines qualitativen Verbrauchs von Geld gibt. Im Einzelfalle ist dieser Maßstab im Rahmen des Möglichen dem Rechnungszweck entsprechend zu wählen bzw. zu gestalten.

198 Er ergibt sich als Produkt des während des betreffenden Zeitraums im Betrieb gebundenen Geldbetrags mit dem Quotienten, der das Verhältnis der Kaufkraft des Geldes am Ende der Periode zu der Kaufkraft des Geldes an deren Anfang wiedergibt.

delt es sich um Bestände gleicher Art und Menge, die am Ende der Periode anders bewertet wurden als anfangs derselben, dann sind die entsprechenden Kapitalbeträge verschieden hoch. In diesem Falle ist bei der Berechnung des qualitativen Verbrauchs des Kapitalbetrags, der in den besagten Beständen gebunden ist, von deren Ansatz zu Beginn der Periode auszugehen[199]. Komplizierter wird die Erfassung des qualitativen Verbrauchs von Geld, wenn sich Art und Umfang der Güterbestände während des betrachteten Zeitraums ändern. Hier können der Zinsrechnung analoge Verfahren angewandt werden. Wir müssen aber an dieser Stelle darauf verzichten, dies sowie die Möglichkeiten zur Überwindung anderer Schwierigkeiten, die u. U. bei der Ermittlung des qualitativen Verbrauchs von Geld auftreten, im einzelnen darzustellen[200].

„Kosten sind jeweils nur derjenige Güterverbrauch, der mit der Leistung im Zusammenhang steht, die zum Gegenstand der Überlegung oder Rechnung erhoben wird[201].“ Dabei kann es sich um eine einzelne (Absatz- oder Einsatz-)Leistung handeln oder auch um einen in bestimmter Weise abgegrenzten Komplex von (Absatz- und bzw. oder Einsatz-)Leistungen. Nun fragt sich, in welcher Beziehung der jeweils festgestellte Verbrauch zu den Leistungen steht und welche Konsequen-

---

[199] Gegebenenfalls tritt dann zum qualitativen Verbrauch von Geld ein qualitativer Verbrauch von Realgütern hinzu.

Im Zusammenhang damit ist darauf hinzuweisen, daß das Ziel, die (in einer bestimmten Weise definierte) Kaufkraft des im Betrieb oder in einzelnen betrieblichen Verfügungsobjekten investierten Kapitals zu erhalten, nicht mit dem Ziel der Substanzerhaltung, der ‚Erhaltung des relativen Vermögenswertes‘ (Fritz *Schmidt*) verwechselt werden darf. Letztere verlangt eine Bewertung der Realgüter zum Tages-(beschaffungs-)wert am Rechnungsstichtag (‚Reproduktionswert‘) und eine erfolgsneutrale Verrechnung der Wertänderungen (über ‚Konto für Vermögenswertänderungen‘ an Bilanz). (Vgl. *Schmidt*, F[ritz], Die organische Bilanz im Rahmen der Wirtschaft, Betriebs- und finanzwirtschaftliche Forschungen, hrsg. v. F. Schmidt, H. 14, Leipzig 1921, bes. S. 71 f. u. S. 97).

Nach *Gutenberg* führt das letztgenannte Verfahren zur „Eliminierung der Kaufkraftschwankungen des Geldes aus der Bilanz“ (*Gutenberg*, Erich, Einführung in die Betriebswirtschaftslehre, Reihe: WW A/1, Wiesbaden 1958, S. 168, im Orig. gesperrt). Damit kann also nicht gemeint sein, daß sich mit dem betreffenden Verfahren ermitteln läßt, ob der Erfolg zur Erhaltung der Kaufkraft des im Betrieb gebundenen Kapitals ausreicht oder nicht. (Es sei denn, die Preise aller Güter, über die der Betrieb im Laufe seiner Tätigkeit verfügt, würden sich proportional zum Preisindex entwickeln.)

Vgl. dazu die bei Busse *von Colbe*, a.a.O., Sp. 4437 f., angegebene Literatur; vgl. außerdem *Walb*, Erfolgsrechnung, a.a.O., S. 332 ff., *Bouffier*, Willy, Die Bedeutung des Gleichlaufs der Betriebstätigkeit für die Bewertung, in: ZfB, 9 (1932), S. 731 ff., und *Frassine*, a.a.O., S. 74 ff.

[200] Wir stellen fest, daß sich die Kosten eines qualitativen Verbrauchs von Geld als Produkt eines Geld-(Kapital-)betrags mit dem Wert dieses Verbrauchs je Geldeinheit ergibt. Es ist also richtig, daß Geldeinheiten u. U. als Verbrauchsmengeneinheiten zu betrachten und (mit einer in der gesetzlichen Währungseinheit ausgedrückten Größe) zu bewerten sind, wie *Kosiol* schreibt (s. o., Abschn. I B 3 c u. bes. Anm. 151 dort).

[201] *Kosiol*, Kostenbegriff, a.a.O., S. 24.

zen sich hieraus für die Verrechnung des Verbrauchs auf die Leistungen ergeben.

Ein Güterverbrauch von bestimmter Art läßt sich den Leistungen zunächst dann eindeutig zurechnen, wenn genau festgestellt werden kann und auch festgestellt wird, in welchem Umfang er jeweils ausschließlich durch die Erzeugung der einzelnen Leistungen verursacht wurde[202]. Abgesehen von diesem Fall ist die Bestimmung der Verbrauchsmenge, die auf eine beliebige Leistungsmenge entfällt, dann unproblematisch, wenn sich der Umfang des Verbrauchs offenkundig oder nachweisbar proportional zur jeweiligen Leistungsmenge verhält. Das kann bei allen Arten von Verbrauchsgütern der Fall sein. So ist etwa der Verbrauch von Stoffen und von elektrischer Energie häufig je Mengeneinheit bestimmter Leistungen — produktionstechnisch bedingt — gleich groß. Beim Verbrauch von Geld kann eine solche Proportionalität z. B. auf rechtlichen Gegebenheiten beruhen (Umsatzsteuer). Auch der Verbrauch menschlicher Arbeitskräfte wird zum großen Teil die geforderte Proportionalität zur Leistungsmenge aufweisen, insbesondere wenn sich das Arbeitsentgelt nach der Leistungsmenge richtet[203]. Selbst der (quantitative) Verbrauch von Leistungsabgaben betriebseigener materieller Gebrauchsgüter kann sich — mindestens teilweise — leistungsmengenproportional erweisen[204]. In allen diesen Fällen ist vorausgesetzt, daß

---

[202] Die mit solchem Verbrauch korrespondierenden Kosten werden (Träger-) Einzelkosten genannt. Insoweit eine an sich mögliche exakte Erfassung der Verbrauchsmengen unterbleibt, spricht man von ‚unechten' (Träger-)Gemeinkosten, insoweit sie unmöglich ist, von ‚echten' (Träger-)Gemeinkosten.

[203] Die Höhe des Arbeitsentgelts wird in erster Linie dort von der Quantität der durch den Arbeitseinsatz hervorgebrachten Leistungen abhängig gemacht werden, wo diese Arbeit (wenigstens zum wesentlichen Teil) in der regelmäßigen Wiederholung gleichförmiger Handlungen besteht, die in produktionstechnisch bestimmter Weise mit der Entstehung zählbarer bzw. meßbarer Leistungen verknüpft sind.

Es ist auch möglich, daß menschliche Arbeit, die im Stundenlohn vergütet wird, quantitativ erfaßbare Leistungen (mit-)bewirkt und daß ihre Dauer der entsprechenden Leistungsmenge (im wesentlichen) proportional ist.

[204] Ein besonderer Fall liegt vor, wenn die Dauer des jeweiligen Gebrauchs und die Zahl der während derselben erzeugten Leistungen austauschbare Maßgrößen des Verbrauchs, also proportional zueinander sind, m. a.W. wenn die Erzeugung jeder Leistung eine gleich große Gebrauchsdauer bedingt und wenn umgekehrt in jeder Einheit der Gebrauchsdauer die gleiche Zahl von Leistungen hervorgebracht wird.

Eine konstante Gebrauchsdauer je Leistung bedeutet gleichbleibende Art des Gebrauchs, gleichbleibende Beanspruchung des Kapazitäts-Querschnitts, gleichbleibende Produktionsgeschwindigkeit des betreffenden Gebrauchsgutes. (Die Überlegung, daß Veränderungen der Inanspruchnahme des Kapazitäts-Querschnitts durch gegenläufige Veränderungen der Produktionsgeschwindigkeit kompensiert werden können, wird kaum je praktische Bedeutung erlangen.) Eine konstante Leistungsmenge je Einheit der Gebrauchsdauer erfordert darüber hinaus noch, daß entweder nur der produktive Einsatz des betreffenden Gebrauchsgutes zu einem quantitativen Verbrauch entsprechender Leistungsabgaben führt, oder aber daß der produktive Einsatz dieses Gebrauchsgutes kontinuierlich erfolgt.

der Verbrauch im Verlaufe eines Produktionsprozesses entsteht, dessen Ergebnis entweder völlig gleiche, also zählbare, oder aber nur ihrer Dimension nach verschiedene, meßbare Leistungen sind. Handelt es sich um verschiedenartige Leistungen, dann müßte wenigstens der mit ihrer Erzeugung verbundene Verbrauchsvorgang hiervon unabhängig stets derselbe bleiben, so daß die Zahl der erzeugten Leistungen bzw. die Dauer des Verbrauchsvorganges als Maßstab für die Erfassung der Verbrauchsmengen verwendbar ist, die den einzelnen, mit durch diesen Verbrauch bewirkten Leistungen zuzurechnen sind.

Diese Feststellungen betreffen zunächst jene Leistungen, deren Entstehen unmittelbar mit dem betreffenden Verbrauch verknüpft ist. Handelt es sich dabei um Einsatzleistungen, dann ergibt sich die Frage, ob deren Verbrauch in einer nachgelagerten Stufe des Produktionsprozesses beliebigen Mengen der Leistungen, die in dieser und weiter in allen folgenden Produktionsstufen entstehen, zuletzt also beliebigen Mengen von Absatzleistungen, eindeutig zugeordnet werden kann. Offensichtlich gelten auch hier die oben angeführten Bedingungen: Entweder muß der durch jede einzelne Leistung und nur durch diese jeweils verursachte Verbrauch einer bestimmten Art genau erfaßbar sein und auch genau erfaßt werden, oder aber die jeweilige Leistungsmenge läßt sich in Einheiten eines bestimmten Maßstabs ausdrücken, und der mit jeder Leistungsmengeneinheit und nur mit ihr verbundene Verbrauch einer bestimmten Art hat offenkundig oder nachweislich stets den gleichen Umfang. Sind diese Voraussetzungen nicht erfüllt, dann ist es zwar noch möglich, Komplexe von Leistungen abzugrenzen[205], denen jeweils ein Verbrauch (ursprünglicher oder abgeleiteter Verbrauchsgüter) von bestimmter Art und Menge eindeutig zugeordnet werden kann, weil er ausschließlich durch die Erzeugung der betreffenden Leistungen verursacht wurde[206]; es muß jedoch offen bleiben, in

---

Diese Bedingungen dürften nur sehr selten erfüllt sein: Einmal stehen zahlreiche Gebrauchsgüter „infolge rechtlicher Bestimmungen, Naturbedingtheiten, technischer Erfordernisse" (*Riebel*, Elastizität, a.a.O., S. 10) einen erheblichen Teil des Jahres still; weiterhin tritt bei sachlichen Gebrauchsgütern mit begrenzter Gebrauchsdauer in aller Regel nicht nur leistungsmengen-proportionaler quantitativer Verbrauch auf; schließlich wird bei Gebrauchsgütern, deren Kapazitäts-Querschnitt in veränderlichem Maße ausgenutzt werden kann, deren Produktionsgeschwindigkeit variabel ist und (bzw. oder) die sich vielseitig einsetzen lassen, von den vorhandenen Anpassungsmöglichkeiten Gebrauch gemacht werden, sobald es zweckmäßig erscheint.

[205] Z. B. ein Bündel verschiedenartiger Leistungen, die im Zusammenhang mit einem bestimmten Verbrauchsvorgang gleichzeitig entstehen; die Gesamtheit der Leistungen, die mit Hilfe eines bestimmten Verbrauchsgutes hervorgebracht werden; Leistungen, die in einer bestimmten (Verbrauchs- bzw.) Produktionsperiode im Betrieb oder in einem bestimmten Teil desselben erzeugt werden.

[206] Die Kosten, die mit solchem — einem bestimmten Komplex von Leistungen eindeutig zurechenbarem — Verbrauch korrespondieren, bezeichnet

welchem Umfang er den einzelnen zu dem entsprechenden Komplex gehörenden Leistungen zuzurechnen ist: eben weil diese so verschiedenartig sind, daß ihre Menge nicht einheitlich ausgedrückt werden kann[207], oder weil sich der durch die einzelnen Leistungen jeweils verursachte Verbrauch nicht feststellen läßt, oder weil zwischen Verbrauchsmengen und Leistungsmengen keine proportionale Beziehung besteht[208]. In solchen Fällen muß die den betreffenden Leistungen jeweils zuzurechnende Verbrauchsmenge innerhalb gewisser Grenzen autonom festgesetzt werden, wobei sich objektive Kriterien nur aus dem im Einzelfall vorliegenden Rechnungszweck herleiten lassen[209].

Riebel als Einzelkosten des betreffenden Komplexes von Leistungen. *Riebel* verwendet also den Terminus ‚Einzelkosten' in einem besonderen, relativen Sinne (vgl. *Riebel*, Paul, Das Rechnen mit Einzelkosten und Deckungsbeiträgen, in: ZfhF, 11 NF [1959], H. 5, S. 215 f.).

207 Z. B. Kuppelprodukte, wie sie vor allem in Produktionsprozessen entstehen, in denen eine zerlegende oder austauschende Stoffverwertung erfolgt (vgl. *Riebel*, Paul, Die Kuppelproduktion, Betriebs- und Marktprobleme, Reihe: Veröffentlichungen der Schmalenbach-Gesellschaft, Bd. 23, Köln u. Opladen 1955, S. 139 ff.), oder auch Leistungen, die zwar jeweils für sich, aber durch einen Verbrauchsvorgang entstehen, der bei den nacheinander hervorgebrachten Leistungen unterschiedlichen Charakter trägt (das kann beispielsweise beim Einsatz von Universalmaschinen der Fall sein).

208 Über die von der Eigenart der Verbrauchsgüter abhängigen Möglichkeiten und Grenzen der Verbrauchsmengen-Erfassung wurde in diesem Exkurs bereits ein Überblick gegeben. Eine proportionale Beziehung zwischen Verbrauchsmengen und Leistungsmengen fehlt in aller Regel namentlich dann, wenn der Verbrauch eine Funktion der Zeit darstellt: Beim quantitativen Verbrauch menschlicher Arbeitskraft, für die ein pro Kalenderzeitraum festes Entgelt vereinbart wurde, beim quantitativen Verbrauch mancher Arten von Diensten, beim quantitativen Verbrauch von Leistungsabgaben zahlreicher betrieblicher Gebrauchsgüter und beim größten Teil des qualitativen Verbrauchs betrieblicher Verbrauchsgüter-Bestände.

209 Eine ausführliche und klare Darstellung der Grundprobleme, die mit der ‚mengenmäßigen Kennzeichnung empirischer Sachverhalte' verbunden sind, liefert *Szyperski* (a.a.O., S. 54 ff. und insbes. S. 67 ff.). Er entwickelt eine ‚Gliederung der Typen des indirekten Messens', die hier wiedergegeben werden soll, weil wir sie für außerordentlich instruktiv halten (s. ebda., S. 71; die Indices, die *Szyperski* den einzelnen Typen zuordnet, können wir an dieser Stelle weglassen):

„I. Einfach indirektes Messen
   a) Zwangsweise indirektes Messen
   b) Wahlweise indirektes Messen
      1. Mit Hilfe proportionaler Funktionen
      2. Mit Hilfe nicht-proportionaler Funktionen
II. Mehrfach indirektes Messen
   a) Zwangsweise indirektes Messen einer Größe A bei wahlweise indirektem Messen zweier anderer Größen G und B, die über A in Beziehung stehen
      1. Mit Hilfe proportionaler Funktionen
      2. Mit Hilfe nicht-proportionaler Funktionen
   b) Wahlweise indirektes Messen aller beteiligten Größen
      1. Mit Hilfe proportionaler Funktionen
      2. Mit Hilfe nicht-proportionaler Funktionen".

Szyperski stellt fest: „In der Literatur zur Kostenrechnung wird die Proportionalitätsbeziehung stark in den Vordergrund gestellt; das ist im Hinblick auf die Durchschnittsbildung als Grundlage der rechnerischen Erfas-

C. Über das System der Kostenbegriffe

1. Der allgemeine Kostenbegriff

Im Vorausgegangenen wurde versucht — ausgehend von der Kostendefinition *Schmalenbachs* sowie in Anlehnung an *Walb* und an *Kosiol* — die Kosten als Gegenstand der Kostenrechnung so zu beschreiben und zu umgrenzen, daß zweifelsfrei entschieden werden kann, ob eine beliebige Rechengröße ‚Kosten' zu nennen ist oder nicht. Der Ausdruck ‚Kosten' dient also hier zur Bezeichnung bestimmter Rechengrößen, zur Verständigung über den Gegenstand der Kostenrechnung. Nun wird das Wort ‚Kosten' nicht nur in der Kostenrechnungspraxis und in der Lehre von der Kostenrechnung, sondern auch in anderen betriebswirtschaftlichen Zusammenhängen gebraucht, und es ist durchaus möglich, daß ihm dann ein völlig anderer Sinn beigelegt wird, d. h. daß das mit diesem Wort Gemeinte nicht die von uns dargestellten Merkmale aufweist. Es leuchtet ohne weiteres ein, daß eine derartige Äquivokation die Eignung des Ausdrucks ‚Kosten' als Instrument der Verständigung und Mitteilung mindern müßte. Dieser Terminus wäre mehrdeutig und damit mißverständlich, weshalb eine alternative Entscheidung zwischen den fraglichen terminologischen Möglichkeiten wünschenswert wäre. Wir werden uns später noch mit den Gesichtspunkten zu beschäftigen haben, die bei einer solchen Entscheidung zu beachten sind. An dieser Stelle genügt die Feststellung, daß *der Gegenstand der Kostenrechnung als empirisches Faktum* durch diese Entscheidung, wie immer sie auch ausfiele, nicht berührt würde. Da aber die Betriebswirtschaftslehre eine Erfahrungswissenschaft ist, da sie ohne empirische Forschung oder doch ohne einen gewissen Bestand an Wissen um empirische Fakten nicht betrieben werden kann, bedarf sie der Mittel zur Verständigung über einschlägige Erfahrungstatsachen, und zwar unabhängig davon, ob man ihre Aufgabe lediglich in der Beschreibung und Erklärung des

---

sung verständlich. Es darf aber nicht dazu führen, daß die Verfahren indirekten Messens mit Hilfe nicht-proportionaler Bestimmungsfunktionen ... unbeachtet bleiben" (ebda., S. 73; im Orig. teilw. kursiv gedruckt). Dem soll nicht widersprochen werden. Doch ist zu bemerken, daß in jenen Fällen, in denen entweder der Wert eines Verbrauchs eine nicht-proportionale Funktion der Verbrauchsmenge oder die letztere eine ebensolche der Leistungsmenge darstellt und in denen es sich um homogene Verbrauchsgüter (‚isomorphe' Teilmengen) handelt, die Reihenfolge der zu bewertenden Verbrauchsmengeneinheiten bzw. der (mit Kosten) zu belastenden Leistungsmengeneinheiten nicht eindeutig gegeben zu sein braucht, so daß die Bewertung bzw. Kostenzurechnung (mehr oder weniger) willkürlich sein muß. Dann ist eine Wert- bzw. Kostenzurechnung, die der betreffenden nicht-proportionalen Funktion entspricht, nur vom Rechnungszweck her zu begründen. Entsprechendes gilt schon dann, wenn die Herstellung der einzelnen Einheiten einer bestimmten Leistungsmenge unter gegebenen Bedingungen Kosten oder Verbrauch in jeweils gleicher Höhe verursacht, die Höhe dieser Kosten bzw. dieses Verbrauchs je Leistungsmengeneinheit aber von der Zahl der insgesamt erzeugten Leistungsmengeneinheiten abhängt.

wirtschaftlichen Betriebsgeschehens sieht oder ob man meint, sie habe (darüber hinaus) Hilfsmittel für die rationale Gestaltung des betriebswirtschaftlichen Geschehens im Hinblick auf (bestimmte) empirisch nachgewiesene Betriebsziele oder auch ethisch orientierte Normen für betriebswirtschaftliche Dispositionen zu schaffen. Daher sind auch Namen, Fachworte für die Größen des betriebswirtschaftlichen Rechnungswesens erforderlich, und soweit es sich bei diesen um ‚in Geld ausgedrückten Wert leistungsverbundenen Güterverbrauchs‘ in dem von uns beschriebenen Sinne handelt, nennen wir sie in dieser Arbeit ‚Kosten‘: Wenn das jeweils Gemeinte nicht (mindestens) die beschriebenen (konstitutiven) Merkmale des hier ‚Kosten‘ genannten Begriffes aufweist, so handelt es sich um einen anderen (u. U. verwandten, z. B. übergeordneten) Begriff, und wir sprechen nicht von ‚Kosten‘[210]; wird dagegen etwas gemeint, was außer den besagten auch noch andere Merkmale aufweist, so handelt es sich zwar um Kosten, aber um solche besonderer Art, also um einen Artbegriff des von uns festgelegten Allgemeinbegriffs ‚Kosten‘. Wenn wir in diesem Sinne vom *allgemeinen* Kostenbegriff reden, dann ist darin lediglich eine (terminologische) *Entscheidung über den Gebrauch des Wortes ‚Kosten‘ in der vorliegenden Arbeit* zu sehen. Daß diese Entscheidung im Hinblick auf den Gegenstand der Kostenrechnung zweckmäßig ist, hoffen wir verdeutlicht zu haben. Daß sie auch in anderer Beziehung sinnvoll erscheint, werden wir später bei der Auseinandersetzung mit konkurrierenden terminologischen Alternativen darzutun versuchen.

2. Die speziellen Kostenbegriffe

Soweit wir sehen, ist es unbestritten, daß der Gegenstand der Kostenrechnung eines Betriebes einerseits vom jeweiligen Rechnungszweck und andererseits von mannigfachen Gegebenheiten innerhalb und auch außerhalb des Betriebes abhängt, deren rechnerische Berücksichtigung Voraussetzung für die Erfüllung des Rechnungszweckes ist. Da außerdem die betriebliche Kostenrechnung verschiedenen Zwecken dienen

---

[210] *Kosiol* (Kostenbegriff, a.a.O., S. 12; s. auch ebda., S. 22) schreibt: „Läßt sich für einen konkreten Tatbestand der Verzehr eines bestimmten Wirtschaftsgutes nicht nachweisen, so trägt er keinen Kostencharakter und kann daher auch nicht in die Kostenrechnung aufgenommen werden.“ Er nennt in diesem Zusammenhang die Zinsen als Beispiel (ebda., S. 22; vgl. ebda., S. 12): „Lehnt man es ... ab, die Kapitalnutzungsmöglichkeit als ein zeitlich verzehrbares Gut anzusehen, dann kann man ... die Zinsen auch nicht kalkulatorisch in die Kostenrechnung hereinnehmen.“

Dieses Beispiel ist allerdings nur dann völlig zutreffend, wenn man auch im Geld kein verzehrbares Wirtschaftsgut sieht, da sonst zumindest die (für Fremdkapital) gezahlten Zinsen als Kosten verrechnet werden können. Im übrigen dürfte *Kosiol* hier bewußt außer acht gelassen haben, daß die Kostenrechnung u. U. nicht nur Kosten, sondern auch (den in Geld ausgedrückten Wert von) Leistungen und Erfolgsziffern enthält.

kann und die fraglichen Gegebenheiten von Betrieb zu Betrieb verschieden und im Zeitablauf veränderlich sind, wurde der Kostenbegriff so weit gefaßt, „daß er alle erforderlichen Sonderfälle umschließt und diese von den unterschiedlichen Zwecksetzungen der Rechnung her durch zunehmende Determination begrifflich erfaßt werden können“[211]. M. a. W.: Aus dem Wortlaut der Definition des allgemeinen Kostenbegriffs geht nicht hervor, was im Hinblick auf die Erreichung eines bestimmten Kostenrechnungszwecks als Kosten zu betrachten ist. Bei den letzteren handelt es sich meist um Kosten besonderer Art, um einen Unterbegriff des allgemeinen Kostenbegriffes. Solche Unterbegriffe werden gebildet, indem man der Definition des allgemeinen Kostenbegriffs spezifische, aus der jeweiligen Zwecksetzung herzuleitende Merkmale anfügt. Zwar wurden die Zwecke, die der Bildung von speziellen Kostenbegriffen zugrunde liegen, hier nicht erörtert, doch können wir grundsätzlich feststellen, daß im Einzelfalle näher bestimmt werden kann

1. an welche Art von Verbrauchsgütern und Verbrauchsvorgängen gedacht ist,
2. mit welchen Leistungen der Verbrauch verbunden sein muß,
3. in welcher Weise Verbrauch und Leistungen verbunden sein müssen,
4. mit welchem Geldwert der Güterverbrauch angesetzt werden soll.

Die Bildung spezieller Kostenbegriffe kann also dadurch erfolgen, daß die in der Definition des Gattungsbegriffs ‚Kosten‘ enthaltenen Merkmale durch speziellere Merkmale ersetzt werden. Man gelangt beispielsweise durch die Abgrenzung einzelner (Absatz- oder Einsatz-) Leistungen bzw. bestimmter Gruppen von Leistungen, die irgendein spezifisches, zur Differenzierung der Leistungen geeignetes Merkmal gemeinsam haben, zu Unterbegriffen des allgemeinen Leistungsbegriffs. (So lassen sich etwa Leistungen abgrenzen, die in einem bestimmten Zeitraum oder — bzw. und — in einem bestimmten Betriebsteil erzeugt wurden, die eine bestimmte fertigungstechnische Eigenart aufweisen oder — bzw. und — bestimmten Abnehmern geliefert wurden usw. definieren.) Den in dieser Weise entwickelten speziellen Leistungsbegriffen stehen entsprechende spezielle Kostenbegriffe gegenüber, denn „Kosten sind jeweils nur derjenige Güterverbrauch, der mit der

---

[211] *Kosiol*, ebda., S. 11.
Selig spricht im Hinblick auf die Zweckabhängigkeit der Kosten von der ‚Relativität‘ des Kostenbegriffes. Die Ergebnisse seiner Untersuchungen weichen übrigens vor allem deshalb von den unseren ab, weil er diese ‚Relativität‘ des Kostenbegriffes nicht konsequent berücksichtigt. Vgl. *Selig*, Julius, Der Kostenbegriff in der Kostenrechnung und in der Kostentheorie, St. Gallener Diss., o. O. (St. Gallen) o. J. (1947), S. 68 ff. u. S. 231 f.; künftig zit. ‚Kostenbegriff‘.

Leistung im Zusammenhang steht, die zum Gegenstand der Überlegung oder Rechnung erhoben wird"[212].

In ähnlicher Weise lassen sich spezielle Kostenbegriffe dadurch ableiten, daß man die Bedeutung des Begriffes ,Verbundenheit' einengt, daß man auf den Verbrauch bestimmter Arten von Wirtschaftsgütern abstellt oder einen in besonderer Weise zu ermittelnden Wertansatz des Güterverbrauchs festlegt.

In den beiden folgenden Übersichten werden als Beispiele einige spezielle Kostenbegriffe charakterisiert und eine Reihe von Unterscheidungen zusammengestellt, die zur Bildung solcher Begriffe erforderlich sein können. Unsere Auswahl muß willkürlich sein, weil wir in dieser Arbeit nicht zu untersuchen beabsichtigen, in welchem rechnerischen oder theoretischen Zusammenhang den verschiedenen Unterbegriffen des allgemeinen Kostenbegriffs Bedeutung zukommt. Die Beschränkung auf wenige Beispiele ist darum nötig, weil unübersehbar viele spezielle Kostenbegriffe gebildet werden können. Das wird evident, wenn man bedenkt, daß sich jedes der einzelnen Merkmale des allgemeinen Kostenbegriffs in verschiedenen Richtungen in zunehmendem Maße einengen läßt und daß die so entstehenden Unterbegriffe eines jeden Merkmals wieder mit den übrigen Merkmalen bzw. mit deren Unterbegriffen in verschiedenster Weise kombiniert werden können.

---

212 *Kosiol*, ebda., S. 24.
An dieser Stelle präzisiert *Kosiol* seine Feststellung (s. o., Anm. 34 dieses Teils der Arbeit), zeitraumbezogener Güterverbrauch führe zu Aufwand, leistungsbezogener zu Kosten. Er mißt der Möglichkeit, „die Leistungsbreite und damit den Kostenumfang zeitlich zu begrenzen", besondere Bedeutung für die Kostenrechnung zu. Diese Aussagen sind nur vereinbar, wenn man die Leistungsverbundenheit der Kosten als begriffliche Voraussetzung für das Vorliegen aller Arten von Kosten ansieht, zu der in speziellen Fällen die Bezogenheit auf einen bestimmten Zeitraum hinzutreten kann.
Heinen schreibt hierzu: „Kosten sind primär leistungsbezogen; sekundär sind sie auch zeitraumbezogen, jedoch nur insofern, als sich die Erstellung der betrieblichen Leistungen über eine Zeitspanne hinzieht" (a.a.O., S. 52).

Beispiele spezieller Kostenbegriffe

(Sofern „keine nähere Bestimmung“ eines Begriffsmerkmales angegeben wird, ist dasselbe mit dem entsprechenden Merkmal des allgemeinen Kostenbegriffes identisch. Letzterer ist definiert als „in Geld ausgedrückter Wert leistungsverbundenen Güterverbrauchs“).

Benennung der jeweiligen Unterbegriffe des allgemeinen Kostenbegriffs	Merkmale der verbrauchten Güter und (bzw. oder) des Verbrauchsvorgangs	Abgrenzung der Leistungen, mit denen der Verbrauch verbunden ist	Charakter der Verbundenheit von Verbrauch und Leistungen	Anhaltspunkte der Bewertung des Güterverbrauchs
Stoffkosten	Stoffe	keine nähere Bestimmung	keine nähere Bestimmung	keine nähere Bestimmung
Kosten einer Leistung (Trägerkosten, Stückkosten)	keine nähere Bestimmung	eine einzelne Leistung	keine nähere Bestimmung	keine nähere Bestimmung
Einzelkosten und unechte Gemeinkosten (im herkömmlichen Sinne)	keine nähere Bestimmung	keine nähere Bestimmung	quantitativ eindeutig feststellbarer Zusammenhang mit den einzelnen Leistungen	keine nähere Bestimmung
Anschaffungskosten	keine nähere Bestimmung	keine nähere Bestimmung	keine nähere Bestimmung	im Zeitpunkt der Beschaffung gültige bzw. bezahlte Preise
Materialkosten einer Leistung	Stoffe	eine einzelne Leistung	keine nähere Bestimmung	keine nähere Bestimmung
Materialeinzelkosten und unechte Materialgemeinkosten einer Leistung	Stoffe	eine einzelne Leistung	quantitativ eindeutig feststellbarer Zusammenhang mit der Leistung	keine nähere Bestimmung
Materialeinzelkosten und unechte Materialgemeinkosten einer Leistung zu Anschaffungspreisen	Stoffe	eine einzelne Leistung	quantitativ eindeutig feststellbarer Zusammenhang mit der Leistung	im Zeitpunkt der Beschaffung gültige bzw. bezahlte Preise
Periodenkosten	keine nähere Bestimmung	während einer Rechnungsperiode erzeugte Leistungen	keine nähere Bestimmung	keine nähere Bestimmung
Stellenkosten während einer Rechnungsperiode	keine nähere Bestimmung	während einer Rechnungsperiode in einer Kostenstelle erzeugte Leistungen	keine nähere Bestimmung	keine nähere Bestimmung

Beispiele von Unterscheidungen, die der Bildung spezieller Kostenbegriffe zugrunde liegen können

Merkmale der verbrauchten Güter und (bzw. oder) des Verbrauchsvorgangs	Abgrenzung der Leistungen, mit denen der Verbrauch verbunden ist	Charakter der Verbundenheit von Verbrauch und Leistungen	Anhaltspunkte für die Bewertung des Güterverbrauchs
I. Verbrauch aller Arten von Gütern Verbrauch einer Gruppe von Güterarten, die mindestens ein gemeinsames, zur Abgrenzung geeignetes Merkmal aufweisen (Stoffe, menschliche Kräfte, selbständige Verbrauchsgüter, Leistungsabgaben betrieblicher Gebrauchsgüter)	I. während der gesamten Betriebsdauer erzeugte Leistungen während eines bestimmten Kalenderzeitraums erzeugte Leistungen	I. Verbrauch mit Leistungen kausal verbunden Verbrauch auf Leistungen final bezogen	I. für die Verbrauchsgüter tatsächlich bezahlte Preise unter bestimmten Annahmen ermittelte Preise
II. Verbrauch von Gütern, deren Beschaffung kurzfristig Ausgaben verursacht, kurzfristig oder mittelfristig Ausgaben verursacht, Ausgaben verursacht Verbrauch von Gütern, deren Beschaffung kurzfristig keine Ausgaben verursacht, kurzfristig und mittelfristig keine Ausgaben verursacht, überhaupt keine Ausgaben verursacht,	II. im Gesamtbetrieb erzeugte Leistungen in einem bestimmten Betriebsteil erzeugte Leistungen	II. bei Leistungserzeugung unter bestimmten Bedingungen vermeidbarer Verbrauch bei Leistungserzeugung unter bestimmten Bedingungen unvermeidbarer Verbrauch	II. zu verschiedenen Zeitpunkten gültige Preise in einem bestimmten Zeitpunkt gültige Preise
III. quantitativer Verbrauch von Gütern qualitativer Verbrauch von Gütern	III. Leistungen verschiedener Art Leistungen einer (bestimmten) Art	III. mit Leistungserzeugung tatsächlich verbundener Verbrauch mit Leistungserzeugung unter bestimmten Annahmen verbundener Verbrauch	III. Mittelwert aus Preisen gleichartiger Güter für eine zusätzlich beschaffte Gütermenge zu zahlender Preis
	IV. Absatzleistungen erzeugte Absatzleistungen verkaufte Absatzleistungen (in einem bestimmten Absatzgebiet, auf bestimmten Absatzwegen verkauft) Einsatzleistungen	IV. mit der Erzeugung von (bestimmten) Leistungen durchschnittlich verbundener Verbrauch durch die Erzeugung von (bestimmten) Leistungen zusätzlich hervorgerufener Verbrauch	IV. Summe des Wertes andersartiger Güter Differenz zwischen Werten andersartiger Güter
		V. leistungsmengen-proportionaler Verbrauch nicht leistungsmengen-proportionaler Verbrauch	V. höchster in einem bestimmten Zeitraum für gleichartige Güter bezahlter bzw. gültiger Preis niederster in einem bestimmten Zeitraum für gleichartige Güter bezahlter bzw. gültiger Preis

II. Der Kostenbegriff in der betriebswirtschaftlichen Literatur

A. Vorbemerkungen

Unsere bisherige Erörterung des Kostenbegriffs war darauf abgestellt, in Worte zu fassen, welche Rechengrößen für die Kostenrechnung charakteristisch sind, welche betriebswirtschaftlichen Vorgänge diesen ‚Kosten' genannten Rechengrößen zugrunde liegen und wie ihre Höhe bestimmt wird. Die gemeinsamen Merkmale aller dieser Rechengrößen, die also im wesentlichen den Gegenstand der Kostenrechnung ausmachen, benutzten wir zur Definition des Kostenbegriffes. In zahlreichen betriebswirtschaftlichen Veröffentlichungen wird nach demselben Prinzip vorgegangen. Es versteht sich von selbst, daß dann mit dem Terminus ‚Kosten' derselbe Sachverhalt gemeint wird wie hier. Divergenzen kommen allenfalls dadurch zustande, daß der Kostenrechnung als Zweig des betrieblichen Rechnungswesens ein anderer Umfang und Inhalt zugeordnet wird. Abgesehen davon beruhen in den beschriebenen Fällen Abweichungen zwischen dem Wortlaut der einzelnen Definitionen des Kostenbegriffs lediglich darauf, daß sich die betreffenden Autoren nicht derselben Terminologie bedienen.

Die betriebswirtschaftlichen Vorgänge, die den Rechengrößen der Kostenrechnung zugrunde liegen, werden in aller Regel als wesentlicher Bestandteil des wirtschaftlichen Geschehens in den Betrieben angesehen und sind deshalb auch Gegenstand der (allgemeinen) betriebswirtschaftlichen Theorie. Nun muß bei derartigen theoretischen Überlegungen und Darstellungen in unserer Disziplin wegen der Vielzahl und Vielfalt der am Erkenntnisobjekt wahrzunehmenden Erscheinungen von vereinfachenden Annahmen ausgegangen werden. Die Begriffe, die diesen Annahmen entsprechen, m. a. W. die unter den angenommenen Bedingungen gemeinten Sachverhalte, weisen daher z. T. eine einfachere Struktur auf als die ihnen jeweils gegenüberstehenden empirisch gewonnenen Begriffe. Da außerdem die betreffenden Annahmen sich danach richten, ob der Theoretiker versucht, die Dinge so zu sehen wie sie sind, oder ob er sich die Aufgabe stellt, zu zeigen, wie sie im Hinblick auf bestimmte Normen sein sollten, ist es möglich, daß mehrere theoretische Begriffe mit ein und demselben realen Sachverhalt bzw. mit dem diesem Sachverhalt entsprechenden Begriff korrespondieren. So verhält es sich auch mit den Kosten als

Gegenstand allgemeiner theoretischer Überlegungen einerseits und als Rechengrößen andererseits. Es handelt sich hier um (mehrere) verschiedene Begriffe. Daß sie denselben Namen tragen und in engem sachlichen Zusammenhang miteinander stehen, darf hierüber nicht hinwegtäuschen. Es wird Verschiedenes gemeint, und selbst wenn der Wortlaut der betreffenden Kostendefinitionen völlig gleich ist, muß bedacht werden, daß sie Äquivokationen enthalten können, daß die Verfasser dieser Definitionen möglicherweise nicht dieselbe Terminologie benutzen.

Wenn mit gleichlautenden Formulierungen Verschiedenes und mit verschiedenen Worten Gleiches gemeint sein kann, müssen wir uns bei der nachfolgenden Erörterung der Kostenbegriffe und Kostendefinitionen einiger Autoren unseres Faches bemühen, zum Sinn des Gesagten vorzudringen, was — hier zumindest — heißt, daß wir uns zu vergegenwärtigen haben, welche reale Bedeutung die jeweiligen Ausführungen über den Kostenbegriff haben, welche empirisch aufweisbaren Sachverhalte gegebenenfalls in den Kostenbegriff einbezogen werden müßten und welche nicht. Unter diesem Aspekt können wir unterscheiden zwischen

1. Autoren, deren Kostenbegriff zu dem unseren in keiner direkten Beziehung steht, die also mit dem Worte ‚Kosten' etwas meinen, das mit den Rechengrößen der Kostenrechnung unmittelbar nichts zu tun hat,

2. Autoren, bei denen der Ausdruck ‚Kosten' zur Bezeichnung von Rechengrößen der Kostenrechnung dient, deren Kostenbegriff also mit dem unseren unmittelbar zusammenhängt,

3. Autoren, deren Kostendefinition eine (allgemeine) theoretische Betrachtung solcher betriebswirtschaftlicher Vorgänge zugrunde liegt, die potentiell zum Ansatz von Rechnungs-Kosten führen.

Diese Einteilung scheint auf den ersten Blick für die Gliederung unserer Literaturbetrachtung geeignet. Näher besehen erweist sie sich jedoch als problematisch, weil sich manche Fachvertreter sowohl im einen als auch im anderen Sinn zum Kostenbegriff geäußert haben. Deren Einordnung in das beschriebene Gliederungsschema könnte daher nur nach dem jeweiligen Schwerpunkt der Bemühungen erfolgen und müßte deshalb unbefriedigend bleiben. Wir werden uns jedoch beim Aufbau unserer Untersuchung insofern an diese Einteilung anlehnen, als wir die einzelnen Autoren in der ihr entsprechenden Reihenfolge behandeln. So wird es möglich, nicht nur Wiederholungen weitgehend zu vermeiden und die Ausführungen der einzelnen Verfasser im wesentlichen zusammenhängend darzustellen, sondern auch die sachlichen Berührungspunkte zwischen ihnen zu verdeutlichen.

Es wäre nun unangebracht, wenn wir bei der Betrachtung der einschlägigen Ausführungen betriebswirtschaftlicher Autoren auf Vollständigkeit bedacht sein wollten: Es erübrigt sich vor allem, auf Veröffentlichungen einzugehen, deren wesentliche Gedanken zu unserem Thema in der vorausgegangenen Untersuchung des Kostenbegriffs schon vorgetragen wurden[1]; aber auch bei der Darstellung abweichender Auffassungen können wir uns auf jene Autoren beschränken, deren Äußerungen besonders prononciert erscheinen. Ein Beispiel für die Verwendung des Wortes ‚Kosten' in einem ganz anderen als dem von uns gemeinten Sinn liefern uns Heinrich *Nicklisch* und Kurt *Schmaltz*. Von den Autoren, deren Kostenbegriff (neben anderem oder ausschließlich, alle oder manche auch von uns ‚Kosten' genannte) Rechengrößen der Kostenrechnung umfaßt, behandeln wir Stefan *Lorentz*, Konrad *Mellerowicz* und Friedrich *Leitner*. Schließlich gehen wir auf die von theoretischen Erwägungen bestimmten Ausführungen über den Kostenbegriff von Fritz *Schmidt* und Albert *Meier*, Erich *Schneider* und Dieter *Pohmer* sowie von Erich *Schäfer*, Hans *Seischab*, Johannes *Fettel*, Hanns *Linhardt* und Helmut *Koch* ein.

---

[1] Das gilt z. B. für *Geldmacher* (a.a.O., S. 1 ff.), der sich die Ausführungen *Schmalenbachs* (in der 2. Aufl. der Selbstkostenrechnung, a.a.O., 1925) zu eigen macht, für Theodor *Beste* (Die kurzfristige Erfolgsrechnung, Grundriß der Betriebswirtschaftslehre, Bd. 5 B, Leipzig 1930, S. 6), der sich auf *Geldmacher* bezieht, für Martin *Lohmann* (Einführung in die Betriebswirtschaftslehre, Tübingen 1949, S. 30 ff., vgl. auch 2. Aufl., 1955, und 3. Aufl., 1959), für Albert *Schnettler* (Das Rechnungswesen industrieller Betriebe, 4. Aufl., Wolfenbüttel 1949, S. 4 ff.) und für Max Rudolf *Lehmann* (Kalkulation, 1. Aufl., 1925, a.a.O., S. 65 ff.).

Bei der Lektüre der Ausführungen Max Rudolf *Lehmanns* zum Kostenbegriff ist zu beachten, daß dessen Terminologie von der *Schmalenbachs* in manchem abweicht. Vgl. dazu ebda. wie *Lehmann* ‚Kalkulation', ‚Kostenrechnung', ‚kalkulatorische Erfolgsrechnung' und andere Rechnungszweige abgrenzt und einander zuordnet. Siehe auch vom selben: Über Begriff und Aufgaben der Preiskalkulation, in: BR, 3 (1926), Heft 2, S. 21 ff.; Die Systematik des Rechnungswesens des Betriebes und der Unternehmung, in: ZHH, 19 (1926), H. 3, S. 58 ff., und H. 4, S. 82 ff.; Theorie und Organisation der Industriebuchhaltung mit besonderer Berücksichtigung der Probleme der Erfolgsspaltung und der kurzfristigen Erfolgsrechnung, in: ZfB, 6 (1929), S. 890 ff., und 7 (1930), S. 27 ff. In der 4. Aufl. seiner ‚Kalkulation' (Industriekalkulation, Stuttgart 1951, S. 35) definiert *Lehmann* den Aufwand als Verbrauch, der nicht notwendig mit Ausgaben verbunden sein müsse. Er denkt also an ‚wirtschaftlichen Aufwand' im Sinne von *Walb* (s. o., Abschn. I B 1 a, Text und Anm. 31), und nicht an ‚rechnungsmäßigen Aufwand' (s. ebda.). Die Kosten bezeichnet er dementsprechend als „vollständigen ordentlichen Betriebsaufwand", „berechnet unter Berücksichtigung der für die Kalkulation maßgebenden Bewertungsgrundsätze" (Kalkulation, 4. Aufl., 1951, a.a.O., S. 40; im Original teilweise gesperrt). In der 1. Aufl. dieses Werkes hatte er unter ‚Aufwand' noch „denjenigen Güterverbrauch, der in der buchhalterischen Erfolgsrechnung verrechnet wird", verstanden (Kalkulation, 1. Aufl., 1925, a.a.O., S. 67) und die Kosten als „durch die Erstellung bestimmter Betriebsleistungen bedingten Güter- oder Werteverbrauch" definiert (ebda., S. 66; im Original gesperrt). Materiell hat sich also am Kostenbegriff *Lehmanns* nichts geändert.

Das Ziel unserer Untersuchung ist vor allem, die im Zusammenhang mit unserem Thema bestehenden terminologischen Gegensätze und die Beziehungen zwischen den zu besprechenden Kostenbegriffen und dem von uns als ‚Kosten' bezeichneten Begriff aufzuzeigen, um dadurch die Voraussetzungen für die Verständigung über den Gegenstand der Kostenrechnung zu schaffen, also um Mißverständnissen entgegenzuarbeiten. Daneben wollen wir den Ausführungen der genannten Autoren über den Gegenstand der Kostenrechnung nachgehen, wovon wir uns eine Erhärtung unserer eigenen Auffassung erhoffen. Argumente, die sich direkt oder indirekt gegen die von uns vertretene Ansicht über den wesentlichen Inhalt der Kostenrechnung richten, müssen wir einer kritischen Prüfung unterziehen[2]. Eine Kritik des jeweiligen terminologischen Vorgehens wird dagegen nur in besonderen Fällen angebracht sein, da die Grenzen der Freiheit eines Autors bei der Benennung seiner Begriffe nicht scharf gezogen sind[3]. Daraus ergibt sich aber zugleich, daß keine der terminologischen Lösungen, die wir finden werden, den Anspruch erheben kann, sie allein sei die richtige. Wo wir auf einen solchen Anspruch bzw. auf das aus ihm hergeleitete Verlangen stoßen, ausschließlich eine bestimmte Terminologie zu benutzen, müssen wir demselben entgegentreten.

B. Zur Verwendung des Wortes ‚Kosten' und zu den Auffassungen über den wesentlichen Inhalt der Kostenrechnung in der Fachliteratur

1. Heinrich Nicklisch und Kurt Schmaltz

Nicklisch verstand unter Kosten *„Ausgaben* für einen Gegenstand, der erworben ist, wird oder werden soll"[4] und unter der Kostenrech-

---

[2] Von der Art der Argumente, die gegen die (auch) von uns vertretene Auffassung über den Kostenbegriff vorgebracht werden, hängt es ab, mit welchen Fragen wir uns bei der Antikritik auseinanderzusetzen haben. Sie ist damit auch maßgeblich für den Umfang der Erörterungen, die wir den einzelnen Autoren widmen müssen.

[3] Vgl. *Szyperski*, a.a.O., S. 35 ff.

[4] *Nicklisch*, Heinrich, Kosten, in: ZHH, 31 (1938), H. 5, S. 97; Kursivsatz im Original gesperrt (Vorabdruck des unter dem gleichen Titel in der 2. Aufl. des HWB, Bd. II, Stuttgart 1939, Sp. 674 ff., veröffentlichten Artikels).

Die zitierte Stelle betrifft die ‚Kosten i. w. S.'. „Die Kosten im genauesten Sinne sind dem Unterschiede sämtlicher Betriebsausgaben und der Summe der bezahlten Gehälter, Löhne und sonstigen Anteile am Ertrage gleich. Das Bestimmungswort ‚Betrieb' schließt alle Ausgaben, die nicht unmittelbar mit dem Arbeitsvorgange zu tun haben, aus" (Wirtschaftliche Betriebslehre, 5. Aufl., Stuttgart 1922, S. 182 f., künftig zit. ‚Betriebslehre'; vgl. auch: Die Betriebswirtschaft, 7. Aufl. des zuvor genannten Werks, Stuttgart 1932, S. 527, künftig zit. ‚Betriebswirtschaft').

Im gleichen Sinne äußert sich *Schmaltz* (Artikel: Kosten, in: HWB[1], Bd. III, nung eine Rechnung, die „ihrem *Inhalt* nach ... Beschaffungsrechnung, Bezugskalkulation" ist[5]. *„Ganz anders die Aufwandsrechnung.* Sie hat es nicht mit den Kosten, sondern mit den Kostengegenwerten zu tun und zwar insoweit, als sie dem Betriebsprozeß zugeführt werden ...[6]." Um zu erfahren, wie *Nicklisch* den Rechnungszweig, der von uns ‚Kostenrechnung' genannt wird, und die für diesen charakteristischen Rechengrößen sieht, müssen wir also jene Ausführungen heranziehen, die wir bei ihm unter den Stichworten ‚Aufwand' und ‚Aufwandsrechnung' finden. Aus ihnen wird so viel klar, daß es sich beim ‚Aufwand' um Rechengrößen handelt, die mit dem Verbrauch von Wirtschaftsgütern zur Gütererzeugung zusammenhängenden[7], und daß der ‚Aufwandswert' vom ‚Ausgabenwert' abweichen kann. Solche Abweichungen rühren z. B. von ‚Wertverlusten' an stofflichen Vorräten her[8]. Außerdem ist der Wert der Leistungen — das sind bei *Nicklisch* die Arbeitsleistungen der zur Betriebsgemeinschaft Gehörigen sowie sonstigen Anteile am Ertrag (Zins für das Eigenkapital des Unternehmers und Prämie zur Deckung des Kapitalrisikos[9]) — ertragsabhängig. Er ergibt sich nämlich als Differenz zwischen dem Erlös der Produkte und den Betriebsausgaben, die nicht für Leistungen der genannten Art anfallen. In diesem Sinne steht dem Erlös ein betragsgleicher Aufwand gegen-

---

Sp. 883, und Artikel: Aufwand, in: HWB², Bd. I, Sp. 269 und Sp. 272). Bestimmend für das terminologische Vorgehen beider Autoren war die u. E. richtige Beobachtung, daß mit dem Worte ‚Kosten' im allgemeinen Sprachgebrauch eine Ausgabenvorstellung verbunden ist, während sich die „Vorstellung des konkreten Verbrauchs" von Ausgabegegenwerten an den Ausdruck ‚Aufwand' knüpft. Demgegenüber spreche die betriebswirtschaftliche Praxis im Hinblick auf Werte, die im Produktionsprozeß verzehrt oder verbraucht werden, durchweg von ‚Kosten' (ebda., Sp. 268 f.). Das ist noch heute der Fall und hat sich auch in der Betriebswirtschaftslehre weitgehend durchgesetzt. Dieser mißlichen Divergenz zwischen Umgangssprache und Fachsprache wegen ist es notwendig, sich bei der Verwendung des Wortes ‚Kosten' entweder im einen oder im andern Sinne zu entscheiden. Wer Wert darauf legt, seine Meinungen Fachleuten mitzuteilen und sich mit ihnen zu verständigen, darf die fachsprachlichen Gepflogenheiten bei dieser Entscheidung nicht gering schätzen.

5 *Nicklisch*, Betriebslehre, a.a.O., S. 97 (Kursivsatz im Original gesperrt).

6 Ebda., S. 99 (Kursivsatz im Original gesperrt); vgl. auch Betriebswirtschaft, a.a.O., S. 513 und passim.

Auch *Viel* schreibt: „Beschaffung führt zu Kosten, Einsatz führt zu Aufwand, Ausbringung führt zu Ertrag, Absatz führt zu Erlös" (*Viel*, Jakob, Betriebs- und Unternehmungsanalyse, 2. Aufl., Köln und Opladen 1958, S. 98; 1. Aufl. unter dem Titel ‚Betriebsanalyse', Zürich 1950).

7 „Aufgewandt wird jeder Wert, der in der Ertragserzielung verwendet wird: Kostengegenwerte wie eigene Arbeitsleistungen" (*Nicklisch*, Betriebswirtschaft, S. 527).

8 Vgl. *Nicklisch*, Betriebslehre, a.a.O., S. 33, Betriebswirtschaft, a.a.O., S. 591 f. (über innerbetriebliche Verrechnungspreise ebda., S. 647 ff.) und vom selben, Selbstkostenrechnung und Aufwandsrechnung, in: ZHH, 30 (1937), H. 10, S. 228 (künftig zit. ‚Aufwandsrechnung').

9 s. Betriebslehre, a.a.O., S. 1 f. und S. 185.

über[10]. Indessen hat diese Feststellung keine Bedeutung für die Rechnungspraxis, solange ein Maßstab fehlt, „mit dessen Hilfe der Ertrag in die einzelnen Teile zerlegt" werden kann[11]. Darin ist wohl auch der Grund dafür zu suchen, daß *Schmaltz* zwar die Bezeichnung ‚Kosten' wie *Nicklisch* gebraucht, nicht aber den Terminus ‚Aufwand'. Diesem gibt er dieselbe Bedeutung wie sie bei *Schmalenbach* der Ausdruck ‚Kosten' hat[12]. Er nennt *Schmalenbachs* Unterscheidung zwischen ‚neutralem Aufwand' und ‚Zusatzkosten' ‚fruchtbar'[13] und hält es als ‚wichtigsten Grundsatz' der Bewertung des ‚Aufwands' fest, „daß die Bewertung durch den Zweck der Rechnung bedingt ist"[14]. Hier haben wir es also nur noch mit terminologischen Gegensätzen zu tun, in der Sache besteht im wesentlichen Übereinstimmung.

2. Stefan Lorentz

Auch *Lorentz* gibt dem Worte ‚Kosten' eine andere Bedeutung als wir. Nach ihm sind Kosten „der in Geld ausgedrückte Wert ... des Verbrauchs"[15]. Dem Verbrauch unterliege zunächst das Geld (‚flüssige Kaufkraft')[16], und zwar in der betrieblichen Beschaffungswirtschaft (‚Geldkostensphäre')[17]. Sein Verbrauch sei entweder mit der „Erstellung von Umsatz-Voraussetzungen"[18] oder mit der „Beschaffung von Umsatzgütern"[19] verbunden; daneben könne es sich um „neutralen Verbrauch" handeln, „durch welchen keine konkreten Gegenleistungen erworben werden" (z. B. Steuern)[20]. Ferner vollziehe sich im Betrieb der

---

10 Dieser wesentliche Unterschied gegenüber den Kosten in dem von uns gemeinten Sinn kommt vielleicht am deutlichsten in *Nicklischs* Ausführungen über die „Leistungswerte des arbeitenden Unternehmers" zum Ausdruck, deren Bezeichnung als ‚Unternehmerlohn' er für bedenklich hält. Jedenfalls dürfe dieser Betrag „nicht im Sinne der alten volkswirtschaftlichen Ausdrucksweise verstanden werden, nach der unter diesem Namen nur ein Teil des Gegenwerts für die Leistung des Unternehmers eingerechnet wäre". Im Gegensatz dazu sei „immer die vollständige Vergütung gemeint" (Aufwandsrechnung, a.a.O., S. 231; vgl. auch Betriebslehre, a.a.O., S. 185, Betriebswirtschaft, a.a.O., S. 525, ferner *Heinen*, a.a.O., S. 102 ff., sowie *Schönpflug*, Fritz, Das Methodenproblem in der Einzelwirtschaftslehre, Eine dogmenkritische Untersuchung, Stuttgart 1933, S. 180).

11 *Heinen*, a.a.O., S. 103 f.

12 *Schmaltz*, Artikel: Aufwand, a.a.O., Sp. 269 f.

13 *Schmaltz* spricht von ‚neutralem Aufwand' und ‚Zusatzaufwand' (ebda., Sp. 270).

14 Ebda., Sp. 275.

15 Kostenbegriff, a.a.O., S. 85.

16 Ebda., S. 84.

17 Ebda., S. 98 f.

18 Gebrauchsgüter im oben dargestellten Sinn.

19 Selbständige Verbrauchsgüter sowie fremde Leistungsabgaben im oben beschriebenen Sinn.

20 Ebda., S. 83 f. und S. 99.

Ausgaben zur Tilgung von Schulden und Zahlungen für fremde Rechnung zählt *Lorentz* nicht zu den Kosten; er betrachtet also solche Minderungen

Verbrauch von Realgütern, und zwar im Rahmen der Aufwandswirtschaft (‚Güterkostensphäre')[21]. Der Verschleiß von Umsatz-Voraussetzungen stelle sich als „mittelbarer Verbrauch an Kaufkraft" dar[22], der Verbrauch von Umsatzgütern erfolge dagegen „in dem selben konkreten Sinn" wie der vorausgegangene Verbrauch ‚flüssiger Kaufkraft'[23]. Neben dem Verbrauch, der Mengenkomponente der Kosten, den *Lorentz* auch als ‚Aufwand' bezeichnet[24], enthalten die Kosten eine Wertkomponente[25]. Dies werde nur selten gebührend beachtet und zwar, wie *Lorentz* glaubt, deshalb, weil das Geld in seiner doppelten Funktion als (Zahlungs-)Gut und Wertausdrucksmittel Mengennatur und Wertnatur der Kosten „scheinbar untrennbar miteinander" verbinde[26]. Als Gut sei das Geld mehr als jeder andersartige Gütervorrat „dazu bestimmt, verbraucht zu werden", es sei „das universelle Marktanschlußmittel", woraus sich seine Eigenschaft als Wertausdrucksmittel und Rechenmittel herleite[27]. Während beim Verbrauch flüssiger

---

‚flüssiger Kaufkraft' offenbar nicht als Verbrauch. Über Ausgaben, durch die Forderungen begründet werden, schreibt er nichts; Ausgaben zum Erwerb von Beteiligungen stellen jedoch Verbrauch dar (ebda., S. 84 f.). Man vermißt eine klare Begründung dieser Abgrenzung.

21 Ebda., S. 98 f.

22 *Lorentz* läßt offen, ob der Abschreibung Kostencharakter zukommt. Er hält es aber immerhin für wahrscheinlicher, „daß die Abschreibung eine Liquidationsquote für fixierte Kaufkraft ist" (ebda., S. 84). ‚Kaufkraftfixierung' erfolge durch Eigentumserwerb; durch bloßen Besitzerwerb (Leihe) entstünden dagegen ‚fixe Kosten' (ebda.).

Wir wollen an dieser Stelle nicht auf das Wesen der Abschreibung eingehen, sondern nur anmerken, daß uns ihre Erklärung vom Rechnungs- und Abschreibungszweck abhängig zu sein scheint. Jedenfalls sind ‚Kaufkraftfixierung' durch Eigentumserwerb und die mit dem bloßen Besitzerwerb verbundene Verpflichtung zum regelmäßigen Verbrauch ‚flüssiger Kaufkraft' Vorgänge, die von ‚(beschäftigungs-)fixen Kosten' im herkömmlichen Sinne streng zu unterscheiden sind, wenngleich ‚(beschäftigungs-)fixe Kosten' und ‚fixe Ausgaben' eng zusammenhängen.

Vgl. dazu *Raffée*, Hans, Kurzfristige Preisuntergrenzen als betriebswirtschaftliches Problem, Prinzipielle Bestimmungsmöglichkeiten von kosten-, ertrags- und finanzwirtschaftlichen Preisuntergrenzen, Reihe: Beiträge zur betriebswirtschaftlichen Forschung, hrsg. von E. Gutenberg, W. Hasenack u. a., Bd. 11, Köln und Opladen 1961, s. dort bes. S. 150 ff., künftig zit. ‚Preisuntergrenzen'.

23 *Lorentz*, Kostenbegriff, a.a.O., S. 84.

24 Ebda., S. 85.

In der Umgangssprache liege sowohl der Verwendung des Wortes ‚Kosten' als auch der des Wortes ‚Aufwand' „die Vorstellung des Verbrauchs" zugrunde (ebda., S. 81; vgl. auch *Lorentz*, St[efan], Auf welche Weise läßt sich eine Vereinheitlichung der betriebswirtschaftlichen Terminologie ermöglichen?, in: ZfB, 8 [1931], S. 414).

Durch dieser Verwendung des Wortes ‚Aufwand' wird die Unterscheidung von ‚Beschaffungswirtschaft' und ‚Aufwandswirtschaft' des Betriebes verwischt, denn auch in der ersteren findet ein mengenmäßiger Verbrauch, ein Aufwand (‚flüssiger Kaufkraft'), statt.

25 Kostenbegriff, a.a.O., S. 28 f.

26 Ebda., S. 39 ff.

27 Ebda., S. 42 ff.

Kaufkraft „Mengenausdruck und Wertausdruck identisch" seien[28], müsse beim Verbrauch von Realgütern der Geldwertausdruck „irgendwie an den Preisen im Beschaffungsmarkt orientiert" sein[29].

Der Kostenbegriff von *Lorentz* unterscheidet sich von dem unseren, also von den ‚Kosten' als Gegenstand der Kostenrechnung, einmal dadurch, daß er auch bestimmte, vor allem mit der Beschaffung von Realgütern verbundene, d. h. erfolgsunwirksame, mit einem externen Gegenwert, einem tauschwirtschaftlichen Ausgleich zusammenhängende Ausgaben umfaßt, zum andern dadurch, daß er nicht auf den in Geld ausgedrückten Wert *leistungsverbundenen* Güterverbrauchs beschränkt ist[30]. In der Terminologie von *Lorentz* wäre der in dieser Arbeit als ‚Kosten' bezeichnete Gegenstand zu definieren als ‚leistungsverbundene Kosten der betrieblichen Aufwandswirtschaft und leistungsverbundene neutrale Kosten der betrieblichen Beschaffungswirtschaft'[31] oder als ‚in Geld ausgedrückter Wert des leistungsverbundenen Verbrauchs ohne konkrete Gegenleistung (tauschwirtschaftlichen Ausgleich)'.

3. Konrad Mellerowicz

Nach *Mellerowicz* sind Kosten „der wertmäßige betriebsnotwendige Normalverbrauch an Gütern und Leistungen zur Erstellung des Betriebsproduktes"[32]. Die Kosten besitzen, so schreibt er, „*deswegen* Normalcharakter aus ihrem Wesen heraus, weil sie, unabhängig von den zufälligen Ausgaben und sogar Aufwänden, das für die *Leistungserstellung Verbrauchte* erfassen..., aber auch hierin... nur... das *Betriebsnotwendige*"[33].

Das ‚Normale' ergibt sich:

„1. aus dem *Betriebsbedingten,*

2. aus dem... *regelmäßig Gemachten* des unregelmäßig und dann in großen Posten Anfallenden
und

3. aus dem Unterschied des *Kalkulatorischen* vom betriebspolitisch Bedingten, Bilanziellen[34]."

---

[28] Ebda., S. 85.

[29] Ebda., S. 45; s. auch ebda., S. 100.

[30] Auf die Ausführungen von *Lorentz* über die Bewertung des Güterverbrauchs gehen wir unten noch kurz ein (s. u., Anm. 68 dieses Teils der Arbeit).

[31] ‚Neutrale Kosten' der betrieblichen Beschaffungswirtschaft sind der in Geld ausgedrückte Wert des ‚neutralen Verbrauchs' in diesem Betriebsbereich.

[32] *Mellerowicz,* Konrad, Kosten und Kostenrechnung, Bd. 1: Theorie der Kosten, 3. Aufl., Berlin 1957, S. 6.

[33] Ebda., S. 459 (Kursivsatz im Original gesperrt).

[34] Ebda., S. 461 (Kursivsatz im Original gesperrt).
Mellerowicz fährt fort: „*Wie weit* man nun das *Wesensnormale* auch fassen mag, immer handelt es sich dabei um *Betriebsindividuelles.* Der Maßstab

,Normal' oder (bzw. und[35]) ,betriebsnotwendig' bedeutet also einmal ,leistungsverbunden' im oben beschriebenen Sinn[36], zum andern ,regelmäßig'. ,Unregelmäßige', ,außergewöhnliche' Aufwendungen[37] werden entweder „durch Verteilung auf längere Zeit zu Kosten" — und zwar dann, wenn sie „unregelmäßig, aber doch häufig" anfallen — oder gar nicht — „wenn es wirklich nur einmalige, ungewöhnliche Aufwendungen sind"[38]. Das letztere gilt für „alles Einmalige und nur Zufällige, selbst wenn es betriebsbedingt ist"[39]; und mit der Verteilung unregelmäßiger Aufwendungen auf längere Zeit kann u. E. nur eine Verteilung im Sinne der Ermittlung durchschnittlicher Kosten gemeint sein[40].

---

für die Normalisierung liegt ... nicht in fremden Betrieben, etwa im guten oder mittelguten Betriebe oder im Grenzbetrieb" (ebda., Kursivsatz im Original gesperrt). Andererseits sagt er jedoch: „In der Anerkennung nur des *notwendigen* Gutsverbrauchs als Kosten kann und muß man, wenn man z. B. an die Preisbildungseigenschaft der Kosten denkt, noch weiter gehen und nicht den notwendigen *betriebs*individuellen Gutsverbrauch als Kosten anerkennen, sondern nur den *branche*notwendigen Gutsverbrauch." Denn *„nur die notwendigen Kosten des Grenzbetriebs haben preisbildende Eigenschaft"* (ebda., S. 5; Kursivsatz im Original gesperrt). *Nowak* glaubt, die zuletzt genannte Feststellung sei richtig. Er hält aber Mellerowicz entgegen, daß auf diese Weise der Kostenbegriff zu sehr eingeengt werde, „zumal die Kostenrechnung ja nicht nur im Hinblick auf die Preisstellung vorgenommen wird" (*Nowak*, Paul, Kostenrechnungssysteme, 1. u. 2. Aufl., a.a.O., jeweils S. 17). Wir wollen letzterem nur hinzufügen, daß *Mellerowicz* selbst sagt, das Verhältnis von Kosten und Preis gehöre zu den ungelösten Problemen der Theorie (Kosten und Kostenrechnung, Bd. 1, a.a.O., S. 1) und daß er doch behauptet, *„Kosten sind (immer und auf alle Fälle) eine betriebsindividuelle Kategorie"* (ebda., S. 461; Kursivsatz im Original gesperrt).

Vgl. hierzu auch *Schnutenhaus*, Otto R., Neue Grundlagen der „Feste"-Kostenrechnung, Die Betriebsstrukturkostenrechnung, Berlin 1948, S. 57 f., ferner *Diederich*, Helmut, Der Kostenpreis bei öffentlichen Aufträgen, Eine wirtschaftswissenschaftliche Analyse, Reihe: Veröffentlichungen des Forschungsinstituts für Wirtschaftspolitik an der Universität Mainz, hrsg. v. E. Welter, Bd. 12, S. 33 f., (künftig zit. ,Kostenpreis'), sowie *Kosiol*, Kostenbegriff, a.a.O., S. 27 f.

35 Es ist nicht eindeutig festzustellen, ob *Mellerowicz* mit diesen Worten Verschiedenes meint. Er gebraucht sie jedenfalls zuweilen (auch?) synonym, z. B. ebda., S. 5: „Als betriebsnotwendig ist der *Regel*verbrauch anzusehen, der vom Betrieb *normalerweise*, also im Durchschnitt einer längeren Periode und unter den üblichen Produktionsbedingungen, zur Erstellung seiner Leistung aufgewendet werden muß" (Kursivsatz im Original gesperrt).

36 ,Betriebsbedingt', ,leistungsbedingt' im Gegensatz zu ,betriebsfremd' und (bzw. oder) lediglich bilanzpolitisch bedingt (ebda., S. 5 u. S. 459).

37 Es ist mitunter schwer, den Sinn der Ausführungen von *Mellerowicz* zu erkennen, u. a. weil er Kosten, Aufwand und Ausgaben unter der Bezeichnung „Aufwendungen" zusammenfaßt (ebda., S. 6 u. S. 459), mit diesem Wort aber dann einmal nur Aufwand (ebda., S. 5, Anm. 1, u. S. 11), das andere Mal nur Ausgaben (ebda., S. 7 u. S. 459), das dritte Mal lediglich Kosten meint (ebda., S. 6 f. und S. 459 f.).

38 Ebda., S. 459 (im Original teilweise gesperrt).

39 Ebda., S. 5; vgl. auch ebda., S. 11, und *Mellerowicz*, Konrad, Artikel: Kosten und Kostenbegriffe, in: HWB³, Bd. II, Sp. 3366.

40 Es ist nicht ganz eindeutig, wie weit *Mellerowicz* hierbei gehen will. Einerseits schreibt er, daß es für die Kostenrechnung darauf ankomme, „die Kosten auf das Produkt und die einzelnen Abrechnungsperioden in leistungsbedingter, möglichst gleichmäßiger — normaler — Höhe zu verrechnen ..."

In Anbetracht dessen dürfte aber der in Geld ausgedrückte Wert jenes Güterverbrauchs, der durch die Erzeugung eines ‚Grenzproduktes' oder einer ‚Grenzschicht' von Leistungen zusätzlich hervorgerufen wird, insoweit nicht ‚Kosten' genannt werden, als er die durchschnittlichen Kosten gleichartiger Produkte des Betriebes übersteigt[41]. Die Ausführungen von *Mellerowicz* über ‚Die Theorie der Grenzkosten (Schichtkostentheorie)'[42] und über ‚Das Grenzprinzip in der Betriebswirtschaftslehre, insbesondere in der Kalkulation'[43] zeigen jedoch, daß er eine derartige Einschränkung nicht beabsichtigte[44, 45]. Es ist daher anzunehmen, daß die eben zitierten Stellen gar nicht den allgemeinen betriebswirtschaftlichen Kostenbegriff betreffen, sondern einen seiner Unterbegriffe.

4. Friedrich Leitner

Leitner verwendet den Ausdruck ‚Kosten' in verschiedenem Sinne. Zunächst einmal benutzt er ihn, dem allgemeinen Sprachgebrauch

(Kosten und Kostenrechnung, a.a.O., S. 5), andererseits sei „eine ständige Ausrichtung der Kosten an den Istaufwendungen vorzunehmen" (ebda., S. 6; im Original gesperrt). Um den normalen Charakter der Kosten zu verdeutlichen, verweist er verschiedentlich auf die ‚kalkulatorischen Aufwendungen'. Das eine Mal scheint es sich aber bei ihnen nur um Beispiele zu handeln (ebda., S. 6), das andere Mal dagegen ist anzunehmen, daß *sie allein* ‚normalisiert' werden sollen (ebda., S. 460 f.). Auch wenn das letztere zutreffen sollte, läge insoweit eine Verteilung im Sinne der Ermittlung durchschnittlicher Kosten vor, und in bezug auf *sie* wären die im obigen Text angeführten Konsequenzen gültig.

41 Vgl. hierzu *Kosiol*, Kostenbegriff, a.a.O., S. 27 f.

42 Kosten und Kostenrechnung, Bd. 1, a.a.O., S. 353 ff. und passim.

43 Kosten und Kostenrechnung, Bd. 2: Verfahren, Zweiter Teil, 2. u. 3. Aufl., Berlin 1958, S. 206 ff.; vgl. auch ebda., Erster Teil, 2. u. 3. Aufl., Berlin 1958, S. 16 f.

44 Auch bei Erich *Schneider* findet sich eine Definition der Kosten „als in Geld bewerteter notwendiger Verzehr von Kostengütern" (Industrielles Rechnungswesen, Grundlagen und Grundfragen, 2. Aufl., Tübingen 1954, S. 31; in 1. Aufl., Kopenhagen 1939, unter dem Titel ‚Einführung in die Grundfragen des industriellen Rechnungswesens'; beide Auflagen künftig zit. ‚Rechnungswesen'). Diese Formulierung erweckt den Anschein, *Schneider* habe Ähnliches wie *Mellerowicz* im Auge. Dieser Eindruck täuscht aber möglicherweise, denn *Schneider* spricht ansonsten von ‚notwendigen Kosten' *und* ‚nicht notwendigen Kosten'. Dabei handelt es sich um zwei Unterbegriffe des Kostenbegriffes, die nach *Schneider* im Rahmen der Kostenplanung bzw. der Planung des Betriebserfolgs eine Rolle spielen (vgl. *Schneider*, Rechnungswesen, 2. Aufl., a.a.O., S. 134 ff.; ders., Grundsätzliches zur Planung und Standardkostenrechnung, in: ZfhF, 34 [1940], H. 9/10, S. 245 f.). Siehe in diesem Zusammenhang auch die kritischen Bemerkungen *Käfers* (Standardkostenrechnung, a.a.O., S. 3 ff.).

45 Es wäre im übrigen durchaus möglich, den Terminus ‚Kosten' in der beschriebenen Weise zu verwenden. Man hätte dann eben gegebenenfalls, etwa wenn der Rechnungszweck die rechnerische Berücksichtigung einmalig auftretenden Güterverbrauchs verlangt, einen besonderen Ausdruck zur Bezeichnung solchen Güterverbrauchs einzuführen.

folgend, für Ausgaben[46]. Daneben hebt er als termini technici besonders die ‚Unternehmungskosten' und die ‚Selbstkosten' bzw. ‚Stückkosten' hervor.

Leitners Ausführungen über die ‚Unternehmungskosten' weisen manche Unklarheit auf. Einerseits charakterisiert er diese ‚Kosten' als „eine (die wichtigste) Unterart des Aufwands", als „zweckbestimmten Aufwand", der dem „zweckwidrigen", „außerbetrieblichen, anorganischen Aufwand" — „Vermögensverluste durch Elementarschäden usw. (anorganische Kosten)" — gegenüberstehe[47]. Andererseits schreibt er: „Die Unternehmungskosten gehen über den Erwerbsaufwand hinaus, sie erstrecken sich auch auf den zweckwidrigen Aufwand und die Ertragsschmälerungen[48]." Wiederholt sagt er, (Erwerbs- bzw. Zweck-)-Aufwand und (Unternehmungs-)Kosten seien meist Ausgaben[49], zugleich bezeichnet er den Aufwand als „Verursachung der Kosten"[50] und die Kosten als Aufwand[51], schließlich definiert er die Unternehmungskosten als „in Geld meßbarer ... Verzehr von Gütern und Leistungen"[52]. Wir wollen uns jedoch mit diesen und den übrigen Unklarheiten und Widersprüchen in *Leitners* Ausführungen über die ‚Unternehmungskosten' nicht weiter befassen, da diese ‚Kosten', wenn wir *Leitner* hierin recht verstehen, Rechengrößen der Jahresbilanz und Jahreserfolgsrechnung und nicht solche der Kostenrechnung sind[53, 54].

---

[46] Vgl. *Leitner*, Friedrich, Die Selbstkosten-Berechnung industrieller Betriebe, 9. Aufl., Frankfurt a. M. 1930, S. 52 und passim (künftig zit. ‚Selbstkosten-Berechnung').

[47] *Leitner*, Friedrich, Wirtschaftslehre der Unternehmung, 5. Aufl., Berlin 1926, S. 96 ff. (künftig zit. ‚Wirtschaftslehre').
Die von *Leitner* hier getroffene Unterscheidung dürfte der von ‚Nutzkosten' und ‚Verlustkosten' bei *Lorentz* entsprechen (vgl. *Lorentz*, Nutzkosten, a.a.O., S. 545).

[48] Selbstkosten-Berechnung, a.a.O., S. 52 (im Original teilweise gesperrt). *Leitner* beruft sich in der zitierten 9. Aufl. seiner ‚Selbstkosten-Berechnung' (a.a.O., S. 55) ausdrücklich auf die entsprechende Darstellung in der von uns herangezogenen 5. Aufl. seiner ‚Wirtschaftslehre'!

[49] Selbstkosten-Berechnung, a.a.O., S. 52 ff.; Wirtschaftslehre, a.a.O., S. 97.

[50] Selbstkosten-Berechnung, a.a.O., S. 55.

[51] Ebda., S. 52; Wirtschaftslehre, a.a.O., S. 96.

[52] Selbstkosten-Berechnung, a.a.O., S. 56.
Wie auch *Lorentz* (Kostenbegriff, a.a.O., S. 37) bemerkt, spricht *Leitner* hier von in Geld meß*barem* Güterverzehr und an anderer Stelle (Wirtschaftslehre, a.a.O., S. 96) von in einer Geldsumme ausdrück*baren* Aufwendungen, obwohl er offensichtlich Geldrechnungsgrößen meint. *Leitner* formulierte mit Rücksicht auf den nicht bewertbaren Güterverbrauch in der angegebenen Weise.
An der zuletzt zitierten Stelle (Wirtschaftslehre, a.a.O., S. 96) werden die Kosten als „Aufwendungen an Sachgütern und Arbeit" definiert. *Leitner* betrachtet aber z. B. auch „Verluste an Forderungen" als Kosten (Selbstkosten-Berechnung, a.a.O., S. 52).

[53] Vgl. Selbstkosten-Berechnung, a.a.O., S. 52 f.; Wirtschaftslehre, a.a.O., S. 98 ff. und insbes. S. 104.

[54] s. dazu auch die Ausführungen von *Heinen*, a.a.O., S. 100 f.

Leitners Äußerungen zu den ‚Selbstkosten' bzw. ‚Stückkosten' sind wesentlich deutlicher. Es handelt sich um Kosten einer Leistungseinheit, und ihre Berechnung „projiziert Aufwendungen, d. h. hier den Güterverzehr auf eine wirtschaftliche oder technische Einheit"[55]. „Das Ziel der Rechnung können die betrieblichen oder die marktwirtschaftlichen Kosten sein. Die betrieblichen Selbstkosten entsprechen dem tatsächlichen Aufwand unter Zugrundelegung der wirklich verausgabten Kosten. Die marktwirtschaftlichen Selbstkosten sind Ersatz- oder Reproduktionskosten, die verschiedene Namen führen: Wiederbeschaffungs-, Wiederherstellkosten u. a. Auch der für die Reproduktion maßgebliche Zeitpunkt ist verschieden: Tag der Bestellung, der Lieferung oder des Umsatzes, der Zahlung usw.[56]." Die Veranschlagung von „eigener Arbeit des Unternehmers", von „entgangenem Zinsgewinn" und die Verrechnung von „Risikoprämien" bei der Kalkulation von Selbstkosten lehnt *Leitner* nicht durchweg ab, er sieht jedoch „entgangenen Zinsgewinn" und „Risikoprämie des Unternehmereinkommens" nicht als ‚Unternehmungskosten' an und wendet sich deshalb gegen ihre Berücksichtigung in der „Ertragsrechnung" (Gewinn- und Verlustrechnung)[57]. Wir können daher feststellen, daß *Leitners* Auffassungen über die ‚Selbstkosten' bzw. ‚Stückkosten' in den wesentlichen Punkten mit denen *Schmalenbachs* übereinstimmen. Im Gegensatz zu *Schmalenbach* verwendet er aber den Ausdruck ‚Kosten' nicht nur für Rechengrößen der Kostenrechnung, sondern auch in verschiedenen anderen Bedeutungen.

5. Fritz Schmidt und Albert Meier

Fritz Schmidt geht von einer mengenmäßigen Betrachtung der Kosten aus: „Dann sind alle Güter, Nutzungen, Dienste, die für die Erzeugung eines Produkts aufgewendet werden, Kosten[58]." Für die Bewertung dieser Kosten seien nicht die Zahlungen entscheidend, da „Kosten entstehen können, ohne Zahlungen verursacht zu haben", und „die Beträge, welche für bestimmte Kostengüter bezahlt worden sind, außer Verhältnis zum wirklichen Werte der Kostenteile stehen" können[59]. Mit Rücksicht auf die „Grundsätze der Betriebsgestaltung" — er nennt u. a. den „Grundsatz der Betriebserhaltung" und den „Gleichlauf von

[55] Wirtschaftslehre, a.a.O., S. 108.

[56] Ebda., S. 109; s. auch Selbstkosten-Berechnung, a.a.O., S. 56, S. 129, S. 356 ff.

[57] Wirtschaftslehre, a.a.O., S. 104 ff.; vgl. auch Selbstkosten-Berechnung, a.a.O., S. 56, S. 66, S. 114.

[58] *Schmidt*, F(ritz), Kalkulation und Preispolitik, erweiterter Sonderdruck aus: Die Handelshochschule, Berlin - Wien 1930, S. 22 (im Original kursiv gedruckt).

[59] Ebda., S. 22.

Produktion und Konsumtion"[60] — sei der Anschaffungswert der Kostenteile am Anschaffungstage, insbesondere wenn erhebliche Wertänderungen dieser Kostenteile während des Umsatzprozesses eintreten, für die Kostenbewertung ungeeignet, da seine Verwendung irreführende Rechnungsergebnisse zeitige[61]. „Rechnen wir demgegenüber den Kostenwert mit dem Preise des Beschaffungsmarktes am Umsatztage, so werden alle die gerügten Fehler vermieden[62]." Bei richtig verstandener Erfolgsrechnung in der Geschäftsbuchhaltung seien die so bewerteten Kosten mit dem Aufwand identisch[63]. Der ‚neutrale Aufwand' im Sinne *Schmalenbachs* diene entweder während einer bestimmten Rechnungsperiode dem Betriebszweck, dann handle es sich auch um Kosten dieser Rechnungsperiode, oder aber er stelle weder Aufwand noch Kosten dieser Rechnungsperiode dar[64]. Mit den ‚Zusatzkosten' verhalte es sich entsprechend[65]. Alle diese „Differenzen zwischen der kaufmännischen Erfolgsrechnung einerseits und Selbstkostenrechnung andererseits" seien „nichts als der Ausfluß der Tatsache, daß die Selbstkostenrechnung eine reine Betriebsrechnung ist, in der man sich noch nicht gewöhnt hat wie in der Bilanz Fälschungen vielerlei Art zur zum Teil gesetzlich erlaubten Norm zu machen, weil es grotesk wäre, wenn man sich auch noch selbst betrügen wollte"[66]. Indessen räumt *Schmidt* ein: „Schmalenbach bemüht sich, in Anerkennung der gegebenen Tatsachen, um die Herausarbeitung der wesentlichen Unterschiede und sucht die Posten zu isolieren, die Abweichungen zwischen der kaufmännischen Erfolgsrechnung und der Selbstkostenrechnung herbeiführen, damit der Rest vergleichbar werde. So wird man praktisch auch vorgehen müssen[67]."

Aus *Schmidts* Ausführungen geht deutlich hervor, daß er das Verhältnis der Kosten zum Aufwand, beide als Inbegriff bestimmter realer

---

[60] Ebda., S. 16 f.

[61] Ebda., S. 17 f.

[62] Ebda., S. 19 (im Original kursiv gedruckt).
Die Kontrolle des Produktionsbetriebes (bei gleichbleibender Qualität der Produkte) erfordere allerdings, „die Wertschwankungen aus der Rechnung fernzuhalten, die nicht auf Schwankungen der Kostenmenge zurückzuführen sind". Es sei also ein während der Vergleichsperioden gleichbleibender Verrechnungspreis zu verwenden (‚Normalpreis') (ebda., S. 92 f.).

[63] Ebda., S. 61 ff.
Die Bildung stiller Reserven und das Rechnen mit Anschaffungswerten stehe der Erfüllung der Aufgaben der Geschäftsbuchhaltung im Wege. Im Hinblick auf die Ziele der Erfolgsrechnung müßten „Buchhaltung wie Kostenrechnung mit den gleichen Kostenwerten arbeiten" (ebda., S. 64). *Lorentz* zog hieraus die Konsequenz, sowohl die Rechengrößen der Kostenrechnung als auch jene der Geschästfbuchhaltung ‚Kosten' zu nennen (s. o., Abschn. II B 2).

[64] *Schmidt*, ebda., S. 65 u. S. 88; s. auch *Schmidts* Ausführungen über die Zinsen, ebda., S. 51 f. u. S. 55.

[65] Ebda., S. 65 u. S. 88.

[66] Ebda., S. 88 f.

[67] Ebda., S. 65.

Rechengrößen verstanden, weitgehend ebenso sieht wie wir. Seine Forderung, den Güterverbrauch mit Beschaffungspreisen des Umsatztages zu bewerten, ergibt sich aus gewissen, in erster Linie wirtschaftspolitisch bestimmten Zwecken, denen nach seiner Auffassung das betriebliche Rechnungswesen vornehmlich dienen sollte[68]. Daß die Ko-

[68] *Lorentz* (Kostenbegriff, a.a.O., S. 46) begründete die Bewertung des Güterverbrauchs mit ‚Tagespreisen' folgendermaßen: „Der Wiederbeschaffungspreis ... besitzt ... unter dem Gesichtspunkt der Wertausdrucksmöglichkeit gesehen einen bedeutend höheren Grad von Realität als der Anschaffungspreis ...". Da es aber bei Bilanzierung und bei Kostenerfassung nicht „auf historische Realität, sondern auf Wertrealität ankommt, ist die Forderung, zum Wiederbeschaffungspreis — oder genauer gesagt — zum Tagespreis zu bewerten, logisch zwingend".

Diese Argumentation ist nicht stichhaltig. Es stehen sich nicht ‚historische Realität' und ‚Wertausdrucksrealität', sondern ‚historische Werte' und ‚aktuelle Werte' gegenüber. Die Bewertung des Güterverbrauchs mit dem letzteren kann nur vom Rechnungszweck her gerechtfertigt werden. Sie hat keinen ‚absoluten' Vorrang, wie das *Lorentz* glauben machen möchte.

Nowak (Kostenrechnungssysteme, 2. Aufl. 1961, a.a.O., S. 18) stellt in diesem Sinne fest, „der Preisansatz für die verbrauchten Kostengüter richtet sich in erster Linie nach dem Zweck, dem die Kostenrechnung dienen soll". Er fährt jedoch fort: „Allerdings wird man von vornherein aus der Definition der Kosten als wertmäßiger Güterverzehr für die erstellten Leistungen dem Tagespreis am Verbrauchstage eine bevorzugte Stellung zuerkennen müssen." Offenbar versteht er in diesem Zusammenhang unter ‚Wert' etwas anderes als wir. Wir vermögen aber nicht einzusehen, wie sich die ‚Vorzugsstellung' des Tagespreises am Verbrauchstage mit dem Umstand vereinbaren läßt, daß die Bewertung ‚in erster Linie' zweckabhängig ist. Es ist zwar möglich, daß der Erfüllung jener Kostenrechnungszwecke, die einen Ansatz des Verbrauchs mit Tagespreisen des Verbrauchstages erfordern, praktisch und (bzw. oder) theoretisch die relativ größte Bedeutung zukommt, und es könnte auch sein, daß dieser Wertansatz den meisten Kostenrechnungszwecken gerecht wird, *Nowak* beruft sich jedoch nicht hierauf, sondern auf die Kostendefinition.

Diederich glaubt, „daß der Unternehmer in der Regel in erster Linie auf die Fortführung des Unternehmens bedacht ist und sich deshalb bemüht, das jeweils im Unternehmen vorhandene mengenmäßige Reinvermögen zu bewahren und möglichst zu vergrößern" (Kostenpreis, a.a.O., S. 29). Im Hinblick darauf müsse „in der Kostenrechnung festgehalten werden, welche Vermögenswerte durch die Leistungserstellung und die durch sie notwendig gewordenen Ersatzbeschaffungen eingesetzter Güter untergehen" (ebda., S. 29 f.). Die Kosten hängen daher nach seiner Auffassung „von den Wiederbeschaffungspreisen ab, wenn für die Leistungserstellung benötigte Verbrauchsgüter zwar vorhanden sind, die Vorräte nach der Entnahme jedoch wieder ergänzt werden müssen" (ebda., S. 30; vgl. auch ebda., S. 30 ff.).

Diederich deutet selbst — wobei er Karl *Hax* zitiert (ebda., S. 29, Anm. 3) — die Gefahren an, „die eine einseitige Geldkapitalerhaltung einerseits und eine einseitige Substanz- oder Sachkapitalerhaltung andererseits heraufbeschwören". Ihretwegen erscheint es uns willkürlich, wenn *Diederich* die Erhaltung des mengenmäßigen Reinvermögens in den Vordergrund stellt. Es kommt hinzu, daß die (Bewertung im Rahmen der) Kostenrechnung nicht nur diesen beiden — wie wir zugeben: wichtigen —, sondern noch anderen Zwecken dienen kann. Nach *Diederich* sind aber die entsprechenden Wertansätze „nicht das Ergebnis anderer Bewertung, sondern die Folge von Annahmen, die den Sonderrechnungen zugrunde liegen" (ebda., S. 30). Er bedient sich also der von Helmut *Koch* — allerdings in anderer Absicht — benutzten Erklärung. Da *Diederichs* Stellungnahme zur stenrechnung auch Aufgaben hat, deren Erfüllung eine andere Bewertung des Güterverbrauchs voraussetzt, bestreitet *Schmidt* nicht. Wenn daher nur solche Rechengrößen als ‚Kosten' bezeichnet werden, die durch die Bewertung leistungsverbundenen Güterverbrauchs mit Beschaffungspreisen des Umsatztages entstehen[69], dann haben wir es mit einem Unterbegriff dessen zu tun, was von uns als ‚Kosten' definiert wurde, und es bleibt nur die terminologische Frage übrig, wie man den Ausdruck ‚Kosten' am zweckmäßigsten verwendet. Albert *Meier*, der in der Betriebswirtschaftslehre eine „Wissenschaft von der objektiven, d. h. gemeinwirtschaftlichen Anwendung des ökonomischen Prinzips im Einzelbetrieb" sieht und dafür eintritt, den „Kostenbegriff so abzugrenzen und festzulegen, daß die ursprüngliche Idee, eine objektive Kostenlehre und Kostenrechnungspraxis zu schaffen, gesichert wird"[70], löst diese Frage so, daß er im Hinblick auf den „mit Tagespreisen und möglichst Wiederbeschaffungspreisen" bewerteten leistungsverbundenen Güterverbrauch vom ‚objektiven Kostenbegriff' spricht[71]. Auch er ist sich wie *Schmidt* bewußt, daß die Kostenrechnung Zwecken dienen kann, die eine andere Bewertung des leistungsverbundenen Güterverbrauchs verlangen, daß also dem ‚objektiven' Kostenbegriff ‚subjektive' Kostenbegriffe gegenüberstehen[72]. Daraus folgt zwangsläufig, daß der ‚objektive' Kostenbegriff nicht der Inbegriff aller Rechengrößen ist, die als ‚negative Erfolgskomponente' in

---

Bewertung im Rahmen der Kostenrechnung auch insofern mit der von Helmut *Koch* korrespondiert, als es ihm zur eindeutigen Bestimmung des Kostenbegriffs notwendig erscheint, generell festzulegen, von welcherart Preisen die Höhe der Kosten abzuleiten ist (vgl. *Diederich*, ebda., S. 29 f.), können wir auf unsere späteren Ausführungen hierzu verweisen (s. u., Abschn. II B 8).

[69] Zuweilen entsteht der Eindruck, daß *Schmidt* diese Art der Bewertung in der Praxis der Kostenrechnung bereits verwirklicht glaubt. Hier ist aber zu beachten, daß er in erster Linie über ‚Kalkulation und Preispolitik' schreibt, für die dies überwiegend zutreffen mag und daß er andere Bewertungsmethoden in bestimmten Fällen durchaus für berechtigt erachtet (vgl. o., Anm. 62 dieses Teils der Arbeit).

[70] *Meier*, Albert, Kostenbegriff, a.a.O., S. 43.

[71] *Meier*, Albert, Kostenprüfung, Veröffentlichungen der Schmalenbach-Gesellschaft, Bd. 26, Köln und Opladen 1959, S. 13 f.

„Bei gemeinwirtschaftlicher, d. h. objektiver Kostenrechnung, können individuelle Anschaffungspreise aus der Vergangenheit grundsätzlich nicht Bewertungsmaßstab sein" (Kostenbegriff, a.a.O., S. 51). (Vgl. auch die Ausführungen *Meiers* in seinem Aufsatz über ‚Objektives und subjektives Kostendenken in der Preisbildung', in: ZfhF, 4 NF. [1952], S. 78 ff.).

[72] Kostenbegriff, a.a.O., S. 51.

Meier geht von den Gedanken *Schmalenbachs* aus. Es ist deshalb verständlich, daß seine Auffassung über das Verhältnis der Kosten zum Aufwand nicht mit der *Schmidts* übereinstimmt. Indessen wäre konsequenterweise zu prüfen, was im ‚objektiven' Sinne *Meiers* als Aufwand zu betrachten ist und wie sich diese Größen zu den ‚objektiven' Kosten verhalten. Vermutlich würde nach einer solchen Prüfung auch in diesem Punkt weitgehende Übereinstimmung herrschen, denn *Schmalenbach* und *Schmidt* waren weniger über die theoretischen Zusammenhänge als über die praktischen der Kostenrechnung auftreten können. Er stellt also einen Unterbegriff jenes Begriffes dar, der von uns ‚Kosten' genannt wird[73].

An dieser Stelle ist darauf hinzuweisen, daß die Verwendung des Ausdrucks ‚objektiv' hier nicht mehr zu besagen hat, als daß es sich um einen Kostenbegriff handelt, dem bei der Betrachtung allgemeiner, insbesondere theoretischer Zusammenhänge Bedeutung beigelegt wird. Auch er ist — genau wie jeder ‚subjektive' Kostenbegriff — allenfalls, d. h. sofern er logisch einwandfrei entwickelt wurde, ‚richtig' bzw. brauchbar im Hinblick auf Grundlagen und Zweck der jeweiligen Betrachtung. Überdies trägt auch er u. U. in gewissem Sinne subjektiven Charakter, nämlich dann, wenn der Zwecksetzung der betreffenden (theoretischen) Betrachtung gegenüber sonstigen möglichen Zwecksetzungen eine Prävalenz zuerkannt wird, m. a. W. wenn der fragliche Kostenbegriff auf einer normativen Einstellung beruht, die letzten Endes im Irrationalen wurzelt und sich deshalb einer rationalen Kritik entzieht. Damit ist über die Notwendigkeit und Berechtigung einer normativen Betrachtungsweise gar nichts gesagt. Es ist hier auch nicht der Ort, wo wir uns mit dieser Frage auseinanderzusetzen hätten[74].

Möglichkeiten und Notwendigkeiten auf dem Gebiete des betrieblichen Rechnungswesens verschiedener Meinung (vgl. dazu *Schmalenbach,* Bilanz, ZfhF, 13 [1919], a.a.O., S. 32 ff., u. S. 80 ff.).

Unter diesem Gesichtspunkt wird auch die Unterscheidung dualistischer und monistischer Betrachtungsweisen fragwürdig. Die erstere ist nach *Selig* dadurch gekennzeichnet, daß der „Aufwand als Größe der Erfolgsrechnung der Unternehmung von den Kosten als Zentralbegriff der Kosten- oder Objektrechnung des Betriebs scharf" getrennt wird, die letztere dagegen behaupte „die Identität von Aufwand und Kosten innerhalb des jeweils gewählten Bezugssssstems" (*Selig,* Kostenbegriff, a.a.O., S. 97).

[73] Das gilt auch für den Kostenbegriff, den *Schwantag* unter folgenden Bedingungen ableitet:

„1. Der Betrieb muß, wenn er sich seiner als Maßstab bedient, dem wirtschaftlichen Prinzip genügen, d. h. wirtschaftlich richtig handeln.

2. Die Volkswirtschaft muß das Ziel der bestmöglichen Bedarfsdeckung erreichen, wenn die Betriebe oder die zentrale Wirtschaftsleitung diesen Kostenbegriff ihren Wirtschaftsplänen und ihrem wirtschaftlichen Handeln zugrunde legen."

(Zins und Kapital in der Kostenrechnung, Schriftenreihe zum Handbuch für Betriebswirtschaft, hrsg. von Max E. Pribilla, Frankfurt a. M. o. J. [1948/49], S. 11; künftig zit. ‚Zins und Kapital'.) „Kosten sind danach die bei der Produktion ..., also bei der ‚Leistungserstellung', verbrauchten Güter und Dienste (Kostengüter), bewertet zum Grenznutzentgang, dem bei ‚freier' Beschaffbarkeit oder Produzierbarkeit der Tageswert der Kostengüter entspricht" (ebda., S. 27). Der Ansatz von ‚Ausgabewerten' widerspreche der Grundregel: „Übereinstimmung zwischen betriebswirtschaftlichem und volkswirtschaftlichem Kostenbegriff" (ebda., S. 19). Auch hier haben wir es also mit einem ‚objektiven' Kostenbegriff zu tun. *Schwantag* verwendet zwar diesen Ausdruck nicht, er schreibt aber von „wirtschaftlich richtigem Verhalten", „wirtschaftlich richtiger Rechnung", „betriebswirtschaftlich ‚richtigen' Aufwendungen (Kosten)" u. dgl. (vgl. ebda., S. 9 ff.).

[74] Vgl. dazu *Wöhe,* Günter, Methodologische Grundprobleme der Betriebswirtschaftslehre, Meisenheim am Glan 1959, (künftig zit. ‚Grundprobleme'),

Unser Hinweis soll lediglich den Standpunkt verdeutlichen, von dem u. E. auszugehen ist, wenn das Verhältnis zwischen einem derartigen ‚objektiven' Kostenbegriff und dem von uns als ‚Kosten' bezeichneten Begriff unvoreingenommen, also von seiner rein logischen Seite her, untersucht und beurteilt werden soll. Eine Untersuchung in diesem Sinne ist aber unerläßlich, da ja mit dem Ausdruck ‚Kosten' Verschiedenes gemeint sein kann und gemeint wird[75].

6. Erich Schneider und Dieter Pohmer

Erich Schneider und *Dieter Pohmer* gehen bei der Bestimmung des Kostenbegriffs (und anderer betriebswirtschaftlicher Grundbegriffe) vom Wertkreislauf bzw. Werteumlauf in der Produktionsunternehmung im Modell einer (geschlossenen) Verkehrswirtschaft ohne staatliche Aktivität aus[76]. Beide unterscheiden einen äußeren und einen inneren

---

S. 177 und passim, über die ‚normativ-wertende Betriebswirtschaftslehre'; vgl. ferner *Weber,* Max, Die ‚Objektivität' sozialwissenschaftlicher Erkenntnis (künftig zit. ‚Objektivität'), in: Soziologie — Weltgeschichtliche Analysen — Politik, mit einer Einleitung von Eduard Baumgarten, hrsg. und erläutert von Johannes Winkelmann, 2. Aufl., Reihe: Kröners Taschenbuchausgabe, Bd. 229, Stuttgart 1956, S. 197 (die zitierte Abhandlung ist ein Abdruck des unter dem Titel ‚Die Objektivität sozialwissenschaftlicher und sozialpolitischer Erkenntnis' im Arch. f. Sozialwissenschaft u. Sozialpolitik, Bd. 19 [1904], S. 22 ff., erstmals erschienenen Aufsatzes).

Das Bemühen um eine deutliche Trennung der Wissenschaft als Inbegriff aller Versuche zur Bereicherung und Ordnung menschlichen Wissens und der Ergebnisse solchen Tuns gegenüber jedweden Äußerungen menschlichen Wertens ist ein Wesenzug wissenschaftlicher Arbeit, eine Voraussetzung ihrer Sinnhaftigkeit. Eine andere Voraussetzung ist der Wert „derjenigen Wahrheit ..., die das Erfahrungswissen allein uns zu geben vermag" (*Weber,* Max, ebda., S. 260). Auch der Wert dieser Wahrheit kann im Grunde nur geglaubt und durch nichts bewiesen werden (vgl. *Weber,* Max, ebda.). Im übrigen schließt der Glaube an ihn den Glauben an die Notwendigkeit ethischer Wertung bei der Daseinsgestaltung nicht aus.

75 Auch die Auffassungen jener Autoren, die einen im beschriebenen Sinne ‚objektiven' Kostenbegriff entwickeln, weichen voneinander ab. Wir werden im oben folgenden Text noch anders geartete ‚objektive' Kostenbegriffe kennen lernen. Im vorliegenden Zusammenhang ist aber auch schon von Bedeutung, daß die Bewertung des leistungsverbundenen Güterverbrauchs nach *Schmidt* mit dem ‚Preise des Beschaffungsmarktes am Umsatztage', nach *Nowak* mit dem ‚Tagespreis am Verbrauchstage', nach *Lorentz* mit dem „Wiederbeschaffungspreis — oder genauer gesagt — zum Tages-(beschaffungs-; Md.)preis" und nach *Schwantag* mit dem ‚Grenznutzentgang' erfolgen soll (s. dazu unsere Darstellung im Vorangegangenen).

76 *Schneider,* Rechnungswesen, a.a.O., S. 3 ff.; *Pohmer,* Werteumlauf, a.a.O., S. 312 ff.

In *Schneiders* Abhandlung über das industrielle Rechnungswesen wird zwar auf dieses Modell nicht ausdrücklich Bezug genommen. Seine Darstellung deckt sich jedoch inhaltlich (z. T. sogar wörtlich) mit der dieses Modells im ersten Teil seiner ‚Wirtschaftstheorie' (vgl. *Schneider,* Erich, Einführung in die Wirtschaftstheorie, I. Teil: Theorie des Wirtschaftskreislaufs, 10. Aufl., Tübingen 1963, S. 36 ff.; künftig zit. ‚Wirtschaftstheorie I').

Bereich dieses Werteumlaufs[77]. Im ersteren vollziehen sich „die Transaktionen der Unternehmung mit der Umwelt“[78], und zwar in Gestalt komplementärer Nominalgüterströme sowie des Austauschs „von Realleistung gegen Nominalleistung“[79]. Aufgrund dieser Komplementarität kann der (reine) Realgüterfluß, der im inneren Bereich des Werteumlaufs in Richtung vom Beschaffungsmarkt zum Absatzmarkt verläuft[80], „anhand des Nominalgüterflusses als „Aufwand“ und „Ertrag“ in der pagatorischen Rechnung sichtbar“ gemacht werden[81]. Man kann aber auch unmittelbar an den Realgüterfluß anknüpfen, wozu es allerdings — anders als bei der Aufzeichnung von Nominalgüterströmen — neben der Erfassung einer Bewertung bedarf[82]. Das geschieht im Rahmen der kalkulatorischen Rechnung, und die entsprechenden Rechengrößen werden „Kosten“ bzw. „Leistungen“ genannt[83]. Bis hierher stimmen beide Autoren im wesentlichen überein. In der Folge trennen sich jedoch ihre Wege.

---

[77] *Schneider,* Wirtschaftstheorie I, a.a.O., S. 39, und Rechnungswesen, a.a.O., S. 6 f; *Pohmer,* Werteumlauf, a.a.O., S. 313, s. auch Grundlagen, a.a.O., S. 77.

[78] *Schneider,* Wirtschaftstheorie I, ebda.

[79] *Pohmer,* Werteumlauf, a.a.O., S. 324; vgl. auch Grundlagen, a.a.O., S. 75 f. Der Realgütertausch wird vernachlässigt, da er in der Verkehrswirtschaft nur geringe praktische Bedeutung hat (*Pohmer,* Werteumlauf, a.a.O., S. 314, und Grundlagen, a.a.O., S. 76; s. auch *Schneider,* Wirtschaftstheorie I, a.a.O., S. 15). Dasselbe gilt für isolierte Güterströme, z. B. Schenkungen (*Pohmer,* Grundlagen, a.a.O., S. 75). Außerdem seien Schenkungen und ähnliche freigiebige Zuwendungen, wenn wirklich unentgeltlich, außerökonomisch bedingt (*Pohmer,* Werteumlauf, a.a.O., S. 316).

[80] *Pohmer,* Werteumlauf, a.a.O., S. 314 u. 316.

[81] *Pohmer,* Werteumlauf, a.a.O., S. 317 (eine Präzisierung des Begriffes „Aufwand“ erfolgt noch ebda., S. 328); s. auch Grundlagen, a.a.O., S. 77.

Bei *Schneiders* Herleitung der Begriffe ‚Aufwand‘ und ‚Ertrag‘ ist zu beachten, daß er sich nicht der üblichen Terminologie bedient: die Ausdrücke ‚Ausgabe‘ und ‚Einnahme‘ gebraucht er ausschließlich für das monetäre Äquivalent von Sachgütern und Dienstleistungen, die eingekauft bzw. verkauft werden (Wirtschaftstheorie I, a.a.O., S. 36 f. und S. 1, vgl. auch Rechnungswesen, a.a.O., S. 4 f.); ‚Aufwand‘ und ‚Ertrag‘ nennt er nur die *periodisierten* Ausgaben bzw. Einnahmen (Rechnungswesen, a.a.O., S. 13; Wirtschaftstheorie I, a.a.O., S. 43).

[82] *Pohmer,* Werteumlauf, a.a.O., S. 317 (Hervorhebungen im Original), s. auch Grundlagen, a.a.O., S. 77.

[83] *Pohmer,* Werteumlauf, ebda.

Schneider bezeichnet diese Rechnung als „internes Rechnungswesen“ oder „Betriebsrechnung“ und die Leistungen (i. S. von Rechengrößen) als „Wert der Produktion“ (s. Rechnungswesen, a.a.O., S. 5 und S. 7, sowie Wirtschaftstheorie I, a.a.O., S. 36 und S. 39). Nach *Schneider* liegt „ein entscheidender, für das Rechnungswesen der Industrieunternehmung bedeutsamer Unterschied“ „zwischen dem Außen- und Innenbereich des Kreislaufs“ darin, daß der Außenbereich ausschließlich Vorgänge enthält, „zu deren rechnerischer Erfassung die Einführung irgendwelcher Annahmen nicht notwendig ist“, während der Innenbereich Vorgänge enthält, „deren rechnerische Erfassung ohne die Einführung von Annahmen nicht möglich ist“ (Rechnungswesen, a.a.O., S. 7). Das trifft insofern zu, als es bei der Erfassung einer Realgüterbewegung anhand der ihr komplementären Nominalgüterbewegung keiner ‚Bewertung‘ bedarf. Daraus darf aber nicht geschlossen werden, daß „die

Schneiders grundlegende Ausführungen zum Kostenbegriff sind damit abgeschlossen. „Kosten sind der in Geld bewertete Verzehr von Gütern im Zuge der Durchführung des Produktionsprozesses[84].“ „Der Zweck, der mit der Rechnung verfolgt wird, bestimmt die Bewertung[85].“ Da die interne und die externe Rechnung verschiedenen Zwecken dienen, unterscheiden sie sich auch in der „Bewertung“ des Güterverbrauchs[86]. Kosten und Aufwand divergieren aber auch in anderer Hinsicht. Einerseits umfaßt der Aufwand auch periodisierte betriebsfremde und periodisierte außerordentliche Ausgaben, denen keine Kosten gegenüberstehen[87]. Andererseits enthalten die Kosten auch „Bestandteile, die nicht Aufwand darstellen“, nämlich „die vom Unternehmer selbst beigesteuerten eigenen Produktionsmittel..., d. h. also Güter, die nicht... gekauft worden sind“[88]. Dies stehe „in voller Übereinstimmung mit dem Kostenbegriff“, meint er[89]. „Die Verzinsung des Eigenkapitals“ könne „dagegen ebensowenig in die Kosten einbezogen werden wie die Verzinsung des Fremdkapitals“, denn: „Ein Geldbetrag repräsentiert kein Gut, sondern stellt eine Anweisung auf Güter dar... Behandelt man gleichwohl die Zinsen des Eigen- und Fremdkapitals als Bestandteil der Kosten, so muß man sich darüber im klaren sein, daß es sich hier in Wirklichkeit um eine Normgröße für den durch Verwendung des Kapitals zu erzielenden Erfolg handelt. Zinsen haben deshalb in der Kostenrechnung nur den Charakter von Als-ob-Kosten[90].“

An diesem Schluß ist bemerkenswert, daß *Schneider* in der Zahlung von Zinsen offenbar kein Entgelt für ein Realgut sieht. Dann wäre allerdings zu klären, wofür sie bezahlt werden[91]. Außerdem vermißt

Geschäftsbuchhaltung... eine Registrierung von Tatsachen“ ist (ebda.). Das wird gerade am Beispiel der Abschreibungen, auf das *Schneider* hier verweist, deutlich: sie machen auch in der Geschäftsbuchhaltung die Einführung von Annahmen erforderlich.

84 *Schneider,* ebda., S. 33; im Wortlaut abweichende Definitionen finden sich ebda., S. 40 und S. 5. An der zuletzt genannten Stelle spricht er auch von „Geldkosten“ als „in Geld ausgedrückten Realkosten...“. Statt „Geldkosten“ und „Realkosten“ unterscheidet er sonst „Kosten“ und „(physischen) Verbrauch“ (z. B. ebda., S. 40).

85 Ebda., S. 14 (im Original kursiv gedruckt).

86 Ebda., S. 35, s. auch ebda., S. 71.

Da die externe Rechnung von den (komplementären) Nominalgüterströmen ausgeht, kann in ihr eigentlich nur im Zusammenhang mit der Periodenabgrenzung von einer Bewertung des Realgüterverbrauchs die Rede sein, es sei denn, man gibt die aus der obigen Kreislaufbetrachtung gewonnene prinzipielle Unterscheidung zwischen interner und externer Rechnung (unmittelbare gegenüber mittelbarer Erfassung des Realgüterverbrauchs) preis.

87 *Schneider,* ebda., S. 35, vgl. ebda., S. 11 ff.

88 Ebda., S. 33

89 Ebda., S. 34.

90 Ebda., S. 34 f., vgl. auch zum Güterbegriff bei *Schneider:* Wirtschaftstheorie I, a.a.O., S. 1.

91 Vgl. dazu o., Abschn. I B 1 e und Abschn. I B 3 c.

man einen Hinweis auf Steuern und andere Abgaben ohne spezifisches Entgelt, auf (nicht durch Versicherungen gedeckte) Forderungsausfälle, Bargeldverluste und dergleichen nicht wechselbezügliche Zahlungen (i. w. S.). Auch sie sind doch wohl „Als-ob-Kosten" im Sinne *Schneiders*[92]. Im übrigen bleibt festzustellen, daß *Schneider* den Gegenstand der Kostenrechnung ebenso sieht, wie er im ersten Teil dieser Arbeit dargestellt wurde. Er ist nur in terminologischer Hinsicht anderer Meinung als wir, vor allem legt er dem Wort „Kosten" (im „eigentlichen" Sinne) eine engere Bedeutung bei, was seinerseits auf einer engeren Fassung des Güterbegriffs beruht[93]. Um die von uns als Kosten definierten Rechengrößen zu beschreiben, bedarf er daher eines weiteren Ausdrucks. Die Zweckmäßigkeit dieses Vorgehens und der Wahl der Bezeichnung „Als-ob-Kosten" soll aber erst untersucht werden, nachdem wir die Ausführungen *Pohmers* über den Kostenbegriff vollends kennengelernt haben.

Pohmer gelangt aus der Analyse des oben skizzierten Modells heraus zunächst zur „Definition der Kosten als bewerteter (Real-)Güterverzehr"[94]. Er faßt diesen Kostenbegriff als „Sammelbegriff" auf, „der zahlreiche nach verschiedenen Preisbasen zu unterscheidende Kostenkategorien umfaßt"[95]. „Mit welchem dieser Kostenunterbegriffe in der Realität gearbeitet werden soll, ist eine Frage des Rechnungszwecks[96]." Vom Rechnungszweck hängt es auch ab, welcher Realgüterverbrauch in der kalkulatorischen Rechnung durch den Ansatz von Kosten berücksichtigt werden muß[97]. Gegebenenfalls ist auch „jede Form des Real-

---

[92] Wir konnten jedenfalls einen solchen Hinweis nicht finden. Im Gegenteil: nach *Schneiders* Ansicht „fließen dem Staat von den Unternehmungen Steuern zu, die teils Kostencharakter tragen (Beispiel: Grundsteuern, Umsatzsteuer, die von der Zigarettenfabrik zu zahlende Tabaksteuer u. a.) ..." (Wirtschaftstheorie I, a.a.O., S. 87).

Nachdem *Schneider* seinen Kostenbegriff bei der Darstellung der betrieblichen Kostenrechnung anwendet, kann ihm nicht zugute gehalten werden, daß er diesen Begriff am Modell der geschlossenen Verkehrswirtschaft ohne staatliche Aktivität abgeleitet hat, in dem Steuern sowie andere Abgaben nicht auftreten und Vorfälle wie Forderungsverluste als irregulär vernachlässig werden können.

Vgl. hierzu auch *Raffée*, Preisuntergrenzen, a.a.O., S. 154.

[93] Über den Gebrauch des Ausdrucks ‚Gut' in dieser Arbeit s. o., Abschn. I B 1 c.

Daß *Schneider* von einem Güterverzehr „im Zuge der Durchführung des Produktionsprozesses" spricht und nicht — wie wir — von „leistungsverbundenem" Güterverbrauch, begründet u. E. keinen inhaltlichen Unterschied.

[94] *Pohmer*, Werteumlauf, a.a.O., S. 322, vgl. auch ebda., S. 317, sowie Grundlagen, a.a.O., S. 77.

[95] Werteumlauf, a.a.O., S. 318 f. (im Original teilweise kursiv gedruckt).

[96] Ebda., S. 319.

[97] Ebda., S. 341.

gütereinsatzes des Unternehmerhaushalts in der Unternehmung ... ohne Rücksicht auf das Entgelt zu erfassen und zu bewerten"[98].

Pohmer untersucht nun aber darüberhinaus am Modell einer „Verkehrswirtschaft mit staatlicher Aktivität", welche Konsequenzen sich aus den „finanzwirtschaftlichen Beziehungen", „die der Staat in seinen verschiedenen Erscheinungsformen mit den Unternehmungen (und den Haushaltungen) in der Realität zu unterhalten pflegt", für Rechnungswesen und Rechnungsbegriffe der Unternehmung ergeben[99]. Er unterscheidet zwei Gruppen derartiger Beziehungen, nämlich „quasi-marktwirtschaftliche" und „spezifisch finanzwirtschaftliche"[100]. Bei ersteren handelt es sich um „Leistungsaustauschvorgänge zwischen den marktwirtschaftlichen und den finanzwirtschaftlichen Betrieben" (z. B. Miete von Räumen in staatlichen Gebäuden)[101]. Sie haben im vorliegenden Zusammenhang nur untergeordnete Bedeutung. „Anders liegen die Dinge bei den „spezifischen finanzwirtschaftlichen Beziehungen", wie wir die unentgeltlichen Wirtschaftsvorgänge zwischen marktwirtschaftlichen und finanzwirtschaftlichen Betrieben bezeichnen" (z. B. Steuern)[102]. Da „sie sich nicht auf das Leistungsaustauschprinzip gründen", das im ersten Modell den zwischenbetrieblichen Werteumlauf beherrschte, werden Korrekturen der an diesem Modell abgeleiteten Zwischenergebnisse notwendig[103].

Der Aufwand umfaßt nun nicht mehr nur die dem Realgütereinsatz komplementären (Aufwands-)Ausgaben, „sondern er schließt darüber

---

98 Ebda., S. 337.
Das trifft insbesondere für die Ermittlung des funktionsbezogenen Erfolgs zu, für die sich die kalkulatorische Rechnung besonders gut eignet, da sie „unmittelbar bei den Realgüterbewegungen" ansetzt (ebda.). (Um Äquivokationen zu vermeiden, nennt *Pohmer* — ebda., S. 336 — „das ‚essentielle',... nicht mehr weiter zerlegbare Residuum", das „den Einsatz des unternehmerischen Wagnisses im Transformationsprozeß der Unternehmung" repräsentiert, „funktionsbezogenen Gewinn".)
Pohmer sieht (wie wir) in der „Überlassung des Produktionsfaktors Kapital" eine Realleistung, (ebda., S. 314), ebenso in der „Übernahme von Risiken" (ebda., S. 338; vgl. auch unsere Stellungnahme o., Abschn. I B 1 f und Anm. 95 des ersten Teils dieser Arbeit). Auch in der Übernahme des eigentlichen unternehmerischen Risikos liegt nach *Pohmers* Auffassung an sich eine (Real-)Leistung. Nur pflege man den entsprechenden „Güterverzehr in der kalkulatorischen Rechnung nicht als Kosten autonom zu erfassen und zu bewerten ..." (Werteumlauf, a.a.O., S. 336). Dadurch erfährt der von ihm früher umschriebene Kostenbegriff eine Einengung (ebda., Anm. 91).

99 Ebda., S. 343 ff., Fundstelle des Zitats ebda., S. 343 f.
Pohmer verweist auch auf *Schneiders* Ausführungen über dieses Modell (*Schneider*, Wirtschaftstheorie I, a.a.O., S. 86 ff.).

100 Eine ausführliche Darstellung dieser Beziehungen findet sich bei *Pohmer*, Grundlagen, a.a.O., S. 78 ff.

101 *Pohmer*, Werteumlauf, a.a.O., S. 344.

102 Ebda. (im Original teilweise kursiv gedruckt).

103 Ebda., S. 344 f.

hinaus den steuerlich bedingten Nominalgüterverzehr ein"[104]. Es entfällt also der durchgängige Bezug auf den innerbetrieblichen Realgüterfluß, dagegen bleibt als allem Aufwand gemeinsames Charakteristikum, daß es sich um nicht wechselbezügliche (Aufwands-)Ausgaben handelt[105].

Größere Schwierigkeiten bereitet die Fassung des Kostenbegriffs unter den veränderten Verhältnissen[106]. Einerseits entspräche es dem Kostenbegriff, wie er sich aus der vorausgegangenen Analyse des Kreislaufmodells ergab, die Steuern in der kalkulatorischen Rechnung zu ignorieren, Gratisdienste des Staates[107] dagegen als Kosten einzubeziehen[108]. Andererseits hat „der Unternehmer ... dazu wenig Veranlassung. Aus seinem Blickwinkel sind Gratisdienste zwar nützlich, aber nicht knapp"[109], und „den unentgeltlichen Nominalgüterverzehr in Form von Steuern" erachte der Unternehmer „einem Realgüterverzehr gleich"[110].

„In diesem Dilemma muß man zwischen zwei terminologischen Möglichkeiten wählen ... Einmal kann an der realgüterwirtschaftlichen Begriffsfassung festgehalten werden. Für die ... Berücksichtigung von gegenwertslosen Ausgaben in der Kostenrechnungspraxis muß man dann — wie Erich *Schneider* — den Begriff der „Als-ob-Kosten" einführen. Diese Lösung befriedigt nicht restlos ... Trotzdem neigt ihr der Verfasser zu; denn die Kennzeichnung der Steuern als „Quasi-Kosten" lenkt die Aufmerksamkeit darauf, daß die unentgeltlichen Vorgänge einen Fremdkörper in dem grundsätzlich durch Leistungsaustausch gesteuerten Werteumlauf bilden[111]."

„Den anderen Weg hat Erich *Kosiol* gewiesen. Er löst den Kostenbegriff von der einseitig realgüterwirtschaftlichen Betrachtung und definiert ihn ... schlechthin als Güterverbrauch. Bei dieser denkbar

---

[104] Ebda., S. 345. *Pohmer* fährt (ebda.) fort: „Hinsichtlich der Subventionen gilt spiegelbildlich das gleiche für die Ertragseinnahmen und den Ertrag."

[105] Von Fragen der Periodisierung sieht *Pohmer* ausdrücklich ab (vgl. ebda., S. 312).

[106] Ebda., S. 347. *Pohmer* behandelt auch die Konsequenzen für den Leistungsbegriff (ebda., S. 347 f.).

[107] Z. B. Rechtsschutz, Bereitstellung von Verkehrswegen (vgl. *Pohmer*, Grundlagen, a.a.O., S. 94 f.).

[108] *Pohmer*, Werteumlauf, a.a.O., S. 348.

[109] Ebda.
Vom Standpunkt des Unternehmers aus erscheinen demnach Gratisdienste nicht als Güter und ihre Inanspruchnahme nicht als Güterverzehr. Insofern steht ihre Vernachlässigung in der kalkulatorischen Rechnung nicht in Widerspruch zu *Pohmers* Kostendefinition.

[110] Ebda.
Dies sei „in einer Wirtschaftsordnung, die prinzipiell auf dem freien Austausch von Nominalgütern und Realgütern basiert, ... schließlich nicht erstaunlich" (ebda.).

[111] Ebda., S. 348, vgl. auch *Pohmer*, Zum Thema: Sind Körperschaftsteuern Kosten? VII, in: Die WPg, 8 (1955), H. 9, S. 199 ff. (künftig zit. ‚Körperschaftsteuer'), s. dort S. 201 f., und Grundlagen, a.a.O., S. 90 und ebda. Anm. 39.

weitesten Begriffsfassung fallen die Steuern als Nominalgüterverbrauch zwanglos unter die Kosten. Dafür muß in Kauf genommen werden, daß die Grenzen zwischen dem Nominalbereich und dem Realbereich in der Betrachtung verschwimmen[112]."

Die Ausführungen *Pohmers* zeigen zunächst einmal, daß er über den Gegenstand der Kostenrechnung einer Meinung mit uns ist. Er nennt zwar den Güterverbrauch, der der negativen Erfolgskomponente in dieser Rechnung zugrunde liegt, nicht „leistungsverbunden", dadurch ergibt sich aber u. E. kein sachlicher Unterschied. Erstens stellt *Pohmer* auf den Güterverzehr im „Innenumlauf", im Produktions- (oder auch Kombinations-)prozeß ab[113], dessen erklärtes Ziel ja darin liegt, Leistungen hervorzubringen. Zweitens tritt in dem Modell, von dem *Pohmers* Überlegungen ausgehen, ausschließlich „leistungsverbundener" Güterverbrauch in Erscheinung[114]. Deshalb besteht für ihn kein zwingender Grund, zu einer derartigen Umschreibung des betreffenden Güterverbrauchs. Nun sind wir bei unserer Untersuchung im Gegensatz zu *Pohmer* vom Gegenstand der Kostenrechnung ausgegangen. Der Güterverbrauch, der in ihr durch den Ansatz von Kosten berücksichtigt wird, ist durchweg leistungsverbunden und unterscheidet sich dadurch von jenem, der nach der gewöhnlichen praktischen Handhabung mit dem Aufwand in der Unternehmungserfolgsrechnung korrespondiert. Welche Gründe den Unternehmer veranlassen, nicht leistungsverbundenen Güterverbrauch als Aufwand zu verrechnen, interessiert bei unserer Betrachtungsweise im Rahmen dieser Arbeit nicht. Auch wenn sie außerökonomischer Art und insbesondere in der privaten Sphäre des Unternehmers zu suchen sind, wenn also die rechnerische Berücksichtigung solchen Güterverbrauchs theoretisch gesehen eine Inkonsequenz darstellt, erscheint es zur Definition der Kosten i. S. der Kostenrechnung unerläßlich, die Leistungsverbundenheit des ihnen zugrunde liegenden Güterverbrauchs als Begriffsmerkmal anzuführen[115]. Aber selbst wenn es nur leistungsverbundenen Güterverbrauch gäbe, wäre es u. E. zweckmäßig, ausdrücklich hervorzuheben, daß der in der Kostenrechnung erfaßte Güterverbrauch leistungsverbunden ist. Das ergibt sich aus der Stellung des allgemeinen Kostenbegriffs zu den speziellen Kostenbegriffen[116]. Die letzteren sind — darin stimmt *Pohmers* Auffassung mit der unseren überein — dadurch gekennzeichnet, daß min-

---

112 *Pohmer*, Werteumlauf, a.a.O., 349.

113 Ebda., S. 317 und passim.

114 M. a. W.: in diesem Modell entsteht kein Güterverbrauch, der (als ‚betriebsfremder' Aufwand) nur in der pagatorischen Rechnung und nicht auch in der kalkulatorischen Rechnung zu berücksichtigen wäre.

115 Über die Verwendung des Ausdrucks ‚Leistung' in dieser Arbeit s. o., Abschn. I B 2 a.

116 *Pohmer* spricht von einem Sammelbegriff, der verschiedene Kostenkategorien umfaßt (ebda., S. 318 f. und S. 321).

destens eines ihrer Merkmale enger ist als das entsprechende Merkmal des Gattungsbegriffes, d. h. es handelt sich jeweils um eine besondere Art von Wert oder Güterverbrauch. Die besondere Art des Güterverbrauchs kann wiederum in verschiedener Weise determiniert sein: einerseits durch die Art der fraglichen Güter und die Art des Verbrauchsvorgangs, andererseits durch die Art der Leistungen, mit denen der Güterverbrauch verbunden ist, und die Art dieser Verbundenheit[117]. Darum erschiene es uns, um der Übersichtlichkeit der Begriffsverhältnisse willen, selbst dann nützlich, die Kosten als „leistungsverbundenen“ Güterverbrauch zu definieren, wenn diese „Leistungsverbundenheit“ nur ein konsekutives Begriffsmerkmal wäre.

Sehen wir hiervon ab, dann bleibt noch kontrovers, welche Bedeutung dem Worte „Kosten“ beigelegt werden soll. *Pohmer* neigt dazu, diese Bezeichnung jenem (bewerteten Real-)Güterverzehr zuzuordnen, der unter den Bedingungen des Modells einer Verkehrswirtschaft ohne staatliche Aktivität in der Produktionsunternehmung entsteht. An diesem Modell lassen sich die Vorgänge des betrieblichen Werteumlaufs besonders gut einsichtig machen und systematisieren, weil es von verschiedenen Faktoren abstrahiert, die den Überblick erschweren könnten. Sein hoher Wert in theoretischer und didaktischer Hinsicht läßt sich deshalb nicht leugnen. Ob es sich indessen „als Basis der Verrechnungslehre“[118], insbesondere als Grundlage für die Bestimmung der Objekte und Begriffe des betrieblichen Rechnungswesens bewährt, ist damit nicht entschieden. Seine Eignung stünde außer Frage, wenn die aus der Analyse des Modells gewonnenen Begriffe eine einheitliche Erklärung aller gleichartigen Rechnungsfälle ermöglichen würde. Das ist, wie wir gesehen haben, nicht der Fall, und zwar versagt der modellgerechte Kostenbegriff nicht nur in Ausnahmefällen, sondern bei jeder Art von „Nominalgüterverzehr“, vor allem also bei den Steuern. In einem Modell, das der Untersuchung des zwischenbetrieblichen Leistungsaustauschs dient, wären solche unentgeltlichen Vorgänge ein Fremdkörper; in der Realität sind sie es u. E. zumindest insofern nicht, als sie zum normalen Bild des Werteumlaufs in einem Betrieb gehören, der mit anderen Betrieben zusammen innerhalb eines staatlichen Verbands besteht, als sie diesen Werteumlauf mitsteuern und als sie faktisch ebenso wie Realgüter mit dem betrieblichen Produktionsprozeß verknüpft sind. Es ist zwar richtig, daß die Terminologie *Kosiols* der strikten Unterscheidung zwischen „Nominalbereich“ und „Realbereich“ zuwiderläuft. Bei der Beurteilung dieser Tatsache ist aber zu bedenken, daß die Grenzen zwischen diesen Bereichen auch in der Realität ver-

117 Dieser Zusammenhang wurde oben, Abschn. I C 2, ausführlich behandelt.
118 *Pohmer*, Werteumlauf, a.a.O., S. 311.

schwimmen[119]. Im übrigen erscheint es nicht ausgeschlossen, daß die Grundbegriffe des Rechnungswesens aus der Theorie des betrieblichen Werteumlaufs auch in einer Weise abgeleitet werden können, die nicht den eben vorgebrachten Einwendungen ausgesetzt ist[120]. Angesichts dessen liegt die Frage nahe, warum wir in der vorliegenden Arbeit jeden Versuch in dieser Richtung unterließen und den Kostenbegriff statt dessen vom Gegenstand der Kostenrechnung her bestimmten. Das beruht u. a.[121] auf grundsätzlichen Bedenken dagegen, Grundbegriffe oder genauer: die Terminologie des Rechnungswesens allein aus theoretischen Überlegungen heraus festzulegen. Diese Bedenken sollen nunmehr vorgetragen werden.

Wie vorher dargestellt wurde, liegt der Kostendefinition *Pohmers* die gleiche Vorstellung vom Werteumlauf in der Unternehmung zugrunde wie der *Schneiders*. Beide kommen auch zu dem Ergebnis, daß nur Realgüterverbrauch zu Kosten führe. Diese Übereinstimmung beschränkt sich aber aufs Verbale, denn sie verstehen sowohl unter Realgütern als auch unter Gütern (teilweise) Verschiedenes. Insbesondere sind nach *Pohmer* Zinsen das Entgelt für ein Realgut, das die Unternehmung empfing, nach *Schneider* nicht. Daher findet nach *Schneiders* Darstellung im betrieblichen Werteumlauf schon dann ein Verbrauch von Geld statt, wenn man die der „staatlichen Aktivität" entspringenden „spezifischen finanzwirtschaftlichen Beziehungen" außer acht läßt. Da er aber im Geld kein Gut sieht, gelangt er dennoch zu einer Kostendefinition, die ebenso lautet wie jene *Pohmers*. Daß dessen Kostenbegriff tatsächlich weiter ist als der *Schneiders*, geht aus der Formulierung allein nicht hervor. Nach dieser Verdeutlichung wird es einleuchten, wenn wir die Ausführungen der beiden Autoren als Beispiel dafür anführen, daß es von den Prämissen der kreislauftheoretischen Untersuchungen abhängt, was für ein Kostenbegriff sich aus ihnen ergibt. Weitere Beispiele dieser Art werden im nächsten Abschnitt dieser Schrift erörtert werden. Der betriebliche Werteumlauf ist zudem keines-

---

119 Vgl. *Kosiol*, Kostenbegriff, a.a.O., S. 37.
Daher wäre es u. E. auch verfehlt, wenn man darin, daß wir bei der Bildung des Kostenbegriffs vom Gegenstand der Kostenrechnung ausgingen, (lediglich) eine Orientierung an rechnungstechnischen Fakten sehen wollte.
Die praktische Kostenrechnung dient ja der Durchleuchtung des betriebswirtschaftlich zentralen Produktionsprozesses (und der Klärung mit ihm verbundener Fragen). Die Kosten sind hier der rechnerische Ausdruck einer der beiden wesentlichen Seiten dieses Prozesses: des Güterverbrauchs oder — wenn man so will — des ‚input'. Er beschränkt sich aber nicht auf den ‚Realbereich', sondern umfaßt auch Nominalgüter.

120 Dafür müßte eine Komplizierung des Modells in Kauf genommen werden, insbesondere wäre die „staatliche Aktivität" von vornherein in die Betrachtung einzubeziehen.

121 Vgl. dazu auch unsere Bemerkungen im Vorwort sowie unsere Stellungnahme zu Helmut *Kochs* Auffassung, die Bildung des Kostenbegriffs sei eine Aufgabe der betriebswirtschaftlichen Theorie (s. u., Abschn. II B 8).

wegs der einzig mögliche Ausgangspunkt theoretisch orientierter Begriffsbildung. Wir haben schon mehrere Kostenbegriffe kennengelernt, die aus anderen theoretischen Zusammenhängen abgeleitet wurden[122]. Es gibt also eine Vielzahl solcher Kostenbegriffe. Eine vergleichende Untersuchung darüber, welcher von ihnen der „richtige" oder „objektive" ist, erscheint uns von vornherein unfruchtbar. Sie alle haben innerhalb der theoretischen Zusammenhänge, aus denen sie sich jeweils ergeben, ihre Bedeutung. Unter diesem Aspekt kann deshalb ohne Willkür nicht entschieden werden, welcher Begriff den Namen „Kosten" zu Recht trägt und im Sinne dieser terminologischen Festsetzung als „allgemeiner Kostenbegriff" anzusprechen ist. Die Zuordnung von Sinn und Wort ist eine Frage der zweckmäßigen Gestaltung unserer sprachlichen Verständigung und nicht mehr.

Bezeichnet man jene Rechengrößen als „Kosten", die als negative Erfolgskomponenten der Kostenrechnung umschrieben werden können, dann entspricht das zunächst einmal dem Sprachgebrauch in der Praxis der Betriebe. Er kann nicht unbeachtlich sein für unsere „angewandte" Disziplin. Diese Kosten sind als rechnerischer Ausdruck des Mitteleinsatzes im Produktionsprozeß ein wesentliches Faktum des betrieblichen Wirtschaftens. Sie sind daher auch Objekt (allgemeiner) theoretischer Untersuchungen. Wenn die Zielsetzung solcher Untersuchungen eine entsprechende Abstraktion von der Realität verlangt, dann gelten die aus ihnen gewonnenen Aussagen nur für eine besondere Art der fraglichen Rechengrößen. Die Brücke zwischen der Kostenrechnung und derartigen theoretischen Analysen bilden deshalb Unterbegriffe jenes Begriffes, der sich aus den gemeinsamen Merkmalen aller „Kosten" genannten Rechengrößen ergibt[123, 124]. Das bedeutet zugleich, daß sich der letztere als Gattungsbegriff aller theoretisch relevanten (speziellen) Kostenbegriffe erweist. Daß er auch der Oberbegriff jener besonderen Kostenbegriffe ist, die spezifischen Rechnungszwecken entsprechen, wurde schon ausführlich dargestellt. Diese (denkunabhängigen) Begriffsverhältnisse kommen u. E. sprachlich am deutlichsten und einfachsten zum Ausdruck, wenn man den Gattungsbegriff mit dem Wort „Kosten" bezeichnet und seine Unterbegriffe mit geeigneten Beifügungen kenntlich macht. Wird einem der Unterbegriffe der Name „Kosten" zugeordnet, dann bedarf es nicht nur zur Verständigung über den Oberbegriff, sondern auch zur eindeutigen Bezeichnung anderer Unterbegriffe zusätzlicher Termini[125]. Im übrigen möchten wir annehmen, daß eine

122 Vgl. bes. o., Abschn. II B 5.

123 Für die anderen Grundbegriffe des betrieblichen Rechnungswesens gilt sinngemäß das gleiche.

124 Vgl. dazu *Pohmer*, Werteumlauf, a.a.O., S. 310 f.

125 Wollte man den Ausdruck ‚Kosten' beispielsweise im Sinne von *Pohmer* verwenden, dann könnte der von uns ‚Kosten' genannte Sachverhalt

Einigung darüber, welcher der konkurrierenden Unterbegriffe bei der Vergabe des Ausdrucks „Kosten" vorgezogen werden soll, noch schwerer zu erreichen wäre als ein Einvernehmen, ihn dem gewissermaßen „neutralen" Gattungsbegriff zu überlassen.

7. Erich Schäfer, Hans Seischab, Hanns Linhardt und Johannes Fettel[126]

Schäfers Ausführungen über den Kostenbegriff (und über den Aufwandsbegriff) sind Teil einer theoretischen Betrachtung. Sie sollen da-

---

in der Weise beschrieben werden, daß man — wie *Schneider* — von „Kosten und Als-ob-Kosten" spricht. Dadurch wird immerhin deutlich, daß es sich um nahe verwandte Erscheinungen handelt. Allerdings befriedigt diese Lösung sprachlich nicht, schon weil sie an eine contradictio in adjecto grenzt. Deshalb erschiene es uns besser, z. B. von „Kosten und kalkuliertem Nominalgüterverzehr" oder „Kosten i. S. der Kostenrechnung" zu reden, die dann etwa als „in Geld ausgedrückter Wert leistungsverbundenen Realgüterverbrauchs und leistungsverbundener Nominalgüterverbrauch" zu definieren wären. Ein Anklang an eine derartige Kostendefinition findet sich übrigens bei *Gutenberg* und *Wöhe* (vgl. *Gutenberg*, Erich, Einführung in die Betriebswirtschaftslehre, Reihe: WW, A 1, Wiesbaden 1958, S. 128, — künftig zit. ‚Einführung' —, und ders., Grundlagen der Betriebswirtschaftslehre, Bd. 1: Die Produktion, 2. Aufl., Berlin-Göttingen-Heidelberg 1955, S. 225, — künftig zit. ‚Grundlagen' —; *Wöhe*, Günter, Einführung in die Allgemeine Betriebswirtschaftslehre, Reihe: Vahlens Handbücher der Wirtschafts- und Sozialwissenschaften, 2. Aufl., Berlin und Frankfurt 1962, S. 189, — künftig zit. ‚Betriebswirtschaftslehre' —).

[126] *Heinen* unterscheidet unter entwicklungsgeschichtlichem Aspekt drei „kostenrechnerische Erkenntnisstufen":
1. „die Gleichsetzung von Ausgaben und Kosten",
2. „die Gleichsetzung von Aufwendungen und Kosten" und
3. „die Differenzierung von Aufwendungen und Kosten"

(a.a.O., S. 96 ff.). Zur „Gruppe der Ausgaben-Kosten-Interpreten" rechnet er außer den Autoren, die in diesem und dem nächsten Abschnitt der vorliegenden Schrift behandelt werden, „mit einigen Vorbehalten" *Leitner, Nicklisch* und *Rummel* (ebda., S. 99). Die Einordnung dieser Autoren ist in der Tat schwierig. Das liegt bei *Nicklisch* und *Leitner*, wie wir gesehen haben, vor allem daran, daß sie das Wort ‚Kosten' nicht bzw. nicht nur für Rechengrößen der Kostenrechnung verwenden, daß aber andererseits ihre Auffassung über den Inhalt der Kostenrechnung in wichtigen Punkten mit der unseren übereinstimmt (s. o., S. 115 ff. u. S. 126 ff.). *Rummels* Gedanken seien im folgenden skizziert.

Rummel bemängelt die terminologischen Differenzen, durch deren Vorhandensein der Kostenbegriff dem Verständnis entzogen werde, und versucht, „um ganz volkstümlich zu sein, einen leicht verständlichen und annehmbaren Kostenbegriff aus der Wirtschaft des privaten Familienhaushalts" abzuleiten (*Rummel*, Kurt, Einheitliche Kostenrechnung auf der Grundlage einer vorausgesetzten Proportionalität der Kosten zu betrieblichen Größen, 3. Aufl., Düsseldorf 1949, S. 195 f., — künftig zit. ‚Einheitliche Kostenrechnung' —). Er findet, Kosten seien hier „alle die Geldbeträge, die irgendwann ausgegeben sind, um den Verzehr innerhalb des Rechnungsabschnittes zu decken" (ebda., S. 196; im Original teilweise gesperrt). Diese ‚Ausgabenkosten' sollten, ergänzt durch den Unternehmerlohn und eventuell korrigiert im Hinblick auf Änderungen der Kaufkraft des Geldes, soweit möglich der Nachkalkulation zugrunde gelegt werden. Alle anderen Kosten, „bei denen eine, dem besonderen Zweck entsprechende Bewertung vorgenommen ist", könne man „‚Verrechnungskosten' nennen, genauer: ‚Verrechnungskosten zu dienen, das ökonomische Wesen des Aufwandsprozesses, also ‚Sachfragen' und nicht ‚Rechnungsfragen', zu klären[127]. *Schäfer* geht hierbei „vom Standpunkt der Unternehmung als einem im gesamtwirtschaftlichen Zusammenhang stehenden Gebilde" aus und stellt fest, daß „eine sachliche Divergenz zwischen den Ausgaben und dem Aufwand" sowie, so glauben wir ergänzen zu dürfen, zwischen dem Aufwand und den Kosten nicht bestehen kann, „sofern wir ein rationales Handeln des Unternehmers unterstellen" und „sofern der allgemeine Grundsatz der Entgeltlichkeit aller Leistungen von Wirtschaftseinheit zu Wirtschaftseinheit gewahrt wird"[128]. Er verwendet deshalb die Ausdrücke ‚Kosten' und ‚Aufwand' „ohne sonderliche Unterscheidung nebeneinander"[129, 130].

Seischab verfolgt ebenfalls das Ziel, das Wesen des ökonomischen Betriebsprozesses darzustellen und den Kostenbegriff so zu definieren, wie es ihm zur Verwirklichung dieser Absicht notwendig erscheint. Da

---

zum Zwecke der ....' (z. B. der Vorkalkulation, des Verfahrensvergleiches usw.)" (ebda., S. 197).

Die Bemühungen *Rummels* führen offensichtlich zu zwei speziellen Kostenbegriffen, deren Anwendbarkeit in der Kostenrechnung vom jeweiligen Rechnungszweck abhängt. Wir dagegen versuchten im Vorausgegangenen, den Gattungsbegriff dieser beiden zu bestimmen. Über ihn denkt *Rummel* aber, soweit sich erkennen läßt, nicht anders als *Schmalenbach*. Er stellt immer wieder in den Vordergrund, „daß jede Kostenrechnung eine Zweckrechnung ist", und vom Zweck der Rechnung hänge nicht nur die Bewertung des Mengengerüstes ab, sondern auch oft, welche Kostenarten im Einzelfall den Kosten der Erzeugnisse zuzurechnen sind und welche nicht" (ebda., S. 195; im Orig. teilw. gesperrt). Er sagt ausdrücklich: „es gibt nur *Zweckkosten*" (ebda., S. 199; Kursivsatz im Original gesperrt), und er definiert: *„Kosten sind bewerteter Verzehr"* (ebda., S. 7; im Orig. fett gedruckt). (Vgl. auch *Heinen*, a.a.O., S. 105 f.).

127 *Schäfer*, Erich, a.a.O., S. 197, Anm. 109, u. S. 376.

128 Ebda., S. 196 f.

Schäfer bezeichnet als „Aufwand- oder Kostenbildung" den „dynamischen Vorgang des Opferns oder Einsetzens von Mitteln im Betriebsprozeß". Durch diesen werden „Vorleistungen anderer Betriebe" in „Leistungsergebnisse", d. h. „Aufwand- oder Kostengüter" in „Ertragsgüter" umgewandelt (ebda., S. 37 f.; vgl. auch ebda., S. 195 ff.).

Nicht jeder „Geldausgang" wird von *Schäfer* „Ausgabe" genannt. „Die Rückzahlung eines Darlehens, die Auszahlung von Gewinnen u. dgl. sind", wie er schreibt, „keine echten Ausgaben". Andererseits wird „der Ausgabenbegriff nicht etwa nur auf bare Zahlungen begrenzt. Auch schon das Eingehen einer Zahlungsverpflichtung ... stellt ... eine ‚Ausgabe' dar" (ebda., S. 197, vgl. auch ebda., S. 24 f.).

129 Ebda., S. 201.

130 Am Rande sei vermerkt, daß u. E. die bloß formale Unterscheidung von Aufwand und Kosten „nach der Bezugsgröße", von der *Schäfer* glaubt, sie habe sich „im Anschluß an *Schmalenbach* ... innerhalb des Rechnungswesens ... durchgesetzt" (ebda., S. 200), überholt und zum mindesten unvollständig ist (vgl. o., Anm. 11 des ersten Teils dieser Arbeit). Deshalb geht auch *Schäfers* Kritik an den Bezeichnungen ‚Kostenarten' und ‚Kostenstellen' fehl (vgl. *Schäfer*, ebda.). In diesem Zusammenhang ist auch auf *Nowak* (Kostenrechnungssysteme, a.a.O., S. 22 f.) zu verweisen, der sich mit der Auffassung, der Aufwandsbegriff sei der Buchhaltung und der Kostenbegriff der Kalkulation zugeordnet, kritisch auseinandersetzt.

er hierbei wie *Schäfer*[131] von der ‚Wertumlauf- oder Kreislaufidee', von der Transformation ‚Geld-Ware-Geld' in ihrer für das einzelwirtschaftliche Geschehen charakteristischen Erscheinungsform ausgeht[132], kommt er nahezu zum selben Ergebnis wie *Schäfer:* „wenn 1. die Ausgaben zweckgerecht und betriebsnotwendig sind, 2. die für die Ausgaben erworbenen Güter ... in der Ausgabenperiode eingesetzt und verbraucht worden sind, 3. wenn Gewinnausschüttungen nicht stattgefunden haben und 4. wenn Änderungen der Beschaffungspreise bis zum Verbrauch der Güter nicht eingetreten sind", handelt es sich bei Ausgaben, Aufwand und Kosten „um identische Begriffe"[133]. *Seischab* definiert die Kosten als „Werte der bei der Erstellung der Leistung verzehrten Stoffe, Kräfte und Rechte"[134]. Diesen „aus dem Prozeßablauf heraus" entwickelten Begriff nennt er den ‚objektiven' Kostenbegriff[135].

Linhardts Auffassung über den Kostenbegriff beruht auf der Überlegung, daß die Erwerbsbetriebe, die die in Geld organisierte Verkehrswirtschaft tragen, durch die auf Ertrag gerichtete Bewirtschaftung von Kapital gekennzeichnet sind[136]. So wie dem Handeln das Denken, so entspreche der Kapitalwirtschaft die Kapitalrechnung[137]. Da der Kostenbegriff „aus dem Kapitalbegriff gewonnen" sei, müsse die Kostenrechnung eine Kapitalrechnung und — wie diese — eine Geldrechnung

---

131 *Schäfer*, a.a.O., S. 37 ff. und S. 194 f.

132 s. dazu *Seischab*, Hans, Betriebswirtschaftliche Grundbegriffe, Reihe: Sammlung Poeschel, Betriebswirtschaftliche Studienbücher, hrsg. von Hans Seischab, Reihe I: Grundlagen, Bd. 4, Stuttgart 1961, S. 15 ff., S. 60 ff., S. 66, (künftig zit. ‚Grundbegriffe').

133 Ebda., S. 67 (im Orig. teilw. kursiv gedruckt). Die Aussagen der beiden Autoren weichen dadurch voneinander ab, daß (1.) *Seischab* eine einzige ‚Ausgaben-Periode' ins Auge faßt, *Schäfer* dagegen die ganze Dauer des Betriebsgeschehens, daß (2.) *Schäfer* als ‚Aufwand' bezeichnet, was *Seischab* (ebda., S. 68) ‚kinetischen Aufwand' nennt und daß (3.) *Schäfer* einen engeren Ausgabenbegriff verwendet als *Seischab*. Der zuerst genannte Sachverhalt hat offenbar nur formale Bedeutung, und bei den Gegensätzen in den beiden übrigen Punkten handelt es sich um solche in der Benennung, in der Terminologie.

Es scheint, daß *Seischab* *Schäfers* Ausführungen mißverstanden hat und deshalb deren Verwandtschaft mit den seinen übersah. Er schreibt (Grundbegriffe, a.a.O., S. 75 f.), *Schäfer* meine, „daß die Begriffe Aufwand und Kosten ‚ohne sonderliche Unterscheidung nebeneinander angewendet werden'", während bei *Schäfer* an der zitierten Stelle (*Schäfer*, a.a.O., S. 201) zu lesen ist: „Wir werden es daher (nämlich weil die Unterscheidung von Ausgaben, Aufwand und Kosten nicht ‚wesenserklärend' zu sein braucht; Md.) so halten, daß wir beide Ausdrücke ohne sonderliche Unterscheidung nebeneinander verwenden".

134 *Seischab*, Grundbegriffe, a.a.O., S. 68.

135 Ebda. (im Original teilw. kursiv gedruckt).

136 *Linhardt*, H(anns), Kosten und Kostenlehre, in: Aktuelle Betriebswirtschaft, Festschrift zum 60. Geburtstag von Konrad Mellerowicz, Berlin 1952, S. 124 f.

137 Ebda., S. 134 f. und S. 125.

sein[138]. Aus demselben Grunde seien die Kosten als Ausgaben zu definieren[139].

Fettel stützt sich im wesentlichen auf die Ausführungen Linhardts und fügt ergänzend hinzu, daß die Definition der Kosten als „wertmäßiger Güter- und Diensteverzehr zur Erstellung von Leistungen"[140] — *Fettel* spricht von der „güterlichen Auffassung der Kosten" — nur in einer verwaltungswirtschaftlichen Ordnung gelten könne: „Im marktwirtschaftlichen Sinne sind Kosten nichts anderes als Ausgaben . . .[141]." Hier wie bei *Linhardt* ist selbstverständlich nicht gemeint, daß alle Ausgaben — sofern man den Ausgabenbegriff nicht so eng wie *Schäfer* faßt[142] — auch Kosten sind[143]. „Die von Betrieb zu Betrieb wandernden Geldbeträge sind Einnahmen und Ausgaben in Höhe der Preise für eingekaufte und verkaufte Güter. Das, was nun auf der Eingangsseite ausgegeben wird, ist es, was wir Kosten nennen. Aus diesen Ausgaben (Preisen) werden Kosten, die wieder zu Preisen werden[144]." Da eine Unternehmung am Absatzmarkt nur für ihre Leistungen Preise erzielt, muß es sich um leistungsverbundene Ausgaben, genauer gesagt: um Ausgaben für die Beschaffung der bei der Erzeugung von Leistungen verbrauchten Güter, kurz um Ausgaben für den leistungsverbundenen Güterverbrauch handeln[145].

Der Kostenbegriff von *Linhardt* und *Fettel* ist offensichtlich aus der Betrachtung allgemeiner (theoretischer) Zusammenhänge gewonnen[146] und ist daher ebenso wie jener von *Schäfer* und *Seischab* ein im oben beschriebenen Sinne ‚objektiver' Kostenbegriff[147]. Solange wir in diesen

---

138 Ebda., S. 125.
Die geldliche Erfassung des Geschehens im einzelnen Betrieb „ist jeweils ein Vorstadium, ein Behelf, ein Operationsmittel für den erwarteten geldlichen Ausdruck im Markt" (ebda., S. 126).

139 Ebda., S. 130.

140 *Fettel*, Johannes, Marktpreis und Kostenpreis, Reihe: Schriften zur wirtschaftswissenschaftlichen Forschung, Bd. 1, Meisenheim a. Glan 1954, S. 90, (künftig zit. ‚Marktpreis'). *Fettel* zitiert hier *Fischer*, Johannes, *Heß*, Otto, und *Seebauer*, Georg, Buchführung und Kostenrechnung, Leipzig o. J. (1939), S. 226.

141 *Fettel*, Marktpreis, a.a.O., S. 92.

142 s. o., Anm. 128 dieses Teils der Arbeit.

143 Vgl. *Fettel*, a.a.O., S. 92.

144 Ebda., S. 91.

145 Vgl. auch *Fettel*, Johannes, Ein Beitrag zur Diskussion über den Kostenbegriff, in: ZfB, 29 (1959), H. 9, S. 567 f., (künftig zit. ‚Kostenbegriff').
Es ist anzunehmen, daß Ausgaben für die Beschaffung der verbrauchten Güter unabhängig davon als Kosten betrachtet werden sollen, ob die Leistungserzeugung gelingt und ein Verkaufspreis erzielt wird. Weiterhin gehen wir davon aus, daß der unmittelbare Verbrauch von Geld (ohne ‚äußeren Gegenwert'), obwohl er nicht auf der Zahlung von Preisen beruht, Kosten darstellen soll.

146 Vgl. dazu *Fettel*, Kostenbegriff, a.a.O., S. 567.

147 s. o., Abschn. II B 5.
Soweit wir sehen, benutzen *Linhardt* und *Fettel* den Ausdruck ‚objektive

‚objektiven‘ Kostenbegriffen nur unter bestimmten Annahmen für Zwecke der allgemeinen Theorie abgeleitete Begriffe zu sehen haben, brauchen wir sie hier nicht weiter zu untersuchen. Wir haben nur die Beziehungen zwischen diesen Begriffen und jenem Begriff festzustellen, dem wir selbst den Namen ‚Kosten‘ gaben. Der Vergleich dieser Begriffe zeigt, daß es sich jedesmal um ‚in Geld ausgedrückten Wert leistungsverbundenen Güterverbrauchs‘ handelt[148]. *Schäfer, Seischab, Linhardt* und *Fettel* machen jedoch die Einschränkung, daß der betreffende Güterverbrauch mit Ausgaben korrespondieren[149] und daß sein geldlicher Ausdruck von diesen Ausgaben abgeleitet sein muß[150]. Demnach ist der ‚objektive‘ Kostenbegriff, den diese Autoren im Auge haben, ein Unterbegriff dessen, was wir mit dem Ausdruck ‚Kosten‘ meinen.

Mit der Feststellung, daß der ‚objektive‘ Kostenbegriff, den wir bei *Schäfer, Seischab, Linhardt* und *Fettel* vorfanden, einen Artbegriff des von uns gebrauchten Kostenbegriffs darstellt, ist zugleich gesagt, daß dieser ‚objektive‘ Kostenbegriff nicht alle Rechengrößen umfaßt, die — abgesehen von (Leistungs-)Ertragsziffern und Erfolgssalden — den Inhalt der Kostenrechnung ausmachen, m. a. W. daß die betriebliche Kostenrechnung je nach Rechnungszweck auch Größen enthält bzw. enthalten kann, denen entweder dem Betrage oder dem Betrage und der Sache nach keine Ausgaben zugrunde liegen. Hierauf weisen auch die genannten Autoren hin, und wir müssen nunmehr untersuchen, inwieweit ihre Auffassungen vom Inhalt der Kostenrechnung mit der unseren übereinstimmen und mit welchen Termini sie den Inhalt der Kostenrechnung beschreiben.

Am knappsten äußert sich *Schäfer* zu den eben aufgeworfenen Fragen. Er räumt ein, es möge berechtigt sein, „sich für bestimmte Zwecke

---

Kosten‘ überhaupt nicht, und *Schäfer* verwendet ihn nur ein einziges Mal (Unternehmung, a.a.O., S. 300).

148 Ergänzend seien hier noch zwei weitere Sätze *Schäfers* zitiert: „Der eigentliche Leistungs- und Umsatzprozeß besteht ... in einem fortwährenden Verbrauchen ... von wirtschaftlichen Werten (‚Mitteln‘) mit dem Ziele, dadurch Leistungen hervorzubringen ... Jenen Verbrauchsvorgang nennen wir den Aufwand- oder Kostenprozeß ...“ (Unternehmung, a.a.O., S. 194; vgl. ebda., S. 37).

149 Bei *Schäfer* und *Seischab* geht dies aus den Voraussetzungen hervor, auf denen ihr ‚objektiver‘ Kostenbegriff beruht. Diese Voraussetzungen bestimmen den Inhalt der betreffenden Begriffe mit und sind deshalb u. E. insoweit als Bestandteil von deren Definition anzusehen.

150 Wir beabsichtigen nicht, zu klären, was bei der Darstellung des Wesens des betrieblichen Wirtschaftsgeschehens unter ‚Wert‘ zu verstehen ist. Jedenfalls ist sicher, daß (abgesehen vom Verbrauch von Geld) von Güterpreisen ausgegangen werden muß, wenn man einen geldlichen Ausdruck für den Wert der Wirtschaftsgüter im oben (Abschn. I B 3 c) dargestellten Sinne meint. So gesehen stellt der Verbrauch von Gütern, deren Geldwert nicht ermittelt werden kann, keine Kosten dar. Bei der Erklärung des wirtschaftlichen Betriebsgeschehens wird er jedoch u. U. nicht außer acht gelassen werden dürfen.

der Kostenrechnung von den ‚zufälligen' Ausgaben zu lösen und mit plangerechten Kosten zu arbeiten"[151], „aus Gründen der rechnerischen Vergleichbarkeit von Betrieb zu Betrieb" Ausgaben und Aufwand bzw. Kosten anders gegeneinander abzugrenzen oder auch „einem Teil der Ausgaben der Unternehmung den eigentlichen Aufwand- oder Kostencharakter" im Hinblick auf den Rechnungszweck abzusprechen[152]; und er erwähnt im Zusammenhang damit die ‚Sollkosten', die ‚kalkulatorischen Kosten' und den ‚neutralen' Aufwand[153]. Daraus darf wohl entnommen werden, daß *Schäfer* unsere Auffassung über die Beziehungen zwischen Rechnungszweck und Rechnungsinhalt teilt und daß er es nicht grundsätzlich ablehnt, jene Größen der Kostenrechnung, die keine Kosten im dargestellten ‚objektiven' Sinne sind, ‚Kosten' zu nennen.

Fettel schreibt, daß er sich „zur reinen Geldrechnung bekenne"[154] und daß für die ‚Nominalisten', zu denen er sich zählt, die Unternehmungsrechnung eine Einheit darstelle, die auch die ‚betriebliche' Rechnung umfasse[155]. Er stellt fest, die „unternehmerische Gütererzeugung" sei „auf Gewinnerzielung ausgerichtet"[156], woraus er offenbar schließt, daß die Unternehmungsrechnung auf Ermittlung des Unternehmergewinns abgestellt sein müsse, der sich als „Unterschied zwischen den Ausgaben für die käuflich erworbenen und im Betriebsprozeß eingesetzten (fremden) Produktionsmittel und den Einnahmen aus den Verkäufen des Unternehmens" ergebe[157]. Den Ausdruck ‚Kosten' verwendet er für die entsprechenden, „einem Kalkulationsobjekt zugerechneten Ausgaben"[158]. Da er bereit ist, aus seiner Auffassung, „daß Kosten Ausgaben sind", „alle Konsequenzen" zu ziehen, wird z. B. „das an einen Unternehmer gegebene Geschenk" von ihm „mit Null angesetzt"[159]. Daraus ergibt sich für unsere Fragestellung, daß *Fettel* seinen Kostenbegriff — abgesehen von der Theorie — nur im Rahmen einer auf das Kalkulationsobjekt

---

151 *Schäfer*, Unternehmung, a.a.O., S. 207.
152 Ebda., S. 196; vgl. auch ebda., S. 294 f.
153 Ebda., S. 362 u. S. 196.
154 *Fettel*, Kostenbegriff, a.a.O., S. 568.
155 Ebda., S. 569.
156 Ebda., S. 567.
157 Ebda., S. 567.
158 Ebda., S. 568.
Fettel schreibt: „‚Kosten und Erlöse' verwenden wir für die ‚kalkulatorische Rechnung' im Sinne Kosiols, in unserer Ausdrucksweise für die betriebliche Rechnung" (ebda., S. 567 f.; im Orig. teilw. gesperrt). Es ist aber zu bedenken, daß die ‚kalkulatorische Rechnung' im Sinne *Kosiols* und die ‚betriebliche Rechnung' im Sinne *Fettels* keine identischen Begriffe sind. (*Kosiol* hat sich in mehreren seiner Veröffentlichungen über das Wesen der ‚kalkulatorischen Rechnung' geäußert; vgl. z. B. Kostenrechnung, a.a.O., S. 640 f.).
159 Ebda., S. 568.
Unmittelbar vor dieser Erklärung steht der Satz: „Wir gehen von der Hypothese aus, daß der Unternehmer alle (fremden) Produktionsmittel käuflich erwirbt". Damit kann offenbar nicht gemeint sein, es werde fingiert, daß „das an einen Unternehmer gegebene Geschenk" gekauft worden sei, sonst wäre es ja nicht „mit Null" anzusetzen.

bezogenen nominalen Unternehmungserfolgsrechnung anwendet, daß also seine Behauptung, die Kosten seien Ausgaben, genau genommen besagt: In einer auf das Kalkulationsobjekt bezogenen Rechnung zur Ermittlung des nominalen Unternehmungserfolgs sind nur für solchen leistungsverbundenen Güterverbrauch Kosten zu verrechnen, der Ausgaben verursacht, und die Höhe dieser Kosten richtet sich nach den betreffenden Ausgaben. Das ist u. E. nicht zu bestreiten. Ebensowenig ist aber zu bestreiten, daß die Kostenrechnung — so wie sie als Zweig des betrieblichen Rechnungswesens in Erscheinung tritt — auch Rechnungen umfaßt, die anderen Zwecken dienen und deshalb einen anderen Inhalt haben[160]. Wenn man sich bemüht, „möglichst vorurteilslos zu untersuchen und mit der äußersten Sachlichkeit zu schildern"[161], welches die gemeinsamen Merkmale jener Rechengrößen sind, deren Ansatz Voraussetzung dafür ist, daß man von einer Kostenrechnung spricht, so wird man u. E. finden, daß es sich bei diesen Rechengrößen stets um in Geld ausgedrückten Wert leistungsverbundenen Güterverbrauchs im Sinne unserer vorausgegangenen Darstellung handelt. Mit dem Charakter *dieser* Rechengrößen beschäftigt sich *Fettel* nicht und verständlicherweise ebensowenig mit der Frage ihrer Benennung. Daher können aber auch seine Ausführungen jenen Begriff nicht betreffen, den wir mit dem Worte ‚Kosten' verbinden. Es unterliegt keinem Zweifel, daß letzterer auch in der Marktwirtschaft seine Berechtigung hat, daß er auch im Rechnungswesen einer auf Gewinnerzielung eingestellten Unternehmung angewandt wird.

Unsere Stellungnahme zu den Ausführungen *Fettels* trifft im wesentlichen auch gegenüber *Linhardts* Darstellung zu, da dieser wie *Fettel* die Kostenrechnung als „Teil der Kapitalrechnung", als entfaltete Unternehmungserfolgsrechnung betrachtet[162]. Seine Haltung ist jedoch nicht ganz so konsequent wie jene *Fettels*. Wenn ein Vermögensteil verwendet werde, das dem Betrieb geschenkt worden sei, so ändere

---

160 Man kann in folgenden Worten *Fettels* eine Konstatierung dieser Tatsache sehen: „Neben der Geldrechnung können durchaus noch andere Rechnungen anderen Inhalts bestehen, und diese können sogar als quasi-Geldrechnungen aufgemacht sein". „Auch wir Nominalisten können mit Sollkosten, Plankosten, Standardkosten usw. rechnen. Auch hier setzen wir, weil es arithmetisch nicht anders möglich ist, diese Kosten als geldliche Größen in die Rechnung ein, wissen aber, daß wir dabei nicht mit effektiven Ausgaben, sondern mit fiktiven Größen rechnen" (ebda., S. 569).

Wenn unser Eindruck nicht täuscht, unterstellt *Fettel*, die ‚Nicht-Nominalisten' wüßten nicht, wann die von ihnen ‚als geldliche Größen' verrechneten Kosten für effektive Ausgaben stehen und wann nicht. Diese Unterstellung ist nach unserem Dafürhalten ungerechtfertigt.

161 So verlangt es *Fettel* mit *Rieger* im Rahmen der wissenschaftlichen Behandlung betriebswirtschaftlicher Fragen (vgl. *Fettel*, Johannes, Irrige Meinungen über Riegers Privatwirtschaftslehre, in: BFuP, 11 [1959], H. 7/8, S. 461; Zitat aus: *Rieger*, Wilhelm, Einführung in die Privatwirtschaftslehre, Nürnberg 1928, S. 44).

162 s. *Linhardt*, Kosten, a.a.O., S. 125 ff.

dies an der Feststellung, daß Kosten Ausgaben seien, deshalb nichts, weil die Wirtschaft — wie wir mit *Schäfers* Worten sagen können — vom ‚Prinzip der Entgeltlichkeit' beherrscht sei und empfangene Geschenke eine Ausnahme darstellen würden, „mit der die Regel nicht widerlegt, sondern bestätigt" werde[163]. Auch werde der Ausgabencharakter der Kosten nicht durch jeden von der Ausgabenhöhe abweichenden Ansatz der Kostenhöhe aufgehoben, da die Kosten „teils Zahlgrößen, teils Rechengrößen" seien[164]. *Linhardt* spricht also — wenigstens in bestimmten Fällen — auch dann von Ausgaben, wenn solche in Wirklichkeit nicht vorliegen. Dadurch wird aber seine Kostendefinition zweideutig, denn es bleibt offen, ob dem Ansatz von Kosten im konkreten Einzelfall ‚effektive', ‚reale' Ausgaben entsprechen müssen, oder ob ihre Verrechnung auf einer bloßen Fiktion von Ausgaben, deutlicher ausgedrückt: nicht auf realen Ausgaben beruht. Hierin liegt — wir gebrauchen eine Formulierung *Linhardts*[165] — „die Preisgabe des hic et nunc als dem einzigen Kriterium der Wahrheit".

Seischab bringt deutlich zum Ausdruck, daß neben dem ‚objektiven' Kostenbegriff noch eine Reihe anderer Kostenbegriffe existieren, denen entweder eine andere „Auffassung vom Wesen des Betriebs" oder eine andere „marktwirtschaftliche Ausgangsstellung der Kostenbetrachtung" oder eine besondere „Technik der Erfassung und Zurechnung der Kosten entsprechend den verschiedenen betriebspolitischen Zielen" zugrunde liegt[166]. In diesen Fällen treffen die Bedingungen, unter denen der ‚objektive' Kostenbegriff gebildet wurde, nicht zu. Daher „werden Ausgaben, Aufwand und Kosten einer Periode verschieden hoch sein und die Betriebsrechnungen materiell verschiedenen Inhalt haben"[167]. *Seischab* spricht hier von ‚betriebssubjektiven' Kostenbegriffen[168]. Er geht also im Prinzip wie *Albert Meier* vor, weshalb wir

---

[163] Ebda., S. 129.

[164] Ebda., S. 129 f.

Derartige Abweichungen ergeben sich nach *Linhardt* einmal aus ‚ungewollten Gründen', wie es z. B. „Materialverbrauch bei Lagerwirtschaft und Preisdifferenzen" (ebda., S. 129) und die Minderung der Kaufkraft des Geldes (ebda., S. 130) seien. Zum andern könnten sie auf ‚gewollten Gründen' beruhen, z. B. wenn ein höherer Kostennachweis zu höheren Preisen führe, insbesondere also wenn der Marktmechanismus beseitigt werde (ebda., S. 131).

[165] Ebda., S. 136.

Es ist nichts dagegen einzuwenden, wenn in theoretische Betrachtungen ‚fiktive Ausgaben' einbezogen werden. Eine Verständigung über den Gegenstand der Kostenrechnung mit Hilfe des Ausdrucks ‚Ausgaben' setzt jedoch voraus, daß über die Bedeutung dieses Ausdrucks völlige Klarheit besteht.

[166] Grundbegriffe, a.a.O., S. 71.

[167] Grundbegriffe, a.a.O., S. 68.

[168] Ebda.

Diese ‚*betriebs*subjektiven' Kostenbegriffe stammen aber nach *Seischab* „in der Regel nicht aus den Betrieben, sondern aus dem wissenschaftlichen Bereich"; sie „sind das Ergebnis theoretischer Überlegungen" (ebda., S. 71). Wir wollen uns daher künftig nicht des Ausdrucks ‚*betriebs*subjektiv' bedienen, sondern nur von ‚subjektiven' Kostenbegriffen sprechen.

uns mit dem Hinweis auf unsere obigen Ausführungen[169] eine erneute Stellungnahme hierzu ersparen können. Dagegen haben wir uns noch mit der Auffassung *Seischabs* auseinanderzusetzen, es sei ein Irrtum, wenn Zinsen „als Kosten angesehen werden"[170, 171].

---

[169] s. o., Abschn. II B 5; vgl. auch Abschn. II B 6.

[170] Grundbegriffe, a.a.O., S. 70 f.

Seischab betrachtet Beträge, die für das ‚allgemeine Unternehmerwagnis' verrechnet werden, nicht als Kosten (ebda., S. 71). Seiner Veröffentlichung über die Grundbegriffe unseres Faches ist nicht eindeutig zu entnehmen, ob er auch dem ‚kalkulatorischen Unternehmerlohn' und den (speziellen) ‚kalkulatorischen Wagnissen' den Kostencharakter abspricht. In einer früheren Veröffentlichung bezeichnete er die Einbeziehung der ‚kalkulatorischen Kosten' in den Kostenbegriff als eine ‚unzulässige Ausdehnung' desselben und begründete dies folgendermaßen: Ursprünglich sollten „durch die Einfügung von kalkulatorischen Kosten ins kaufmännische Rechnungswesen" „jene Gewinnbestandteile fiktiv unter die Kosten aufgenommen werden, die aus Gründen des Stück- und Gesamtkostenvergleichs dort nicht entbehrt werden konnten ... An eine reelle Änderung des betriebswirtschaftlichen Gewinnbegriffs war dabei nicht gedacht". Die „buchtechnische Behandlung der kalkulatorischen Kosten zeigte immer wieder von neuem, was sie wirklich sind: Gewinnbestandteile, die aus abrechnungs- und kalkulationstechnischen Gründen als imaginäre Kosten angesehen und wie reeller Aufwand verbucht werden. Sie beruhen auf einer bewußten, praktischen Fiktion, die trotz ihrer offenbaren Unrichtigkeit das Ergebnis des Betriebes, den Gewinn, nicht stört und den Inhalt der Begriffe ‚Kosten' und ‚Gewinn' nicht gefährdet" (*Seischab*, Hans, Demontage des Gewinns durch unzulässige Ausdehnung des Kostenbegriffs, in: ZfB, 22 [1952], H. 1, S. 19 f., — künftig zit. ‚Demontage' —).

Demgegenüber ist zunächst festzustellen, daß die buchtechnische Behandlung der kalkulatorischen Kosten keine Bestätigung für deren Gewinncharakter liefern kann, da sie ausschließlich eine organisatorische Regelung zu dem Zweck darstellt, Geschäftsbuchhaltung und Betriebsbuchhaltung in *einem* Buchhaltungssystem vereinigen zu können. Sie zeigt zwar, daß die kalkulatorischen Kosten kein Aufwand i. S. der Geschäftsbuchhaltung sind, beweist aber nicht, daß alle Kosten, denen kein solcher Aufwand zugrunde liegt, Gewinnbestandteile sind oder — was dasselbe ist — daß der Gewinnbegriff, der die Geschäftsbuchhaltung beherrscht, ‚richtig' und jener, der in der Betriebsbuchhaltung angewandt wird, ‚falsch' ist. Es genügt hier, darauf hinzuweisen, daß die Ermittlung des Gewinns (bzw. Verlusts) in der Geschäftsbuchhaltung auf einem Kompromiß zwischen einer ganzen Reihe, z. T. sich widerstreitender Gesichtspunkte beruht und deshalb ein recht fragwürdiges Kriterium dafür abgibt, was im Hinblick auf andere Ziele (praktischen Rechnens oder theoretischer Betrachtung) als ‚reeller' Gewinn anzusehen ist (s. auch *Pohmer*, Körperschaftsteuer, a.a.O., S. 205). „Der Gewinnbegriff ist ... nur von seinen Zwecken her zu bestimmen. Dem betrieblichen Rechnungswesen können aber die verschiedensten Zwecke gesetzt sein. Daraus folgt, daß es so viele ‚richtige' Gewinnbegriffe gibt, als in der Betriebswirtschaft mit Hilfe der Gewinnrechnung vernünftigerweise Zwecke verfolgt werden könen" (*Hax*, Karl, Der Gewinnbegriff in der Betriebswirtschaftslehre, Ergänzungsband 5 der ZfhF, Leipzig 1926, S. 105; vgl. auch *ter Vehn*, A., Gewinnbegriffe in der Betriebswirtschaft, in: ZfB, 1 [1924], S. 361 ff.).

Seischab dürfte bei seiner Unterscheidung ‚reeller' und ‚fiktiver' (‚imaginärer') Kosten vom Aufwand i. S. der Geschäftsbuchhaltung ausgegangen sein, weil letzterer dem, was er als ‚objektive' Kosten bezeichnet, im Prinzip näher steht als jene Größen, die in der Kostenrechnungspraxis unter dem Namen ‚Kosten' verrechnet werden. Unter dieser Voraussetzung laufen seine Ausführungen auf die Feststellung hinaus, daß die kalkulatorischen Kosten keine ‚objektiven' Kosten in dem von ihm gemeinten Sinne sind und daß es

In unmittelbarem Zusammenhang mit *Seischabs* Einstellung zum Kostencharakter der Zinsen steht der Satz: „Was nicht Vermögen war, kann nicht zu Kosten werden[172]." Er schreibt: „Betriebswirtschaftlich ist Kapital der abstrakte Wertausdruck des Vermögens. Nur dieses steht in der Nutzung des Betriebes, Nutzung hier ganz weit... gedacht. Das im Vermögen investierte Kapital selbst steht und bleibt stets und ausschließlich in der Nutzung der Kapitalgeber[173]." Demnach liegt den Zinsen kein Gutsverbrauch zugrunde, mithin sind sie keine Kosten.

Gegen diese Argumentation sind verschiedene Einwände zu erheben. Jede Nutzung hat zwei verschiedene Aspekte oder auch Effekte: Erstens den Verbrauch der genutzten Güter[174] und zweitens einen Zuwachs an Gütern, einen ‚Nutzen'. Wird im Zusammenhang mit der Kostenent-

---

sich deshalb bei ihnen, ‚objektiv' betrachtet, um Bestandteile des den ‚objektiven' Kosten gegenüberstehenden ‚objektiven' Gewinns handle.

Dem ‚objektiven' Kostenbegriff *Seischabs* stehen — wie wir gesehen haben (s. o., Abschn. II B 5 und II B 6) — verschiedene andere ‚objektive', d. h. im Rahmen der Betrachtung allgemeiner (theoretischer) Zusammenhänge entwickelte Kostenbegriffe gegenüber. (*Seischab* nennt auch sie ‚betriebssubjektiv'; s. Grundbegriffe, a.a.O., S. 71). Solange es nicht gelingt, alle bis auf einen dieser ‚objektiven' Begriffe mit rein rationalen Argumenten zu verwerfen — was u. E. unmöglich ist — ist jede Entscheidung für einen von ihnen subjektiv-irrational. Wenn wir nicht dogmatisch vorgehen wollen, müssen wir diese Begriffe als gegeben hinnehmen. Dasselbe gilt für die Gewinnbegriffe, die mit ihnen korreliert, d. h. formal als Differenz zwischen Leistungserträgen und Kosten definiert sind. Außerdem ist eine Reihe ‚subjektiver', insbesondere im betrieblichen Rechnungswesen angewandter Kostenbegriffe und Gewinnbegriffe zu unterscheiden. (Der Gewinn kann selbstverständlich auch als Differenz zwischen Ertrag und Aufwand oder zwischen Einnahmen und Ausgaben definiert sein; vgl. hierzu *Schnettler*, Albert, Der Zins im Wirtschaftsbetrieb, Stuttgart 1939, S. 5, — künftig zit. ‚Zins' —). Alle diese Begriffe werden ebensowenig wie die betriebswirtschaftlichen Sachzusammenhänge oder die Rechnungsbedingungen, auf denen diese Begriffe beruhen, davon berührt, welche Worte man zu ihrer Beschreibung wählt. Es kann deshalb nur eine Frage sprachlich-rationeller Gestaltung der Verständigung über die erwähnten Sachverhalte sein, was man als ‚Kosten' und als ‚Gewinn' bezeichnet. Diese Frage wird sich kaum allgemeingültig entscheiden lassen. Daher soll hier auch grundsätzlich nichts gegen die Entscheidung *Seischabs* eingewandt werden. Sie bindet jedoch nur ihn und ist ein wichtiges Datum für alle, die sich mit ihm verständigen wollen. ‚Richtig' in einem absoluten Sinne ist weder sie noch die Entscheidung irgend eines anderen. (Über die Gründe, die es u. E. zweckmäßig erscheinen lassen, die Grundbegriffe bzw. die Terminologie des Rechnungswesens von diesem selbst her festzulegen, s. o., Abschn. II B 6.)

171 Nach *Seischab* finden auch die ‚außerordentlichen Aufwendungen' „auf der Kostenseite kein Gegenstück" (Grundbegriffe, a.a.O., S. 70 f.). Damit könnte zum einen gemeint sein, daß die kalkulatorischen Wagnisse keinen Kostencharakter besitzen (in diesem Falle wäre auf unsere Ausführungen in der vorangegangenen Fußnote zu verweisen), und zum andern, daß nur jener Aufwand mit Kosten korrespondiere, der ‚normalerweise' mit dem Leistungsprozeß verbunden sei (s. dazu o., Abschn. II B 3).

172 Grundbegriffe, a.a.O., S. 71.

173 Demontage, a.a.O., S. 27.

174 ‚Verbrauch' ist hier in dem oben (Abschn. I B 1 c) beschriebenen Sinne gemeint, umfaßt also auch den Untergang der durch die Nutzung wahrgenommenen Nutzungschance.

stehung von der Nutzung des betrieblichen Vermögens gesprochen, dann ist ohne Zweifel an ihren zuerst genannten Effekt, den Güterverbrauch, gedacht, dessen ‚Nutzen' in der Erzeugung von Leistungen und letztlich in der Erzielung von Ertrag (Erlös) liegt. Ist dagegen von der Nutzung des im betrieblichen Vermögen investierten Kapitals durch die Kapitalgeber die Rede, so dürfte in erster Linie an die Güter gedacht sein, die dem Kapitalgeber z. B. als Zinserträge zuwachsen[175]. Auch diesem Güterzuwachs, diesem ‚Nutzen', muß ein Güterverbrauch entsprechen, sonst würde es sich nicht um eine Nutzung, sondern um einen Zugang von Gütern ohne (äußeren oder inneren) Gegenwert handeln. Auf die Frage, was für ein Gut hier genutzt (verbraucht) wird, findet sich bei *Seischab* keine befriedigende Antwort, denn es ist nicht einzusehen, wie ein Kapitalgeber den ‚abstrakten Wertausdruck' von Vermögen, über das er nicht einmal selbst verfügen kann, nutzen bzw. verbrauchen sollte. Auch die Überlegung, daß demjenigen, der Wirtschaftsgüter (z. B. Geld) einem andern gegen das Versprechen späterer Rückerstattung überläßt bzw. ‚haftende Mittel' in eine Unternehmung steckt, Forderungsrechte bzw. Eigentumsansprüche verbleiben, daß sich also die Nutzung des Kapitals durch die Kapitalgeber als Nutzung von Vermögen darstellt, hilft hier nicht weiter. Sie führt ebenfalls zu der Frage nach dem Wesen des genutzten Vermögensteils hin, die nicht sinnvoll gelöst werden kann, wenn man im Kapital nichts als den ‚abstrakten Wertausdruck des betrieblichen Vermögens' sieht. Es kommt hinzu, daß bei Verwendung dieses Kapitalbegriffes unerklärlich bleiben muß, warum in einer freiheitlich geordneten Verkehrswirtschaft, die vom ‚Prinzip der Entgeltlichkeit zwischenbetrieblicher Leistungen' *(Schäfer)* beherrscht wird, der Kapitalnehmer seinen Gläubigern Zinsen bezahlt, und zwar völlig unabhängig davon, ob und wie der Kapitalnehmer sein Vermögen ‚nutzt'. Diese Erscheinung ist nur verständlich, wenn man davon ausgeht, daß das Kapital ein spezifisches Gut repräsentiert, also mehr ist als „die Summe des Werts, den das Vermögen hat"[176]. Hinter dem Kapital als Rechengröße steht zwar der in Geld ausgedrückte Wert des Vermögens, dieses Vermögen ist aber u. E. seinerseits nur der momentane konkrete Ausdruck der betrieblichen Verfügungsmacht. Wir sind auf diesen Sachverhalt oben schon eingegangen[177] und haben dort zu zeigen versucht, daß sich der Verbrauch der Chancen, die aus der Ausübung der betrieblichen Verfügungsmacht erwachsen, unabhängig vom Verbrauch der Wirtschaftsgüter vollzieht, in denen sich diese Verfügungsmacht verkörpert. So

175 Es ist irreführend, in beiden Fällen unterschiedslos von ‚Nutzung' zu sprechen. Die Nutzung des Vermögens im Betriebe ist etwas ganz anderes als die Nutzung des in seinem Vermögen investierten Kapitals durch die Kapitalgeber.

176 *Seischab*, Grundbegriffe, a.a.O., S. 32.

177 s. o., Abschn. I B 1 e und I B 3 c.

wird auch einsichtig, daß der Kapitalgeber solche Chancen verbraucht, eben indem er die Ausübung seiner Verfügungsmacht über (ursprüngliche) Verfügungsobjekte einem andern überläßt. Aber selbst wenn man diese Auffassung nicht teilt, wenn man bestreitet, daß mit dem Gebrauch von Verfügungsmacht ein Gutsverbrauch verbunden ist, kann man den Zinsen nicht generell jeden Kostencharakter absprechen. In diesem Falle müßte man die Zinsen, die für Fremdkapital bezahlt werden, als (unmittelbaren) Verbrauch von Geld betrachten, da ihnen ja kein äußerer Gegenwert gegenüberstünde[178, 179, 180].

---

[178] Es sei denn, man betrachtet das Geld nicht als Gut (so z. B. Erich *Schneider*, s. o., S. 121 f.), was für *Seischab* nicht zutrifft (vgl. *Seischab*, Grundbegriffe, a.a.O., S. 32).

[179] *Seischabs* Aufsatz über die ‚Demontage des Gewinnbegriffs' richtet sich namentlich gegen *Schwantag* (Zins und Kapital, a.a.O.) und Erik *Bosshardt* (Leistungsmäßige Kostenrechnung, Reihe: Bücherreihe des Betriebswissenschaftlichen Instituts an der Eidgenössischen Technischen Hochschule in Zürich, Band 1, — künftig zit. ‚Kostenrechnung' —, Zürich 1948).

Schwantag hat zu den Argumenten *Seischabs* selbst Stellung genommen (Zinsen als Kostenfaktor, in: ZfB, 23 [1953], S. 483 ff.). Er schreibt: „Wenn Kapital der ‚abstrakte Wertausdruck des betrieblichen Vermögens' ist und wenn das Vermögen ‚in der Nutzung des Betriebes steht', so steht auch das Kapital in der Nutzung des Betriebes; denn es ist ja nichts anderes als ‚der abstrakte Wertausdruck des Vermögens'." Während *Schwantag* an anderen Stellen (z. B. Zins und Kapital, a.a.O., S. 32 f.) das Kapital als Produktionsmittel auffaßt, geht er hier von *Seischabs* Kapitaldefinition aus. Auf dieser Basis läßt sich aber u. E. nicht begründen, daß der Kapitaleinsatz mit dem Verbrauch eines spezifischen Gutes verbunden ist. Es klingt überzeugender, wenn *Schwantag* (Zinsen als Kostenfaktor, ebda.) sagt: „Selbstverständlich nutzt ... auch der Eigenkapitalgeber die Geldsumme, eben durch die Überlassung an den Betrieb ... Aber das ist eine andere Art Nutzung als die des Betriebes. Der Betrieb nutzt das Kapital direkt zur Produktion, der Eigenkapitalgeber indirekt." „Auch der Arbeiter, der die Nutzung seiner Arbeitskraft einem Betriebe gegen Zahlung eines Arbeitslohnes überläßt, nutzt diese Arbeitskraft indirekt zum Erwerb eines Lohneinkommens, während sie zugleich der Betrieb direkt für die Produktion verwendet."

Bosshardt versucht (vgl. z. B. Kostenrechnung, a.a.O., S. 150) den Erlös für eine Leistung vollständig auf Kosten zurückzuführen. Ein solches Vorgehen erschwert die Bildung spezieller Kostenbegriffe zur Abgrenzung dessen, was im Hinblick auf bestimmte Kostenrechnungszwecke als ‚negative Erfolgskomponente' (*Kosiol*) zu betrachten ist. Es kommt hinzu, daß dieser Kostenbegriff zur Erklärung von Wesen und Gehalt des betrieblichen Wirtschaftsgeschehens vom einzelwirtschaftlichen Standpunkt aus, wie *Seischab* (Demontage, a.a.O., S. 23) darstellt, unbrauchbar ist (vgl. hierzu die Besprechung von *Bosshardts* Buch durch Paul *Nowak* — ZfhF, 1 NF. [1949], S. 142 —, Hans *Ulrich* — Leistungsmäßige Kostenrechnung?, in: Unternehmung, 2 [1948], H. 2, S. 83 ff. — und Leo *Illy* — Der Kapitalzins in der Wirtschaftsrechnung, in: ZfN, Bd. 13 [1952], H. 1, S. 68 ff. —).

[180] Die Auffassungen über das Wesen und die Begründungen des Kostencharakters der Zinsen divergieren erheblich. Das zeigt schon die Gegenüberstellung von *Seischabs* und *Schwantags* Ausführungen zu diesem Thema. Bei *Heinen* ist zu lesen: „Kapital bedarf des Nutzens, wenn es produktiv tätig werden soll. Eine solche Nutzung findet im Betriebe statt. Kapitalnutzung stellt daher einen wirtschaftlichen Wert dar. Und Wertverzehr bringt Kosten mit sich, d. h. die Gegenleistung für jede Kapitalnutzung. Der Zins hat somit Kostencharakter." (*Heinen*, Edmund, Zum Problem des Zinses in der industriellen Kostenrechnung, in: Annales Universitatis Saraviensis,

8. Helmut Koch

In jüngster Zeit hat Helmut *Koch* einen Beitrag „Zur Diskussion über den Kostenbegriff" veröffentlicht[181], mit dem wir uns hier eingehender beschäftigen müssen als es bei den bisher besprochenen Ausführungen anderer betriebswirtschaftlicher Autoren notwendig erschien. Dafür gibt es mehrere Gründe. Erstens hat der Aufsatz *Kochs* große Beachtung gefunden und eine rege Diskussion ausgelöst, zweitens trägt *Koch* eine ganze Reihe neuartiger Argumente vor, die überdies weit ausholen und grundlegende Fragen unserer Disziplin berühren, drittens verspricht sich *Koch* von seiner Betrachtungsweise Vorteile, die ein gründliches Nachdenken über seine Ausführungen gerechtfertigt, ja sogar unerläßlich erscheinen lassen. Die Einführung des von ihm gebildeten Kostenbegriffes bringe, so schreibt er, „insofern große Vorteile für die betriebswirtschaftliche Forschung mit sich, als es gelingt, das betriebswirtschaftliche Begriffssystem zu vereinfachen und wirklichkeitsnäher zu gestalten: Alle monetären Begriffe werden nunmehr entweder als Bestand oder als Bewegung von Geldmitteln definiert, so daß diese Größen mit höchster Präzision voneinander abgegrenzt werden können"[182]. Er definiert ‚Kosten' als „die mit Herstellung und Absatz einer Erzeugniseinheit bzw. einer Periode verbundenen, ‚nicht kompensierten' Ausgaben" und spricht, da hier „die Kosten als eine spezifische Ausgabenkategorie begriffen werden", vom ‚pagatorischen Kostenbegriff'[183].

Beim Vergleich der Definition des ‚pagatorischen' Kostenbegriffs durch *Koch* mit den übrigen bisher besprochenen Kostendefinitionen fällt auf, daß *Koch* den Terminus ‚Güterverbrauch' nicht verwendet. Es wäre jedoch übereilt, hieraus zu schließen, daß ‚pagatorisch' verstandene Kosten unabhängig vom Verbrauch der betrieblichen Wirtschaftsgüter entstünden, denn „mit Herstellung und Absatz einer Erzeugniseinheit" verbundene „nichtkompensierte Ausgaben" sind solche, „welche als Entgelte für die im Betriebsprozeß eingesetzten Produktionsmittel, für die Zurverfügungstellung von Fremdkapital sowie für die Beschaffung

---

Rechts- und Wirtschaftswissenschaften, T. I. — 1952, Saarbrücken, S. 172). *Lücke* schreibt: „Der Betriebsprozeß verursacht die Einengung über die Verfügbarkeit freier Geldmittel. Der Preis dafür sind die kalkulatorischen Zinsen. Sie stellen die Kosten für die Dauer des Betriebsprozesses dar" (*Lücke*, Wolfgang, Wesen und Bedeutung der kalkulatorischen Zinsen, in: ZfhF, 12 NF [1960], H. 6, S. 363). *Schnettler* schließlich enthält sich einer eigenen Stellungnahme, weil es gegenüber der richtigen Erfassung und Auswertung der Rechnungszinsen nur sekundäre Bedeutung habe, ob man sie als Kosten oder als Rechnungsgrößen (anderer Art) auffasse (*Schnettler*, Albert, Zins, a.a.O., S. 23 ff.).

[181] *Koch*, Helmut, Zur Diskussion über den Kostenbegriff, in: ZfhF, 10 NF (1958), H. 7/8, S. 355 ff., (künftig zit. ‚Kostenbegriff').

[182] Kostenbegriff, a.a.O., S. 397.

[183] Ebda., S. 361; vgl. auch ebda., S. 397.

von Umschlagsgütern ... zu entrichten sind, sowie sonstige Ausgaben, welche mit der Durchführung der Unternehmung verbunden sind (z. B. Steuerzahlungen ...)"[184]. Bei den ‚pagatorischen' Kosten handelt es sich also um Ausgaben für die Beschaffung der Realgüter, die bei der Erzeugung von Leistungen verbraucht werden, und um Ausgaben, die einen (unmittelbaren) Verbrauch von Geld darstellen[185]. Die ‚pagatorischen' Kosten können deshalb auch als ‚Ausgaben in (unmittelbarem) Zusammenhang mit leistungsverbundenem Güterverbrauch' definiert werden[186]. Diese Formulierung läßt vermuten, daß der ‚pagatorische' Kostenbegriff mit dem (‚objektiven') Kostenbegriff, den wir bei *Schäfer, Seischab, Linhardt* und *Fettel* fanden, übereinstimmt[187]. Das erklärt sich daraus, daß *Koch* zu seiner Untersuchung angeregt wurde durch den „Gesichtspunkt, die Begriffe so zu bilden, daß ein Höchstmaß an Einsicht in die betrieblichen Zusammenhänge gewonnen wird"[188], und daß er dabei von weitgehend den gleichen Voraussetzungen ausgeht wie die genannten Autoren. Letztere räumen jedoch ein, daß der in dieser Absicht definierte Kostenbegriff nicht allen sonstigen Zwecken gerecht wird, insbesondere nicht all den Zwecken, zu deren Verwirklichung die betriebliche Kostenrechnung dienen soll[189]. *Koch* dagegen vertritt die Auffassung, daß der Kostenbegriff „als gegebene Größe den Ausgangspunkt für die Kostenrechnung bildet"[190]. Er läßt zwar neben dem allgemeinen ‚pagatorischen' Kostenbegriff auch ‚spezifische' ‚pagatorische' Kostenbegriffe gelten, von denen er einzelne nennt — ‚durchschnittliche Kosten je Erzeugniseinheit', ‚Gesamtkosten einer Periode des Gesamtbetriebs bzw. einer Betriebsabteilung' und ‚Grenzkosten'[191] —, doch werden auch diese nach seinen Worten „zur Gewinnung theoretischer Aussagen geprägt", auch sie sind „der Kostenrechnung vorgegeben"[192]. Das bedeutet, wie er schreibt, „daß in der Kostenrechnung nur mit einer Art von Preisen gerechnet werden darf, nämlich mit dem

---

184 Ebda., S. 398.

185 „Verbrauch" ist hier im oben (Abschn. I B 1 c) dargestellten Sinne zu verstehen.

186 *Koch* scheint sich dessen durchaus bewußt zu sein, denn er spricht z. B. von „Ausgaben für im Produktionsprozeß verbrauchte Materialien" (Kostenbegriff, a.a.O., S. 372), von „Produktionsmittelverbrauch" und „Verbrauchsmenge" (ebda., S. 368 f.). Außerdem deutet hierauf auch die Tatsache hin, daß *Koch* bei seiner Kritik an dem (von ihm!; ebda., S. 361) sogenannten ‚wertmäßigen' Kostenbegriff auf dessen Merkmal ‚Güterverbrauch' nicht eingeht.

187 Nach diesen Autoren decken sich Ausgaben, Aufwand und Kosten, wobei (z. T. u. a.) vorausgesetzt wird, daß das ‚Prinzip der Entgeltlichkeit' gilt und daß sich der Unternehmer rational verhält (s. o., Abschn. II B 7).

188 Ebda., S. 399 u. 367.

189 Sie tragen dem freilich in verschiedener Weise Rechnung (s. o., Abschn. II B 7).

190 Kostenbegriff, a.a.O., S. 368.

191 Ebda., S. 367.

Preis, der im Kostenbegriff eingeschlossen ist"[192], und daß der ‚kalkulatorische Unternehmerlohn' und der ‚kalkulatorische Eigenkapitalzins' nicht als Kosten anzusehen sind[193]. „Nun zeigt aber", wie *Koch* konstatiert, „die Praxis der Kostenrechnung, daß je nach Umständen oder Rechnungszweck der Produktionsmittelverbrauch mit ganz unterschiedlichen Geldbeträgen multipliziert wird"[192] und daß man ‚durchweg' „Unternehmerlohn und Eigenkapitalzins als Kostenbestandteile zu verifizieren versucht"[194]. Deshalb untersucht *Koch,* „ob die Kostenrechnung mit dem herkömmlichen Verfahren richtig, d. h. zweckentsprechend verfährt und wie bejahendenfalls der wechselweise Ansatz verschiedener Geldbeträge zu begründen"[192] und die Verrechnung „gewisser Geldbeträge, die realiter keine Ausgaben sind", zu deuten ist[195].

Der „Ansatz unterschiedlicher Geldbeträge je Produktionsmitteleinheit in der Kostenrechnung" sei „wohlbegründet". Er lasse sich „mithilfe des pagatorischen Kostenbegriffs ganz einfach in der Weise interpretieren, daß dem pagatorischen Kostenbegriff entsprechend stets mit Anschaffungspreisen gerechnet wird, dabei aber in der Kostenrechnung unterschiedliche Hypothesen eingeführt werden"[196]. Der Kostenrechner setze die konkreten Bedingungen, auf welche die spezifischen Kostenbegriffe im Rahmen der Kostenrechnung angewandt werden. Sie müßten „weitgehend mit den Erfahrungstatsachen oder den zu erwartenden empirischen Bedingungen übereinstimmen". Vornehmlich aus zwei Anlässen sei jedoch „diese oder jene konkrete Bedingung nicht der Wirklichkeit zu entnehmen, sondern mit Hilfe von Hypothesen zu bilden": 1. Wenn es der Zweck der Kostenrechnung verlange (‚zweckbedingte Hypothesen'), 2. wenn sich „die empirischen Bedingungen des konkreten Falles und die dem Kostenbegriff zugrunde liegenden Prämissen" nicht entsprächen (‚prämissenbedingte Hypothesen')[197].

---

192 Ebda., S. 368.
193 Ebda., S. 387 u. S. 384 f.
194 Ebda., S. 387.
195 Ebda., S. 388.
196 Ebda., S. 368 f.
197 Ebda., S. 369 f.

Als erstes Beispiel ‚zweckbedingter Hypothesen' wird die bei der Ermittlung von ‚Sollkosten' erforderliche Unterstellung genannt, eine bestimmte Betriebsabteilung werde, „von einem ‚normal' tüchtigen oder ‚guten' Abteilungsleiter geführt" (ebda., S. 369). Beim zweiten Beispiel handelt es sich um die bei der Verwendung von Standardpreisen gemachte Annahme, „daß die Anschaffungspreise der Materialien in bestimmter Höhe fest gegeben ..., d. h. im Zeitablauf konstant sind" (ebda., S. 369 f.).

Zur Veranschaulichung ‚prämissenbedingter Hypothesen' verweist *Koch* einmal auf den Fall, daß der Unternehmer ein Anlagegut geschenkt bekommen habe, was zur Einführung der Hypothese nötige, „der Unternehmer habe seitens des Schenkenden eine Geldzuwendung erhalten und mit diesem Geldbetrag die betreffende Maschine gekauft" (ebda., S. 371). Zum andern führt er aus, daß „bei Preisschwankungen das Verifikationsmodell durch die Hypothese gestützt wird, daß der Unternehmer die Produktionsmittel erst

Die Frage, ob bzw. wann in der Kostenrechnung die Verrechnung von Geldbeträgen, ‚die realiter keine Ausgaben sind', berechtigt ist und wie bejahendenfalls „das kostenrechnerische Vorgehen ... gedeutet werden muß", läßt sich nach *Koch* nur vom Zweck der jeweiligen Kostenrechnung her beurteilen[198]. Er geht deshalb nacheinander auf eine Reihe von Rechnungszwecken näher ein. Da wir mit *Koch* der Meinung sind, daß der Rechnungszweck darüber entscheidet, was im konkreten Fall als Kosten zu verrechnen ist, und da wir hier die Frage, ob *Koch* in den von ihm beschriebenen Fällen dem Rechnungszweck richtig Rechnung trägt, nicht zu erörtern brauchen, interessiert uns an dieser Stelle nur, wie *Koch* die Verrechnung von Geldbeträgen, ‚die realiter keine Ausgaben sind', gegebenenfalls deutet. Seine Deutungen gehen (wiederum) dahin, daß stets der ‚pagatorische' Kostenbegriff ‚verifiziert' und das ‚Verifikationsmodell' durch ‚zweckbedingte Hypothesen' gestützt werde[199, 200].

---

am Umsatztag der betreffenden Produkte beschafft hat und die Dauer des Herstellungsprozesses unendlich klein ist" (ebda.).

Aus diesen Beispielen geht hervor, daß die fraglichen Unterstellungen und Annahmen — mit Ausnahme jener, die bei der Kostenplanung erforderlich sind — keine Hypothesen im eigentlichen Sinn, sondern Fiktionen sind, denn sie sind ja „durch die bewußt angenommene Unrichtigkeit gekennzeichnet" (*Metzke*, Erwin, Handlexikon der Philosophie, Heidelberg 1948, S. 106; vgl. auch *Hoffmeister*, Johannes, Wörterbuch der philosophischen Begriffe, 2. Aufl., Hamburg 1955, S. 312, u. a. m.). Außerdem könnten die ‚prämissenbedingten' Hypothesen (Fiktionen) auch ‚begriffsbedingte' genannt werden, da es sich ja um die dem ‚pagatorischen' Kostenbegriff zugrunde liegenden Prämissen handelt. Wir lassen jedoch diese terminologische Frage auf sich beruhen, da wir die betreffenden Ausdrücke späterhin nicht mehr benutzen werden.

Wichtiger ist die Feststellung, daß jedes der angeführten Beispiele eine zweckbedingte Fiktion enthält, daß *Koch* aber nur dann von einer ‚zweckbedingten Hypothese' spricht, wenn die betreffende Annahme nicht zu jenen gehört, die (zugleich auch) der theoretischen Untersuchung des betrieblichen Wirtschaftens zugrunde liegen, aus der der ‚pagatorische' Kostenbegriff hervorgeht. In jedem der angeführten Beispiele verlangt also der Rechnungszweck ein Abweichen von den Geldbeträgen, ‚die realiter Ausgaben sind', und in jedem dieser Beispiele sollen dann Geldbeträge, ‚die realiter keine Ausgaben sind', als Ausgaben gedacht (fingiert) und bezeichnet werden.

Am Rande sei noch vermerkt, daß uns die zweite der angeführten ‚prämissenbedingten Hypothesen' im Hinblick auf die Verrechnung von Zinskosten problematisch erscheint.

[198] *Koch*, ebda., S. 388.

[199] Beim zwischenbetrieblichen Stückkostenvergleich als „Kostenrechnung zum Zwecke der Kostenkontrolle" handle es sich um die ‚zweckbedingte Hypothese', „daß alle Unternehmungen ausschließlich mit Fremdkapital ausgestattet seien" und „daß bei allen Vergleichsunternehmungen ... die laufende Geschäftsführung durch Angestellte besorgt wird" (ebda., S. 388 f.).

Daß die „Kostenrechnung zum Zwecke der Preisermittlung nach den staatlichen Preisbildungsvorschriften" den ‚kalkulatorischen Unternehmerlohn' und die ‚kalkulatorischen Zinsen auf das betriebsnotwendige Kapital' als Kostenarten umfasse, sei folgendermaßen zu interpretieren: Der Gesetzgeber billigt dem Auftragnehmer außer dem Ersatz der mit dem öffentlichen Auftrag verbundenen (pagatorischen) Kosten einen bestimmten Stückgewinn zu.

„Es gibt", so resümiert *Koch*, „in der Kostenrechnung kein Bewertungsproblem" und, wie wir ergänzen können, keine Verrechnung von „sog. Zusatzkosten". „Wohl aber läßt sich der Ansatz ‚verschiedenartiger Preise'" und, wie wir hinzufügen dürfen, die Verrechnung „gewisser Geldbeträge, die realiter keine Ausgaben sind", „sinnfällig und zwangslos in der Weise interpretieren, daß vom pagatorischen Kostenbegriff ausgegangen wird und die zur Verifikation dieses Begriffes erforderlichen Hypothesen gebildet werden, wobei diese je

---

Dieser soll (zunächst) so hoch sein wie das Einkommen, das der Auftragnehmer „im Durchschnitt erzielen würde, wenn er nicht als Unternehmer tätig wäre, sondern sich in vergleichbarer Stellung als Geschäftsführer verdingen und sein in die Unternehmung als Eigenkapital eingelegtes Geldvermögen anderen Unternehmern leihweise zur Verfügung stellen würde" (ebda., S. 396).

Im letzten dieser beiden Beispiele geht es um bestimmte Rechtsnormen. Hier ist — ebenso wie bei den bilanziellen Bewertungsvorschriften (ebda., S. 393 f.) — zwischen dem Zweck der Normen selbst und dem Zweck ihrer Erfüllung durch einen bestimmten Betrieb zu unterscheiden. Die ‚Hypothesen', die *Koch* in diesem Falle aufstellt, enthalten eine Mutmaßung über den Zweck der Normen selbst, sind also keine ‚Deutungen' vom Zweck der betrieblichen Kostenrechnung her, der einfach darin besteht, Sanktionen zu vermeiden. Damit ist zugleich gesagt, daß Legaldefinitionen den betriebswirtschaftlichen Kostenbegriff nicht berühren. Im übrigen ist es u. E. abwegig, anzunehmen, die fragliche Norm finde darin ihre Erklärung, daß der Gesetzgeber dem Auftragnehmer einen bestimmten Stückgewinn habe zubilligen wollen. Der Gesetzgeber dürfte vielmehr beabsichtigt haben, die Auftragnehmer gleichmäßig zu behandeln. (Vgl. dazu auch die Stellungnahme von Walter *Zoll*, Kostenbegriff und Kostenrechnung, Zur Diskussion über den pagatorischen Kostenbegriff, Zweiter Teil, in: ZfB, 30 [1960], H. 2, S. 105, — künftig zit. ‚Kostenbegriff' —.)

Die Unterstellung, die *Koch* im zweiten Beispiel macht, ist auch deshalb unbefriedigend, weil sie keine Erklärung dafür bietet, daß auch für das betriebsgebundene Fremdkapital ‚kalkulatorische', also nicht die tatsächlich gezahlten Zinsen als Kosten verrechnet werden sollen. Dieser Feststellung kommt im Hinblick darauf allgemeine Bedeutung zu, daß es meistens, wenn der Rechnungszweck die Verrechnung von Zinskosten verlangt, um ‚kalkulatorische Zinsen auf das betriebsgebundene Kapital' und nicht um ‚kalkulatorische Eigenkapitalzinsen' geht. Da die Finanzierung der Unternehmung ‚zur gesamten Hand' erfolgt, kann in den Fällen, in denen neben dem ‚betriebsgebundenen' auch ‚nicht betriebsgebundenes' Kapital in der Unternehmung steckt, nicht exakt bestimmt werden, inwieweit es sich beim ‚betriebsgebundenen' bzw. ‚nicht betriebsgebundenen' Kapital um Eigenkapital und inwieweit es sich um Fremdkapital handelt. (Anders verhält es sich z. B. bei der Bestimmung der zusätzlichen Zinskosten, die die Verwirklichung einer unternehmerischen Absicht verursachen würde bzw. verursacht hat.)

Vgl. im übrigen unsere Bemerkungen zu den anderen von *Koch* dargestellten Beispielen solcher ‚Hypothesen' (s. o., Anm. 197 des zweiten Teils dieser Arbeit).

200 *Fettel* (Kostenbegriff, a.a.O., S. 568 f.) lehnt es ab, solche Rechengrößen, zu denen „das greifbare Pendant, der Geldvorgang", fehlt, Geldbeträge zu nennen. Er müßte u. E. konsequenterweise die Bezeichnung von ‚geldlichen Größen', ‚die realiter keine Ausgaben sind', als Ausgaben oder als Geldbeträge verwerfen. (Damit würde er sich auch gegen das terminologische Vorgehen von *Linhardt* wenden; s. o., Abschn. II B 7.)

nach dem Zweck der Kostenrechnung und den jeweils in der Wirklichkeit vorliegenden Bedingungen unterschiedlich sind"[201].

Versuchen wir nun als erstes, Klarheit über das Verhältnis des ‚pagatorischen' Kostenbegriffs zu jenem Kostenbegriff zu gewinnen, der von uns als allgemeiner betriebswirtschaftlicher Kostenbegriff betrachtet wird. Bei Beschreibung und Definition des letzteren gingen wir von dem aus, was in der Kostenrechnung, so wie sie praktisch in Erscheinung tritt, üblicherweise als Kosten bezeichnet und — wenn es der Rechnungszweck und die Umstände im Einzelfalle verlangen — verrechnet wird. Deshalb ist an dieser Stelle zu fragen, wie sich der ‚pagatorische' Kostenbegriff zum Inhalt der Kostenrechnung verhält. Nach *Kochs* Auffassung besteht, wie schon erwähnt, die Kostenrechnung darin, „daß dieser oder jener spezifische Kostenbegriff auf bestimmte konkrete Bedingungen übertragen wird, d. h. also verifiziert wird"[202]. Nun nennt zwar *Koch* einige ‚spezifische' Kostenbegriffe, er definiert aber keinen von ihnen und geht in den von ihm angeführten Beispielen der ‚Begriffsverifikation' stets vom allgemeinen ‚pagatorischen' Kostenbegriff aus. Es ist aber anzunehmen, daß die ‚spezifischen' Kostenbegriffe Unterbegriffe des letzteren sind und im Zuge des Ausbaus des theoretischen, d. h. hier nach *Koch*[203]: deduktiv gewonnenen Systems von Aussagen gebildet werden — einerseits Frucht, andererseits Voraussetzung speziellerer Aussagen. Nehmen wir einmal an, es seien für einen gewissen Zweck die durchschnittlichen Kosten je Einheit einer bestimmten Art von Erzeugnissen zu ermitteln und der ‚spezifische' Kostenbegriff ‚durchschnittliche Kosten je Erzeugungseinheit' stehe (bislang) nicht zur Verfügung, dann wäre — wie wir *Koch* verstehen — vom (allgemeinen) ‚pagatorischen' Kostenbegriff auszugehen, und es müßten „die zur Verifikation dieses Begriffes erforderlichen Hypothesen gebildet" (und in das ‚Verifikationsmodell' eingeführt) werden. Im vorliegenden Falle müßte (evtl. u. a.) ungefähr folgende ‚Hypothese' gebildet werden: ‚Die konkreten Verbrauchsmengen sind das Ergebnis einer gleichbleibenden, mittleren Wirtschaftsgebarung im Betriebe[204].' Unterstellen wir dagegen, daß der Begriff ‚durchschnittliche Kosten je Erzeugungseinheit' bereits „zur Gewinnung theoretischer Aussagen geprägt worden" sei und „auf bestimmte konkrete Bedingungen angewandt werden" könne, dann ist

---

[201] Ebda., S. 372. Die Berechtigung zu obigen Einfügungen ergibt sich u. E. aus *Kochs* Ausführungen auf S. 387 ff.

[202] Ebda., S. 368.

[203] *Koch*, Helmut, Über einige Grundfragen der Betriebswirtschaftslehre, Eine Studie zum 60. Geburtstag von Erich Gutenberg, in: ZfhF, 9 NF. (1957), S. 596, (künftig zit. ‚Grundfragen').

[204] Es ist im vorliegenden Zusammenhang unwesentlich, ob diese ‚Hypothese' hier richtig formuliert wurde. Entscheidend ist lediglich, daß eine entsprechende ‚Hypothese' gebildet werden muß.

eine ‚Hypothese' der angeführten Art nicht notwendig[205]. Fraglos ist jedoch mit den Worten ‚mit Herstellung und Absatz einer Erzeugniseinheit unter der Annahme gleichbleibender mittlerer Wirtschaftsgebarung verbundene, nichtkompensierte Ausgaben' (also: allgemeiner ‚pagatorischer' Kostenbegriff plus ‚Hypothese') dasselbe gemeint wie mit den Worten ‚durchschnittliche Kosten je Erzeugniseinheit' (also: ‚spezifischer' Kostenbegriff). Wenn aber der Denkinhalt beider Formulierungen identisch ist, dann liegt auch nur *ein* Begriff vor[206]. Daraus folgt: erstens daß die Bildung von ‚Hypothesen' und deren Einführung in das ‚Verifikationsmodell' ein besonderes Verfahren der Definition ‚spezifischer' Kostenbegriffe darstellt; zweitens daß — mindestens wenn die fraglichen ‚Hypothesen' von Fall zu Fall aus den Zwecken der Kostenrechnung abgeleitet werden[207] — die Bildung ‚spezifischer' Kostenbegriffe eng mit den Kostenrechnungszwecken zusammenhängt; drittens, daß in Fällen wie dem beschriebenen nicht der allgemeine ‚pagatorische' Kostenbegriff, sondern allenfalls ein ‚spezifischer' Kostenbegriff verifiziert wird. Da diese Feststellungen in schroffem Gegensatz zu *Kochs* Ausführungen stehen, wollen wir uns ihrer Berechtigung noch durch eine weitere Betrachtung versichern.

Die von *Koch* genannten ‚spezifischen' Kostenbegriffe weisen als artbildendes Merkmal eine gegenüber dem Gattungsbegriff ‚pagatorische Kosten' nähere Bestimmung der Leistungen auf, mit deren Herstellung und Absatz die Ausgaben bzw. der Verbrauch verbunden sein müssen. Teilweise unterscheiden sie sich untereinander und vom allgemeinen ‚pagatorischen' Kostenbegriff auch durch die Eigenart der Verbundenheit, die zwischen Herstellung und Absatz der betreffenden Leistungen einerseits und den Ausgaben bzw. dem Güterverbrauch andererseits bestehen muß. Bei keinem der ‚spezifischen' Kostenbegriffe, die *Koch* anführt, scheint eine Angabe über die Ermittlung des Geldbetrags, mit dem der in Frage stehende Güterverbrauch anzusetzen ist, die differentia specifica zu bilden. Das ist kein Zufall, denn *Koch* geht davon aus, daß diese Geldbeträge durch die Definition der Kosten als ‚spezifische Ausgabenkategorie' ‚materiell bestimmt' seien[208]. Das soll aber offenbar nicht heißen, daß von Kosten bzw. von Ausgaben nur dann gesprochen werden darf, wenn eine reale Geldbewe-

---

[205] Die ‚Hypothesenbildung' ist ja nach *Koch* eine kostenrechnerische Angelegenheit und hat nichts mit der Begriffsbildung zu tun (Kostenbegriff, a.a.O., S. 368 u. S. 372).

[206] Entsprechendes ließe sich z. B. auch für den Fall der ‚Sollkosten' zeigen, denn wir vermögen keinen Grund dafür zu finden, daß sich im Rahmen der Theorie zwar der ‚spezifische' Begriff ‚Durchschnittskosten je Erzeugniseinheit', nicht aber der Begriff ‚Sollkosten je Erzeugniseinheit' bilden lassen sollte.

[207] Das Verfahren, ‚spezifische' Kostenbegriffe anhand von ‚Hypothesen' zu definieren, erscheint auch generell anwendbar.

[208] Kostenbegriff, a.a.O., S. 364.

gung stattgefunden hat, durch die der in einer Unternehmung vorhandene, reale Bestand an Geldmitteln vermindert wird. Schreibt doch *Koch* selbst über „Geldbeträge (genauer gesagt: Ausgaben; Md.), die realiter keine Ausgaben sind". *Koch* denkt also die Kosten als eine bestimmte Art von Ausgaben und glaubt aus der Tatsache, daß Begriffe „gedankliche Gebilde" und „nicht etwa ein Stück Wirklichkeit als solches" sind[209], folgern zu können, daß diesen Ausgaben als gemeintem Sachverhalt bei der ‚Verifikation' des Kostenbegriffs keine Ausgaben als realer Sachverhalt gegenüberstehen müssen. Dieser Schluß wäre aber nur zwingend, wenn sich keine andere Auffassung vom Wesen der ‚Begriffsverifikation' mit der Feststellung, daß Begriffe gedankliche Gebilde sind, vereinbaren ließe. Der Kostenbegriff ist aber ohne Zweifel auch dann ein gedankliches Gebilde, wenn er nur unter der Bedingung als verifiziert gilt, daß in einem konkreten Falle Ausgaben als gemeinter und als realer Sachverhalt kongruent sind. Im letzteren Falle bestünde die ‚Begriffsverifikation' darin, daß sich die Sätze, die zur Bestimmung des gedanklichen Gebildes, d. h. zur Definition des Begriffes dienen, unter den realen Bedingungen eines konkreten Falles als wahr erweisen[210]. Die von *Koch* bei der ‚Verifizierung' des ‚pagatorischen' Kostenbegriffes aufgestellten ‚Hypothesen' sind aber nichts anderes als Aussagen über in Wirklichkeit nicht erfüllte Voraussetzungen für die Wahrheit des Urteils: Die Kosten sind Ausgaben. Sie sind Eingeständnisse, daß dieses Urteil unter den jeweils gegebenen realen Bedingungen unwahr ist. Unter diesen Umständen wäre es u. E. richtig, von einer Falsifikation des ‚pagatorischen' Kostenbegriffs zu sprechen und ihn nur noch dann zu verwenden, wenn solche ‚Hypothesen' bei seiner ‚Verifikation' nicht erforderlich sind. Das ergibt sich aus der Überlegung, daß Urteile, mit denen Wahres über die Wirklichkeit behauptet werden soll, nur dann unmißverständlich formuliert werden können, wenn die Begriffe „eindeutige Zeichen von Gegenstandsarten" sind und ihre Definition wiederum durch Urteile erfolgt, die „eindeutige Zeichen für Tatsachen, d. h. für das Bestehen von Beziehungen zwischen Gegenständen" sind[211, 212]. Ein Ausgabenbegriff, der auch ‚verifiziert' werden kann,

---

209 *Koch,* Helmut, Zur Frage des pagatorischen Kostenbegriffs, in: ZfB, 29 (1959), H. 1, S. 13, (künftig zit. ‚Zur Frage ...').

210 *Held* und *Zoll* schreiben in diesem Zusammenhang nur über die Verifikation von Hypothesen. Vgl. *Held,* Georg, Traditioneller und pagatorischer Kostenbegriff, in: ZfB, 29 (1959), H. 3, S. 173 f., (künftig zit. ‚Kostenbegriff'), und *Zoll,* Walter, Kostenbegriff und Kostenrechnung, Erster Teil, in: ZfB, 30 (1960), H. 1, S. 17 ff.; (s. auch u., Anm. 288 dieses Teils der Arbeit).

211 *Stegmüller,* Wolfgang, Hauptströmungen der Gegenwartsphilosophie, Eine kritische Einführung, Reihe: Kröners Taschenausgabe, Bd. 308, 2. Aufl., Stuttgart 1960, S. 365, (im Orig. gesperrt).

Stegmüller fährt an dieser Stelle (ebda., S. 365 f.) — im Rahmen seiner Darstellung der Schlickschen Erkenntnistheorie — fort: *„Urteile sind wahr*

wenn keine realen Ausgaben entstanden sind, wenn es also bei bloßen Vorstellungen entsprechender Geldbewegungen, bei Ausgaben als rein gedanklichen Gegenständen, bei fiktiven Ausgaben bleibt, genügt dieser Bedingung nicht. Er ist kein eindeutiges Zeichen für jenen realen Sachverhalt, der ‚Ausgaben' genannt wird; mithin können Aussagen, die diesen Begriff enthalten, keine Urteile über reale Ausgaben sein, und die Behauptung, ‚die Kosten sind Ausgaben' trägt nichts zur Klärung der Frage bei, was Kosten als Gegenstand der Kostenrechnung sind. Ihre diesbezügliche Bedeutung kann nur erschlossen werden, indem man die bei ihrer ‚Verifikation' eingeführten ‚Hypothesen' untersucht[213].

---

genau dann, wenn sie den Tatsachen eindeutig zugeordnet sind; ansonsten sind sie falsch. Der Satz ‚der Mond ist viereckig' ist falsch, weil darin das Wort ‚viereckig' zweideutig wird, indem es einerseits zur Bezeichnung einer geometrischen Eigenschaft des Mondes dienen soll, zugleich aber auch zur Bezeichnung einer ganz anderen geometrischen Eigenschaft dient" (Kursivsatz im Original gesperrt).

[212] Daß in unserer Disziplin (als einer Erfahrungswissenschaft) Aussagen mit empirischem Sinn, d.h. mit Wahrheitsanspruch, unumgänglich sind, wird später noch begründet. Selbstverständlich ist es auch legitim, in der Theorie unseres Faches mit Fiktionen zu arbeiten. Dabei können sich Aussagen ergeben, die im Widerspruch zur Wirklichkeit stehen. Anlaß zur Kritik ergibt sich aber erst dann, wenn dieser Widerspruch nicht erkannt oder (und) nicht berücksichtigt wird.

[213] „... die Anschaffungspreise der Materialien" sind „in bestimmter Höhe fest gegeben" (*Koch*, Kostenbegriff, a.a.O., S. 369 f.); „... der Unternehmer" hat „eine Geldzuwendung erhalten und mit diesem Geldbetrag die betreffende Maschine gekauft" (ebda., S. 371); „... der Unternehmer" hat „die Produktionsmittel erst am Umsatztag der entsprechenden Produkte beschafft ... und die Dauer des Herstellungsprozesses" ist „unendlich klein" (ebda., S. 371; vgl. auch ebda., S. 383); „alle Unternehmungen" sind „ausschließlich mit Fremdkapital ausgestattet" (ebda., S. 389) und bei allen Vergleichsunternehmungen wird „die laufende Geschäftsführung durch Angestellte besorgt" (ebda., S. 390); der Unternehmer verdingt „sich in vergleichbarer Stellung als Geschäftsführer" und stellt „sein in die Unternehmung als Eigenkapital eingelegtes Geldvermögen anderen Unternehmern leihweise zur Verfügung" (ebda., S. 396).

Die zuletzt genannte ‚Hypothese' unterscheidet sich von den übrigen dadurch, daß sie nicht zur Bestimmung von *Ausgaben* (Kosten) dient, sondern mit ihrer Hilfe gelingt es, wie *Koch* (ebda., S. 396) schreibt, „das *Einkommen* des Unternehmers (genauer: einen Teil desselben; Md.) auf Grund von Marktpreisen ... zu bestimmen" (Hervorhebung von uns). Richtig müßte es u. E. heißen, es gelinge so, das Einkommen zu bestimmen, das der Unternehmer hätte, wenn er kein Unternehmer wäre. Das Einkommen des Unternehmers ist ja der Gewinn, und der Gewinnbegriff ist noch *Kochs* Meinung „eine unteilbare Größe", die sich „nicht in einzelne Bestandteile, die der unternehmerischen Tätigkeit, dem Eigenkapitaleinsatz sowie dem Unternehmerwagnis zuzurechnen wären", zerlegen lasse (ebda., S. 385). Überdies sei die Annahme, „daß für den Einsatz der unternehmerischen Arbeitskraft und für den Eigenkapitaleinsatz Marktpreise ... existieren" „mit den Begriffen unternehmerische Arbeitskraft und Eigenkapital nicht vereinbar ..." (ebda., S. 386 f.) und die Unterstellung, „daß die Unternehmung als solche ein Wirtschaftssubjekt bilde und von dem Unternehmer Kapital und Arbeitskraft nachfrage" sei abzulehnen, weil „die Unternehmung nur als ein System von Handlungen des Unternehmers ... begriffen werden" dürfe (ebda., S. 387). Da diese Argumente aus den „Grundaxiomen unserer Disziplin" entwickeit

Wie schon angedeutet, handelt es sich bei diesen ‚Hypothesen' um Aussagen über die Bedingungen, unter denen gewisse, realiter nicht (oder wenigstens in anderer Höhe) entstandene Ausgaben reale Ausgaben bzw. gewisse, realiter nicht bezahlte Preise reale Anschaffungspreise wären. Anders ausgedrückt: diese ‚Hypothesen' enthalten Angaben darüber, von welchen realen Größen (Ausgaben bzw. Markt-Preisen) im konkreten Einzelfalle die ‚Kosten' genannten Rechengrößen abzuleiten sind. Wird nun bedacht, daß auch reale nichtkompensierte Ausgaben, soweit sie beim Erwerb von Realgütern entstehen, auf Preise zurückzuführen sind, daß weiterhin die Frage, ob und gegebenenfalls welche ‚Hypothesen' aufzustellen sind, (mit) vom Rechnungszweck abhängt, daß schließlich nicht nur Ausgaben für die Beschaffung von Realgütern, sondern auch ‚sonstige Ausgaben', die als ‚Verbrauch von Geld' bezeichnet werden können, nichtkompensierte Ausgaben darstellen und zu Kosten führen, dann läßt sich sagen: Wenn der ‚pagatorische' Kostenbegriff — erforderlichenfalls verbunden mit der Einführung von ‚Hypothesen' — auf die Kostenrechnung übertragen wird, dann sind unter ‚nichtkompensierten Ausgaben' unmittelbar verbrauchte oder je nach Rechnungszweck anhand bestimmter Güterpreise festzustellende Geldbeträge zu verstehen, die in der Kostenrechnung einen Güterverbrauch repräsentieren. Die betreffenden Geldbeträge sind nichts weiter als in der beschriebenen Weise festzustellende Rechengrößen; und in der beschriebenen Weise festzustellende Rechengrößen sind auch ‚die in Geld ausgedrückten Werte leistungsverbundenen Güterverbrauchs'[214]. Ob man also vom ‚pagatorischen' Kostenbegriff ausgeht oder von dem (von *Koch*) sogenannten ‚wertmäßigen' Kostenbegriff — die Kosten als Gegenstand der Kostenrechnung bleiben dieselben[215]. Der Ausgabenbegriff *Kochs* muß also in bezug auf

---

werden (ebda., S. 384 f.), ergibt sich ihre Tragweite aus den Ergebnissen, die unsere spätere Betrachtung dieser Axiome zeitigen wird. (Vgl. dazu auch *Raffée*, Preisuntergrenzen, a.a.O., S. 19.)

214 Will man mit einem Geldbetrag, der als Rechengröße dient, eine anschauliche Vorstellung verbinden, so wird man zwar am ehesten an einen Bestand an Zahlungsmitteln denken. Damit ist aber über die reale Bedeutung der betreffenden Rechengröße nichts ausgesagt, denn eine Rechnung ‚in Geld' braucht keine Rechnung (nur) ‚über Geld' zu sein (s. dazu *Fettel*, Johannes, Kostenbegriff, a.a.O., S. 568).

Das Geld als „*das* betriebswirtschaftliche Rechnungselement schlechthin" (*Wittmann*, Waldemar, Wertbegriff, a.a.O., S. 84; Kursivsatz im Orig. gesperrt) hat also eine andere Bedeutung als das Zahlungsmittel Geld. Dem widerspricht es, wenn *Koch* einerseits die Auffassung *Linhardts* teilt, „daß die Kosten keine Zahlungsgröße", sondern „eine Rechnungsgröße seien" (*Koch*, Kostenbegriff, a.a.O., S. 364; bei *Linhardt*, Hanns, a.a.O., S. 129 f., steht ‚Zahlgrößen' und ‚Rechengrößen'), und andererseits behauptet, die Kosten seien als Geldbetrag mit eindeutiger materieller Bedeutung zu definieren (*Koch*, Kostenbegriff, a.a.O., S. 363 f.). (Vgl. hierzu auch *Szyperski*, a.a.O., S. 83 ff.)

215 Wäre es anders, so müßte das Rechnen mit ‚pagatorischen' Kosten zu

die realen Gegenstände, die er umfaßt, genau so weit sein, wie der Begriff (Geld-),Wert', den er ersetzen soll, und seine reale Bedeutung ist ebensowenig und ebensosehr ‚materiell bestimmt' wie die des letzteren. Verschieden sind offenbar die zur Beschreibung des realen Sachverhalts benutzten Worte und, wie jedenfalls *Koch* behauptet, die mit ihnen verbundenen Vorstellungen. Die Vorstellung: leistungsverbundene nichtkompensierte ‚Ausgaben', die nach Koch den ‚pagatorischen' Kostenbegriff ausmacht, hat aber, wie gesagt, im Hinblick auf die in konkreten Einzelfällen jeweils gegebenen Rechnungszwecke und realen Bedingungen, also im Hinblick auf den Gegenstand der Kostenrechnung nur dann einen eindeutigen Sinn, wenn bekannt ist, ob und gegebenenfalls welche ‚Hypothesen' einzuführen bzw. der ‚Verifikation' des ‚pagatorischen' Kostenbegriffs (und der mit ihm definitorisch verknüpften Begriffe ‚Geldbetrag' und ‚Ausgaben') zugrunde zu legen sind. Ohne eine solche Präzisierung müßte offen bleiben, welche realen (qualitativ und quantitativ bestimmten) Größen als Kosten (Geldbetrag, Ausgabe) gemeint sind. Da nun nicht bestritten werden kann, daß auch diese Größen ‚meinbar' sind, d. h. Begriffsgegenstände darstellen, bilden die fraglichen ‚Hypothesen' einen Teil des Denkinhalts, aus dem der jeweils ‚verifizierte' Kostenbegriff besteht. Die ‚Hypothesen' sind artbildende Merkmale spezieller (‚spezifischer') Kostenbegriffe, deren Gattungsbegriff der allgemeine ‚pagatorische' Kostenbegriff ist, und diesem sind ebenso viele Unterbegriffe zuzuordnen, wie sich ‚Hypothesen'-Kombinationen unterscheiden lassen[216, 217].

---

anderen Ergebnissen führen als das Rechnen mit ‚wertmäßigen' Kosten.

Auch *Pohmer* (Werteumlauf, a.a.O., S. 323) stellt fest, daß *Kochs* „terminologische Auseinandersetzung mit den Vertretern des „wertmäßigen" Kostenbegriffs ... kaum zu unmittelbar „greifbaren" Konsequenzen für die praktische Gestaltung des Rechnungswesens" führt. Er meint aber, *Kochs* „Auffassung, daß zwischen der Bildung und der Verifizierung des von ihm (*Koch*, Md.) pagatorisch fixierten Kostenbegriffs unterschieden werden müsse und daß es bei der Verifizierung (u. U.) der Bildung unterschiedlicher, und zwar zweckabhängiger Hypothesen bedürfe", habe „zur Klärung des Bewertungsproblems beigetragen ..." (ebda.). Allerdings: „Während Koch die verschiedenen in der Praxis üblichen Formen der Kostenverrechnung als Verwirklichung eines einheitlichen Kostenbegriffs durch unterschiedliche Hypothesenbildung in den Verifikationsmodellen erklärt", deutet er „diese Vielfalt als den Ausdruck divergierender unternehmerischer Verhaltensweisen, die schon bei der theoretischen Deduktion uneinheitliche Prämissen in den Modellen bedingen, so daß wir es mit verschiedenen Kostenkategorien zu tun haben, von denen jede für sich zu verifizieren ist" (ebda., S. 324).

[216] Den Kosten, die mit Herstellung und Absatz bestimmter Leistungen verbunden sind, können gegenüberstehen:

I. betragsgleiche ‚reale Ausgaben', und zwar entweder
   1. direkt (‚Verbrauch von Geldmitteln'), oder
   2. indirekt (‚reale Ausgaben' für die Beschaffung verbrauchter Realgüter);

II. betragsverschiedene ‚reale Ausgaben', und zwar entweder
   1. direkt (‚Verbrauch von Geldmitteln'), oder

Wir finden also unsere Feststellungen bestätigt: Werden im Zusammenhang mit der Verwendung des ‚pagatorischen' Kostenbegriffes ‚Hypothesen' eingeführt, so ist darin ein Verfahren zur Definition spezieller Kostenbegriffe zu sehen; sofern solche ‚Hypothesen' bei der ‚Verifikation' des ‚pagatorischen' Kostenbegriffs aufgestellt werden, kann es sich nur um eine ‚Verifikation' des (u. a.) durch die betreffen-

---

2. indirekt (‚reale Ausgaben' für die Beschaffung verbrauchter Realgüter);

III. keine ‚realen Ausgaben', aber ein ‚reales Ausgabensurrogat' (z. B. Aufrechnung einer Forderung, Sachleistung als Entgelt);

IV. weder ‚reale Ausgaben', noch ‚reale Ausgabensurrogate' (Zusatzkosten — i. S. v. *Koch* —, empfangene Geschenke).

Bei Definition der Kosten als ‚Ausgaben' kommt man nur bei den beiden Varianten des Falles I ohne Fiktion aus.

Im Falle II (1 u. 2) bedarf es der Fiktion, die betreffenden Ausgaben hätten in einem anderen Zeitpunkt und (bzw. oder) an einem anderen Ort in anderer Höhe stattgefunden (Fiktion A).

Im Falle III ist zu unterstellen, es hätten beiderseitige Zahlungen in Höhe des aufgerechneten Betrags stattgefunden bzw. das betreffende Sachgut sei verkauft und der Verkaufserlös zur Zahlung benutzt worden, m. a. W. man habe stets ‚den Weg über das Geld' gewählt (Fiktion B). Außerdem ist bei Betragsdifferenzen die Fiktion A erforderlich.

Im Falle IV schließlich ist zu fingieren, daß der Unternehmer alle Realgüter entgeltlich erwirbt (Fiktion C), und zwar mit Geld (Fiktion B). Zudem bedarf es einer bestimmten Annahme über die Höhe des gezahlten Betrags (Fiktion A).

Weitere Annahmen kommen hinzu, wenn die betreffende Kostenrechnung Planungsaufgaben zu erfüllen hat. Wie man sieht, überlagern sich möglicherweise mehrere Fiktonen. Dies braucht jedoch insofern nicht zum Ausdruck zu kommen, als bei geschickter Formulierung mehrere Fiktionen in einem Satz untergebracht werden können.

217 Wir wollen versuchen, den geschilderten Sachverhalt in einer Analogie vereinfacht darzustellen:

Auf einem Blatt Papier sei eine bestimmte Zahl von parallelen Geraden verschiedener Länge eingezeichnet, deren längste $A_0/A_1 = a$ messe. Wenn man diesen Tatbestand beschreiben will, dann wird man normalerweise festzustellen suchen, wie lang die einzelnen Geraden sind und wie sie auf dem Blatt Papier zueinander liegen, und das Ergebnis in Worten festhalten. Ist man genau vorgegangen, dann hat man zugleich den Begriff der ‚Geraden auf dem betreffenden Papier' und dessen Unterbegriffe ‚Gerade A_0/A_1 auf dem betreffenden Papier', ‚Gerade B_0/B_1 auf dem betreffenden Papier' usf. eindeutig definiert.

Man kann aber auch so vorgehen, daß man alle eingezeichneten Geraden als solche mit der Länge a bezeichnet und unterstellt, alle realiter kürzeren Geraden seien Projektionen von Geraden der Länge a, die in entsprechendem Maße um eine vertikal zur Richtung aller Geraden liegende Achse gedreht worden seien. Es wäre aber ein Irrtum, wenn man glauben würde, daß dadurch der Begriffsapparat vereinfacht worden sei, denn der Begriff ‚Gerade von der Länge a' ist mehrdeutig geworden, da diese Gerade nicht mehr in der Papierebene zu liegen braucht, sondern auch in der beschriebenen Weise gedreht gedacht werden kann. Zur Beschreibung der ‚Geraden auf dem betreffenden Papier' bedarf es deshalb nunmehr genauer Angaben über den jeweiligen Drehungswinkel.

Das Beispiel ist so leicht zu übersehen, daß es unnötig erscheint, die Parallelen zu der ‚pagatorischen' und zur ‚wertmäßigen' Kostendefinition, zur ‚Hypothesenbildung', zur ‚Verifikation' usw. im einzelnen aufzuzeigen.

den ‚Hypothesen' definierten speziellen Kostenbegriffes handeln[218]; welcher spezielle Kostenbegriff im konkreten Einzelfalle auf die beschriebene Weise gebildet wird, hängt (mit) vom Zweck der Betrachtung (bzw. Rechnung) ab. Damit erweist sich das Vorgehen *Kochs* im Hinblick auf den Gegenstand der Kostenrechnung als zirkelhaft; es führt nur zu Umbenennungen. An die Stelle der „Bewertung' und des ‚Bewertungsproblems' tritt die Bildung entsprechender ‚Hypothesen' und das Problem, welche ‚Hypothesen' jeweils zu bilden sind. Statt ‚Zusatzkosten' werden Geldbeträge verrechnet, die mittels geeigneter ‚Hypothesen' als Ausgaben gedeutet werden, obschon sie ‚realiter keine Ausgaben sind'. Die für die Ermittlung der Kosten relevanten Preise werden, soweit sie nicht tatsächlich für die Beschaffung verbrauchter Realgüter bezahlte Preise sind, nach Einführung eigens zu diesem Zweck gebildeter ‚Hypothesen' als Anschaffungspreise interpretiert[219]. Die Benennung von Begriffen ist aber eine Frage der Zweckmäßigkeit. Ehe wir diese im Hinblick auf die hier vorliegende Alternative erörtern, wollen wir uns noch mit der Kritik *Kochs* an der auch von uns gewählten Fassung des Kostenbegriffs beschäftigen.

Dem von *Schmalenbach*, seinen Schülern und vielen anderen Autoren benutzten, durch zahlreiche Veröffentlichungen präzisierten und — auch in der Praxis — verbreiteten Kostenbegriff gab *Koch* den Namen ‚wertmäßiger Kostenbegriff', da er „mittels des Wertbegriffs bestimmt wird"[220]. Diese Bezeichnung ist insofern berechtigt, als in der betreffenden Kostendefinition der Terminus ‚Wert' (auch ‚Geldwert') enthalten ist. Wenn wir es richtig sehen, will aber *Koch* mit dieser Benennung (darüberhinaus) zum Ausdruck bringen, daß dieser Kostenbegriff an den der ‚subjektivistischen Wertlehre', *Koch* spricht vom ‚psychologischen' Kostenbegriff, angelehnt sei[221].

Es ist nicht zu bestreiten, daß einzelne betriebswirtschaftliche Autoren bei der Kostendefinition an Gedanken der ‚subjektivistischen Wertlehre' angeknüpft haben. Sie sehen im Betrieb ein ‚Glied des gesamtwirtschaftlichen Organismus' und suchen einen Kostenbegriff zu definieren, dessen Anwendung in den Betrieben dazu beitragen soll, das innerbetriebliche und zwischenbetriebliche Geschehen so zu regulieren, daß gewisse — als gegeben angenommene oder postulierte — gesamt-

---

218 Von einer Verifikation des allgemeinen ‚pagatorischen' Kostenbegriffes könnte nur insofern gesprochen werden, als sich erweist, welchen Inhalt er in Wahrheit hat, d. h. was mit ihm in bezug auf die Realität gemeint ist. Vgl. dazu auch *Pohmer*, Werteumlauf, a.a.O., S. 323.

219 Auf anderem Wege kommt *Engelmann* zum selben Ergebnis. Vgl. *Engelmann*, Konrad, Einwände gegen den pagatorischen Kostenbegriff, in: ZfB, 28 (1958), H. 9, S. 560, (künftig zit. ‚Kostenbegriff'), und vom selben, Vom ‚Gelddenken' in der Betriebswirtschaft, in: ZfB, 29 (1959), H. 3, S. 169.

220 *Koch*, Kostenbegriff, a.a.O., S. 361.

221 Ebda., S. 356 ff.

wirtschaftliche, volkswirtschaftliche oder gemeinwirtschaftliche Ziele erreicht werden[222]. Das trifft auch für *Schmalenbachs* ‚Kalkulationswert' zu[223]. Es ist durchaus legitim, einen solchen Kostenbegriff zu bilden, doch handelt es sich bei ihm weder um den allgemeinen betriebswirtschaftlichen Kostenbegriff noch um den Begriff ‚Kosten als Gegenstand des Rechnungswesens'[224]. *Schmalenbach* z. B. hat das sehr wohl erkannt. Er beschrieb u. E. deutlich genug, daß die ‚Betriebswerte', so nannte er die ‚Kalkulationswerte' später, nur ganz bestimmten Zwecken gerecht werden[225] und „daß man wichtige Zwecke nicht gut erfüllen würde, wenn man allgemein fordern würde, daß alle Betriebspreise (d. s. die tatsächlichen Wertansätze; Md.) den Betriebswerten entsprechen müssen"[226, 227].

Während also bei einer Reihe von Fachvertretern immerhin — aber auch allenfalls — eine teilweise Anlehnung an den Wertbegriff und an den Kostenbegriff der ‚subjektivistischen Wertlehre' festzustellen ist[228], trifft bei anderen Autoren, die *Koch* im vorliegenden Zusammenhang nennt, nicht einmal dies zu. *Walb, Kosiol, M. R. Lehmann, Lohmann, Schäfer, Seischab, Nowak* u. a. gebrauchen zwar den Terminus ‚Wert' zur Kostendefinition, aber sie legen diesem hier einen ganz anderen Sinn bei als es in der ‚subjektivistischen Wertlehre' der Fall ist. Dort hat der Ausdruck ‚Wert' nach *Koch*[229] „die Bedeutung einer Nutzenbeziehung"; und dieser „allgemeine" Wert „ist weder größenmäßig faßbar, noch rechenbar"[230]. Hier dagegen ist mit ‚Wert', wie

222 Vgl. z. B *Schwantag,* Zins und Kapital, a.a.O., S. 11 und S. 27; *Mellerowicz,* Kosten und Kostenrechnung, Bd. 1, a.a.O., S. 4 f. und S. 198 ff.

223 An der von *Koch* (Kostenbegriff, a.a.O., S. 358) zitierten Stelle äußert sich *Schmalenbach* über den ‚Kalkulationswert' (vgl. *Schmalenbach,* Selbstkostenrechnung, 1919, a.a.O., S. 297 ff.).

224 Wir brauchen deshalb der Frage gar nicht erst nachzugehen, ob zur Definition dieses speziellen Kostenbegriffs der Rückgriff auf die (tatsächlichen oder vermeintlichen) Beziehungen zwischen Grenznutzen, Wert (i. S. der subjektiven Wertlehre) und Preis notwendig oder möglich ist. Eine sichere Ausgangsposition für ihre Beantwortung findet sich u. E. bei Felix *Kaufmann* (Methodenlehre der Sozialwissenschaften, Wien 1936, S. 255 ff., — künftig zit. ‚Methodenlehre' —).

225 Es sind Größen, mit denen die Güter anzusetzen sind, „um von den wirtschaftlichen Wahlmöglichkeiten die jeweilig wirtschaftlichste bestimmen zu können" (*Schmalenbach,* Selbstkostenrechnung, 7. Aufl. 1956, a.a.O., S. 138). Sie spielen z. B. bei der Vorkalkulation (ebda., S. 484) und bei der ‚pretialen Betriebslenkung' (ebda., S. 199) eine Rolle.

226 Ebda., S. 191; s. auch ebda., S. 6, S. 17, S. 20, S. 138.

227 *Schmalenbachs* Grundeinstellung teilen z. B. Albert *Meier* (Kostenprüfung, a.a.O., S. 26 ff.) und Konrad *Mellerowicz* (Kosten und Kostenrechnung, Bd. 2, Teil 1, a.a.O., S. 430 ff.).

228 Nur *Schwantag* geht, soweit wir sehen, hierin weiter.

229 *Koch,* Kostenbegriff, a.a.O., S. 360.

230 *Wittmann,* Waldemar, Wertbegriff, a.a.O., S. 105; s. auch ebda., S. 84 ff. und bes. ebda., S. 103.

Koch selbst sagt, eine ‚monetäre Größe', ein ‚Geldbetrag' gemeint[231]. Der ‚wertmäßige' (allgemeine betriebswirtschaftliche) Kostenbegriff ist also nicht an den sogenannten ‚psychologischen' Kostenbegriff angelehnt. Er kann deshalb auch nicht mit Argumenten angegriffen und abgelehnt werden, die sich speziell gegen den Wertbegriff und gegen den Kostenbegriff der Grenznutzenschule richten[232].

Der Haupteinwand *Kochs* gegen den ‚wertmäßigen' Kostenbegriff lautet, dieser Begriff sei „widerspruchsvoll und daher als Denkelement unbrauchbar", „weil der in ihm enthaltene Wertbegriff nicht

---

231 *Koch*, ebda., S. 358 und S. 360.

Vgl. dazu die bei *Koch* (ebda., S. 359 f., Anm. 9, 10, 11 und 13) und die im Rahmen dieser Abhandlung genannten bzw. besprochenen Veröffentlichungen der angeführten Autoren.

232 Ähnlich verhält es sich mit den Begriffen ‚Unternehmerlohn' und ‚Eigenkapitalzins'. *Koch* schreibt (ebda., S. 386), „diejenigen unter den betriebswirtschaftlichen Autoren, welche den monetär gefaßten Kostenbegriff aus dem psychologischen Kostenbegriff ableiten", hätten „aus der subjektivistischen Wertlehre ... die Begriffe ‚Unternehmerlohn' und ‚Eigenkapitalzins' übernommen". Dort seien diese Begriffe vermutlich von Johann Babtist *Say* (1829) geprägt worden. (Zur weiteren Entwicklung s. außer den von *Koch* genannten Quellen auch Walter *Zoll*, Das Kostenproblem in der Wirtschaftstheorie, Tüb. Diss., Würzburg 1936, insbes. S. 76 ff. und S. 107 ff.) Es mag sein, daß die fraglichen Termini zuerst in der Volkswirtschaftslehre verwendet wurden. Damit ist aber nicht gesagt, daß sie dort dieselbe Bedeutung haben (und hatten) wie in unserem Fache, und es ist ungerechtfertigt, angesichts einer terminologischen Anleihe ohne weiteres von der ‚Übernahme' eines Begriffes zu sprechen.

Die Verrechnung von Beträgen, die wir heute ‚kalkulatorischen Unternehmerlohn' und ‚kalkulatorischen Zins' nennen, ist im Hinblick auf bestimmte Rechnungszwecke eine logische Notwendigkeit und wurde als solche schon frühzeitig und unabhängig von volkswirtschaftlichen Lehrmeinungen erkannt. Vgl. z. B. *Darjes*, Joachim Georg, Erste Gründe der Cameralwissenschaften darinnen die Haupttheile sowohl der Ökonomie als auch der Policey und besondern Cameral-Wissenschaft in ihrer natürlichen Verknüpfung zum Gebrauch seiner akademischen Fürlesung, 2. Aufl., Leipzig 1768, S. 218 f.; *von Sonnenfels*, Joseph, Grundsätze der Polizey, Handlung und Finanzwissenschaft, 2. Teil, 2. Aufl., Wien 1771, S. 169; *Jung*, Johann Heinrich, Anleitung zur Cameral-Rechnungs-Wissenschaft nach einer neuen Methode des doppelten Buchhaltens zum Gebrauch der akademischen Vorlesungen, Leipzig 1786, S. 93 f. Bei den bisher genannten Autoren wird nur der Zins auf das (Real- oder Gesamt-)Kapital angeführt. Auf diesen *und* auf den ‚Unternehmerlohn' gehen z. B. ein: *Schmalz*, Theodor, Encyclopädie der Cameralwissenschaften, Zum Gebrauch academischer Vorlesungen, Königsberg 1797, S. 115; *Leuchs*, Johann Michael, System des Handels, Nürnberg 1804, S. 39 ff.; *Courcelle-Seneuil*, J. G., Theorie und Praxis des Geschäftsbetriebs in Ackerbau, Gewerbe und Handel, dtsch. von G. A. *Eberbach*, Stuttgart 1868, S. 210 f. und S. 214; *Emminghaus*, A(rwed), Allgemeine Gewerkslehre, Berlin 1868, S. 179 f. (Zahlenbeispiel); weitere Quellen — *Becher* (1668), *Boesen* (1753), *Ludowici* (1767), *Hirzel* (1792), *Eversmann* (1804) — nennt *Schnettler*, Zins, a.a.O., S. 68 ff.; schließlich ist hier auf einen Aufsatz von Erich *Kosiol* — Zur Entwicklung des kalkulatorischen Gewinnbegriffs, in: BFuP, 3 (1951), H. 4, S. 242 ff. — zu verweisen, in dem neben einigen der bereits genannten Autoren noch *Savary* (1676), *Zincke* (1755), *May* (1763) u. a. zitiert werden.

Nach *Koch* (Kostenbegriff, a.a.O., S. 386; vgl. auch *Koch*, Zur Frage ..., a.a.O., S. 14 f.) führen die Begriffe ‚Unternehmerlohn' und ‚Eigenkapitalzins' zu Widersprüchen: „Denn es wird vorausgesetzt, daß für den Einsatz der untermateriell definiert ist"[233]. Die Vertreter des ,wertmäßigen' Kostenbegriffs verstünden unter ,Wert' einen Geldbetrag, gäben diesem aber „keinerlei materiellen Sinn", sondern faßten ihn „als ein formales Etwas auf, das — auf die Produktionsmitteleinheit bezogen — mal den effektiven Anschaffungspreis, mal einen fiktiven Verrechnungspreis, mal den Beschaffungspreis am Umsatztage darstellen soll"[234]. Sein Argument beruht also auf der Tatsache, daß mit dem ,wertmäßigen' Kostenbegriff nicht ex definitione zweifelsfrei festgelegt ist, welcher Geldbetrag die Höhe der Kosten eines bestimmten Güterverbrauchs angibt, daß diese Frage vielmehr bei der Definition dieses Begriffes in gewissem Umfang offen gelassen wird. Fassen wir nun wieder den Gegenstand der Kostenrechnung als reales Faktum ins Auge, so müssen wir feststellen: Es unterliegt keinem Zweifel, daß die (Geld-)Rechnungsgrößen, die in einem konkreten praktischen Fall für einen bestimmten leistungsverbundenen Güterverbrauch zu verrechnen sind, bei zweckrichtigem Verhalten unter gewissen Umständen je nach Rechnungszweck in verschiedener Weise ermittelt werden müssen. Das läßt sich logisch zwingend nachweisen und wird von *Koch* nicht nur nicht bestritten, sondern als ,wohlbegründet' angesehen und in einer ganzen Reihe von Beispielen gezeigt. Es handelt sich also nicht um die Äußerung einer subjektiven Auffassung, sondern um die Feststellung einer Tatsache, wenn ausgesagt wird, daß die bei zweckrationalem Verhalten in der Rechnungspraxis für leistungsverbundenen Güterverbrauch zu setzenden Größen unter bestimmten Bedingungen durch verschiedene Preise bestimmt sind. Wenn man daher den Ausdruck ,Kosten' als Inbegriff aller jener Größen gebraucht, dann kann der Kostenbegriff gar nicht i. S. *Kochs* ,materiell bestimmt' gedacht werden[235]. Seine (begrenzt) ,formale' Bedeutung ist ein unabding-

---

nehmerischen Arbeitskraft und für den Eigenkapitaleinsatz Marktpreise, nämlich Lohn und Zins, existieren." Dieser Einwand ist jedoch u. E. nicht stichhaltig, da es sich beim ,kalkulatorischen Unternehmerlohn' und beim ,kalkulatorischen Zins' um bloße Rechengrößen handelt, weshalb ja ausdrücklich von ,kalkulatorischen' Kosten die Rede ist und nicht von einem „Entgelt für unternehmerische Tätigkeit" und einem „Entgelt für die Zurverfügungstellung von Eigenkapital" (vgl. *Koch*, Kostenbegriff, a.a.O., S. 384). Es bedarf nur ausreichender Angaben darüber, auf welche Weise und von welchen Preisen diese Rechengrößen im Einzelfalle abzuleiten sind (die Benennung ist demgegenüber eine zweitrangige Frage). Die Existenz von Marktpreisen für die unternehmerische Arbeitskraft und für den Einsatz von Eigenkapital wäre nur dann vorauszusetzen, wenn man die Verrechnung von Kosten nur unter der Bedingung als zulässig betrachten würde, daß (betragsgleiche) reale Ausgaben mit ihr korrespondieren. So weit geht, wie schon gezeigt, nicht einmal *Koch* selbst. (Vgl. hierzu auch *Engelmann*, Kostenbegriff, a.a.O., S. 561.)

[233] *Koch*, Kostenbegriff, a.a.O., S. 363.

[234] Ebda., S. 360.

[235] Im Hinblick auf die theoretisch relevanten Kostenbegriffe, die der allgemeine Kostenbegriff umfaßt, gilt dasselbe. Angesichts der denkunabhängigen Gegebenheiten ist es abwegig, von einem derartigen Gattungs-

bares Begriffsmerkmal; und welche Worte man auch immer zur Definition dieses Begriffes wählt — ihre Bedeutung muß mit dem beschriebenen Tatbestand identisch sein, sonst handelt es sich nicht um die Definition dieses, sondern um die eines anderen Begriffes. Wenn man also den Kostenbegriff als Inbegriff des Gegenstands der Kostenrechnung — wie sie in der Praxis der Betriebe in Erscheinung tritt — betrachtet[236], dann erweist sich *Kochs* Kritik in der Sache als unberechtigt, und es bleibt nur noch eine terminologische Alternative übrig. Auf diese wollen wir nunmehr eingehen.

Wir haben den Allgemeinbegriff ‚Kosten‘ anhand der Merkmale jener Größen, die als ‚negative Erfolgskomponente‘ *(Kosiol)* Gegenstand der Kostenrechnung sind, wie folgt definiert: Kosten sind der in Geld ausgedrückte Wert leistungsverbundenen Güterverbrauchs. *Koch* dagegen definiert die Kosten als leistungsverbundene nichtkompensierte Ausgaben[237]. Wie schon gezeigt wurde, impliziert *Kochs* Kostendefinition das Begriffsmerkmal ‚Güterverbrauch‘, und zwar deshalb, weil *nichtkompensierte* Ausgaben nur solche sind, die in unmittelbarem Zusammenhang mit dem Verbrauch von (Real- und Nominal-)Gütern stehen[238]. Es spricht aber einiges dafür, den Ausdruck ‚Güterverbrauch‘ in der Kostendefinition zu nennen: Erstens ist er seit langem eingeführt, und er wird in der Praxis der Betriebe wie auch in der Betriebswirtschaftslehre häufig und weitgehend einheitlich gebraucht[239]; zweitens bildet der Güterverbrauch als reales Faktum in der Betriebspraxis ein verhältnismäßig deutliches Kriterium für die Entstehung von Kosten. Die Bezeichnung ‚nichtkompensierte‘ Ausgaben ist dagegen unseres Wissens erst von *Koch* geprägt und eingeführt worden, und

---

begriff zu verlangen, er müsse so, wie *Koch* es meint, ‚materiell bestimmt‘ sein. Vgl. auch *Pohmer*, Werteumlauf, a.a.O., S. 321 f.

236 Das trifft nicht nur für uns, sondern auch für zahlreiche andere Vertreter des ‚wertmäßigen‘ Kostenbegriffs zu. Außerdem soll ja auch der ‚pagatorische‘ Kostenbegriff von *Koch* (allein oder in Verbindung mit ‚Hypothesen‘) die begriffliche Erfassung der Kosten i. S. der Kostenrechnung ermöglichen.

237 *Koch* schreibt, der ‚wertmäßige‘ und der ‚pagatorische‘ Kostenbegriff würden „wegen der weitgehenden Gemeinsamkeit ihrer einzelnen Merkmale konkurrieren . . ., so daß hier eine echte Kontroverse“ vorliege (Kostenbegriff, a.a.O., S. 363). Mit dem Terminus ‚Merkmale‘ sind hier offenbar nicht die zur Definition benutzten Worte, sondern die Wesenszüge des Begriffsgegenstandes gemeint, die mit den zur Definition benutzten Worten ausgedrückt werden sollen. Daraus ergibt sich wieder, daß sich die Wendung „Kontroverse (oder auch Konkurrenz) dieser Kostenbegriffe“ auf die alternative Verwendung der in Frage stehenden Definitionen bezieht. Mit beiden Definitionen wird versucht, ein und denselben Kostenbegriff zu bestimmen, in Worte zu fassen und zu verdeutlichen. *Koch* sagt ausdrücklich (ebda.), daß hier nicht „unter dem Terminus ‚Kosten‘ zwei verschiedene Begriffe gebildet worden seien, die nebeneinander Verwendung finden könnten“.

238 Vgl. dazu unsere Ausführungen eingangs dieses Abschnitts.

239 s. o., Abschn. I B 1.

zur Präzisierung ihrer Bedeutung muß doch wieder auf den Sachverhalt abgestellt werden, der hier ‚Güterverbrauch' genannt wird[240].

Die zweite Alternative bei der Kostendefinition besteht zwischen den Termini ‚Geldwert' und ‚Ausgaben'. Mit beiden ist (u. a.) gemeint, daß der leistungsverbundene Güterverbrauch ‚in Geld' anzusetzen ist, wenn von Kosten die Rede sein soll. Wie wir wissen, ist die Höhe des Kostenbetrags, der für den Verbrauch von Realgütern bei rationalem Verhalten jeweils verrechnet werden muß, unter gewissen Umständen je nach Rechnungszweck in verschiedener Weise von verschiedenartigen Preisen abzuleiten. Der Begriff ‚Geldwert' ist durch seine Definition von vornherein auf diesen Sachverhalt zugeschnitten, während der Begriff ‚Ausgaben' zunächst eine engere reale Bedeutung hat und deshalb u. U. erst durch die Einführung von ‚Hypothesen' inhaltlich so verändert werden muß, daß er sich zu einer eindeutigen Charakterisierung des ‚Kosten' genannten Rechnungsstoffes und damit zur Verständigung über diesen eignet. In Verbindung mit solchen latent vorhandenen ‚Hypothesen' hat dann der Ausgabenbegriff in bezug auf seine reale Bedeutung den gleichen Umfang wie der Begriff ‚Geldwert', er ist mit ihm identisch. Nun besteht aber über den Gebrauch des Ausdrucks ‚Ausgaben' im Bereich des betrieblichen Rechnungswesens eine gewisse Konvention, in deren Zusammenhang z. B. auch die Begriffe ‚Anschaffungspreis' und ‚Beschaffungspreis des Umsatztages' eingechlossen sind. Durch die Definition der Kosten als eine ‚spezifische Ausgabenkategorie' wird diese Konvention gebrochen. Ausgaben eines bestimmten Betriebes sind dann nicht mehr nur dessen reale Ausgaben, sondern auch jene, die unter bestimmten, in Wirklichkeit nicht erfüllten Voraussetzungen reale Ausgaben des Betriebes wären. Ebenso verhält es sich mit dem Ausdruck ‚Anschaffungspreis'. Als Anschaffungspreise der Realgüter eines bestimmten Betriebes werden nicht mehr nur die für diese Güter tatsächlich bezahlten Preise, sondern z. B. auch jene Preise bezeichnet, zu denen am Tage der Veräußerung der einzelnen Realgüter jeweils gleichartige Realgüter hätten beschafft werden können (bisher ‚Beschaffungspreise des Umsatztages' genannt). Diese Ausdrücke werden also ihrem konventionellen Sinn entfremdet und mehrdeutig[241]. Wir wollen zwar nicht behaupten, die

---

240 Es ist auch zu beachten, daß die Gegenüberstellung von ‚kompensierten' und ‚nichtkompensierten' Ausgaben keine vollständige Disjunktion darstellt: Ausgaben für die Beschaffung von Realgütern, die noch nicht verbraucht wurden, sind weder das eine noch das andere (vgl. *Koch*, Kostenbegriff, a.a.O., S. 390).

241 Der Ausdruck ‚Ausgaben' wird in der Theorie des betrieblichen Rechnungswesens auch in einem weiteren Sinne verwendet, doch wird dann kein Zweifel daran gelassen, daß es sich hierbei um keine Ausgaben im eigentlichen Sinne handelt, und fast immer wird daher dem Worte ‚Ausgaben' ein Präfix beigefügt. Vgl. *Kosiol*, Erich, Artikel: Ausgaben, in: HWB[3], Bd. I, a.a.O., Sp. 317 ff., und die dort angeführte Literatur; insbes. *Johns*, Rudolf,

Definition der Kosten als Ausgaben sei falsch, doch halten wir sie für unzweckmäßig. Selbst wenn wir unterstellen, es sei möglich, auf alle aus der Kostenrechnung und Kostenlehre eliminierten Termini (z. B. ‚Verrechnungspreise', ‚Beschaffungspreise des Umsatztages', ‚kalkulatorische Kosten', ‚Zusatzkosten') auch in den übrigen Sachgebieten unseres Faches zu verzichten, lassen sich hierfür noch mehrere Gründe anführen. Offensichtlich wird die Existenz der Begriffsgegenstände durch die jeweiligen terminologischen Entscheidungen nicht berührt, so daß das Bedürfnis, in entsprechenden Sachzusammenhängen zwischen realen Ausgaben und anderen Größen zu unterscheiden, in jedem Falle bestünde. Man hätte deshalb bei ‚pagatorischer' Kostendefinition von realen und fiktiven Ausgaben zu sprechen. Die Definition fiktiver Ausgaben müßte durch Angabe der Bedingungen erfolgen, unter denen sie reale Ausgaben wären und wäre u. U. recht kompliziert[242]. Es gäbe dann ebensoviele Arten fiktiver Ausgaben wie Annahmen und Kombinationen solcher Annahmen. Da sie alle den Namen ‚Ausgaben' trügen, wäre dieser Terminus als Instrument präziser Mitteilung und als Mittel zur Verständigung nur geeignet, wenn bei seinem Gebrauch Klarheit darüber geschaffen würde, ob und gegebenenfalls welche Annahmen ihm zugrunde liegen. Die dadurch bedingte Unhandlichkeit der Fachterminologie würde nicht nur das wissenschaftliche Arbeiten erschweren, sondern darüber hinaus in der Betriebspraxis — in der das ‚Prinzip des verkürzten Denkens' gilt[243] — die Neigung zu entsprechenden Implikationen und damit die Gefahren mißverständlicher Ausdrucksweise vergrößern[244].

Auch der Ausdruck ‚Wert' wird in unserem Fache, schon seit es besteht, häufig gebraucht, allerdings in so verschiedenem Sinne, daß von einer einheitlichen Konvention nicht die Rede sein kann[245]. Das Bemühen, den Ausdruck ‚Wert' im vorliegenden Zusammenhang durch ein anderes Wort zu ersetzen, ist daher vollauf gerechtfertigt. Es bedeutet jedoch keinen Fortschritt, wenn zu diesem Zweck Ausdrücke herangezogen werden, die bislang in unserem Fache oder wenigstens in Theorie und Praxis des betrieblichen Rechnungswesens einen klaren Sinn hatten, wie das bei dem Worte ‚Ausgaben' der Fall ist. Gegen die Definition der Kosten als ‚Preise leistungsverbundenen Güterver-

---

Vollrechnung, a.a.O., S. 145 ff., und ders., Kameralistik, Grundlagen einer erwerbswirtschaftlichen Rechnung im Kameralstil, Sonderdruck aus: Die Handelshochschule — die Wirtschaftshochschule (2. Aufl., Bd. 2, Kap. 4), Wiesbaden 1951.

242 s. o., Anm. 213 und 216 dieses Teils der Arbeit.

243 *Koch*, Grundfragen, a.a.O., S. 588.

244 Wenn die Forschung die Bewältigung praktischer Probleme erleichtern soll, müssen bei begrifflichen und terminologischen Festlegungen auch praktische Bedürfnisse berücksichtigt werden (vgl. auch *Raffée*, Hans, a.a.O., S. 18).

245 Vgl. *Wittmann*, Waldemar, Wertbegriff, a.a.O., bes. S. 31 ff.

brauchs' spricht, daß der ,Verbrauch von Geld' nichts mit Preisen i. e. S. zu tun hat und daß die Ermittlung der für einen Realgüterverbrauch anzusetzenden Beträge u. U. von anderen als den Preisen (i. e. S.) der verbrauchten Güter selbst auszugehen hat[246]. Wir selbst haben, um Verwechslungen zu vermeiden, im Verlaufe unserer Ausführungen womöglich nur von ,Geldwert' oder ,in Geld ausgedrücktem Wert' gesprochen, diesen als ,Geldbetrag, der ein Gut im Rahmen (wissenschaftlicher oder praktischer) betriebswirtschaftlicher Betrachtungen repräsentiert und entweder (bei Währungs-Geldmitteln) unmittelbar oder (bei allen sonstigen Gütern) anhand eines oder mehrerer Güterpreise festgestellt wird', definiert und die grundsätzlichen Möglichkeiten seiner Ermittlung eingehend beschrieben[247]. Solange kein treffenderer und von störenden Assoziationen oder anderen Mängeln unbelasteter Ausdruck gefunden wird, der in der Kostendefinition an die Stelle des Wortes ,Wert' treten könnte, scheint uns dieses Vorgehen am zweckmäßigsten zu sein.

Unsere Definition des Kostenbegriffs und ein wesentlicher Teil unserer bisherigen Stellungnahme zum ,pagatorischen' Kostenbegriff sind von dem Gedanken getragen, daß der Terminus ,Kosten' (zumindest: auch) ein Instrument zur Verständigung über den realen Sachverhalt ,Gegenstand der Kostenrechnung' sein soll. Wenn wir dem Argument zuvorkommen wollen, „daß der Kostenbegriff ganz unabhängig von der Kostenrechnung"[248] „im Rahmen der betriebswirtschaftlichen Theorie zur Gewinnung gewisser Aussagen" zu bilden sei[249], dann müssen wir uns im folgenden noch mit diesem von *Koch* behaupteten Zusammenhang zwischen der Theorie unseres Faches und der Bildung von Kostenbegriffen beschäftigen. In seinem Beitrag zur Diskussion des Kostenbegriffes begründet *Koch* seine Behauptung nicht weiter. Wir können jedoch seine Ansichten über Ziel und Methoden der betriebswirtschaftlichen Theorie einem Aufsatz „Über einige Grundfragen der Betriebswirtschaftslehre" entnehmen[250]. Er geht davon aus, „daß der Sinn der betriebswirtschaftlichen Forschung in der Förderung der Praxis der Unternehmungsführung" liegt[251]. Daraus würden „sich zwei Ansatz-

[246] *Held* z. B. nennt in diesem Zusammenhang Rechengrößen „mengenmäßig festgestellte und ,gepreiste' Vorgänge" (Kostenbegriff, a.a.O., S. 171) und verlangt, daß in der Kostendefinition „das Kriterium ,wertbedingt' durch ,preislich'" ersetzt werde (ebda., S. 172 und S. 177).

[247] s. o., Abschn. I B 3 c.

[248] *Koch*, Kostenbegriff, a.a.O., S. 366.

[249] Ebda., S. 367.

[250] *Koch*, Grundfragen, a.a.O., S. 569 ff.

[251] Ebda., S. 577.

„In der älteren Literatur" finde „sich die Meinung, daß die betriebswirtschaftliche Theorie als wissenschaftliche Disziplin ... lediglich um ihrer selbst willen betrieben werden könne bzw. dürfe". Indessen sei „überall da, wo systematisch empirische Forschung betrieben und Denkbemühungen unternommen werden, ... von einer Wissenschaft zu sprechen" (ebda.).

punkte für die Bemühungen in unserer Disziplin" ergeben[252]: Erstens die Erweiterung des „Wissens um die Wahlentscheidungen" durch empirische Forschungen über „die Technik der spezifisch kaufmännischen Tätigkeiten"; zweitens die Schaffung von Hilfsmitteln, die es der Praxis ermöglichen, zwischen den jeweils bestehenden Alternativen treffsicherer, fundierter zu entscheiden. Letzteres wolle die Theorie der Unternehmung mit generellen Aussagen darüber erreichen, „wie die rational disponierende Unternehmungsleitung zur Erreichung ihrer Ziele handelt"[253]. Die ‚Grundhypothese', „daß der jeweils betrachtete Unternehmer ausschließlich rational handelt und jede einzelne Tätigkeit im Rahmen der Unternehmung zweckmotiviert ist", sei notwendig, wenn die Wirtschaftspraxis durch die wissenschaftliche Forschung gefördert werden solle[254]. Aus ihr folge, daß die Unternehmungsleitung „unter den verschiedenen Varianten eines bestimmten Methodenmerkmals" jeweils die im Hinblick auf den Gesamtzweck der Unternehmung ‚optimale' wähle und realisiere[255]. In der betriebswirtschaftlichen Theorie sollen demnach „die optimalen Varianten der verschiedenen Merkmale der unternehmerischen Verhaltensweisen"[256], m. a. W. die „optimalen Varianten aller Planungsgrößen" bestimmt werden[257].

Wegen der Vielfalt der in der Wirklichkeit anzutreffenden Zielsetzungen und Rahmenbedingungen des betrieblichen Wirtschaftens sei

---

252 Ebda., S. 577 ff.

253 Ebda., S. 578.

Die Theorie als „systematische Gewinnung von Aussagen über irgendwelche Zusammenhänge" könne auf ‚konkrete Einzelfälle' abgestellt sein, als Teil einer wissenschaftlichen Disziplin beziehe sie sich jedoch auf eine Vielzahl von Fällen, und ihre Aussagen würden „aus allgemein formulierten Bedingungen abgeleitet werden" (ebda., S. 581).

254 Ebda., S. 581.

Diese ‚Grundhypothese' decke sich nicht „mit dem empirischen Tatbestand" (ebda.). Sie ist also eine Fiktion. Ihre Einführung begründet *Koch* auch damit, daß nur das rationale menschliche Verhalten der wissenschaftlichen Analyse zugänglich sei (*Koch*, Grundfragen, ebda.). Es ist jedoch anzunehmen, daß *Koch* nicht die Absicht hat, z. B. der Psychoanalyse den Charakter einer wissenschaftlichen Analyse abzusprechen. Wir können daher präzisieren:

Soweit die wissenschaftliche Analyse dazu dient, Aussagen über ein im Hinblick auf bestimmte Ziele zweckmäßiges Verhalten zu gewinnen, sind ihre Ergebnisse notwendig auch Aussagen über rationales Verhalten, denn ‚zweckmäßig' und ‚zweckrational' sind Synonyma, m. a. W. das fragliche Verhalten ist durch seine ‚Zweckrationalität' definiert. Dabei bleibt offen, ob der Handelnde die Ziele selbst setzt und ob sich außer den Handelnden auch Dritte rational verhalten. Ob und in welchem Umfang die theoretisch gewonnenen Aussagen praktische Bedeutung erlangen, hängt dann u. a. davon ab, inwieweit das praktische Verhalten im Hinblick auf die betrachteten Ziele rational ist.

255 Ebda., S. 583.

Der Unternehmungszweck werde „stets als irgendwie gegeben vorausgesetzt" (ebda.).

256 Ebda., S. 583.

257 Ebda., S. 587.

es schlechterdings unmöglich, „in der betriebswirtschaftlichen Theorie auf induktivem Wege generelle Aussagen" zu gewinnen[258]. Demnach bleibe der betriebswirtschaftlichen Theorie zur Erfüllung ihrer Aufgaben nur die Methode der Deduktion. *Koch* sieht in der deduktiven Gewinnung allgemeiner Aussagen „das allgemeine Prinzip jeder theoretischen Analyse schlechthin"[259]. Bei deduktivem Vorgehen werde „aus bestimmten, allgemein formulierten Hypothesen eine allgemeine Aussage abgeleitet", wobei letztere „bereits in den Prämissen vorgegeben sei"[260].

In seinem Beitrag zum Kostenbegriff führt *Koch* aus, „daß die Prämissen ... möglichst wirklichkeitsgetreu sein sollen", „daß theoretische Sätze nur dann verwertbar und sinnvoll sind, wenn sie eindeutig sind" und daß „sich die theoretischen Aussagen widerspruchsfrei zu einem geschlossenen System zusammenfügen lassen" müssen. „Ein solches System aber" werde „begründet durch die sog. Grundaxiome, d. s. Grundannahmen, die nicht auf andere Annahmen zurückgeführt werden, sondern unmittelbar dem täglichen Leben entnommen sind"[261]. Er nennt „z. B.: die Menschen suchen zur Erreichung ihrer Ziele Güter bereitzustellen; die Menschen besorgen die Güterbereitstellung in der Weise des arbeitsteiligen Verkehrs; die Menschen verfahren nach dem Rationalprinzip"[262]. Diese Ausführungen verdienen im vorliegenden Zusammenhang unser besonderes Interesse, weil *Koch* aus dem Umstand, daß die Begriffe Bestandteile der Prämissen und der Aussagen der Theorie sind, die Konsequenz zieht, daß auch die Begriffe „wirklichkeitsentsprechend", „eindeutig fixiert" und „mit den Grundaxiomen ... vereinbar sein sollen"[263]. „Diese drei Grundsätze: das Prinzip der Wirklichkeitsnähe, das Prinzip der Eindeutigkeit und das Prinzip der Widerspruchslosigkeit gelten" nach *Koch* „für alle betriebswirtschaftlichen Begriffe und somit auch für den Kostenbegriff. Sie ergeben sich

---

[258] Ebda., S. 595.

Eine Induktion bestehe „darin, daß aufgrund einer Vielzahl von Beobachtungen des gleichen Vorgangs eine generelle Aussage gebildet" werde, die nicht denknotwendig gelte, sondern „den Charakter einer hohen statistischen Wahrscheinlichkeit" besitze (ebda.).

[259] Ebda., S. 595 f.

[260] *Koch*, Grundfragen, a.a.O., S. 595.

„Da diese Aussage bereits in den Prämissen" vorgegeben sei „und die Deduktion lediglich in einer Explikation" bestehe, besitze „die deduktive Aussage auf Basis der ihr zugrunde liegenden Annahmen notwendige Gültigkeit" (ebda., S. 595).

Stegmüller (a.a.O., S. 458) drückt sich so aus: „Ein deduktionslogischer Schluß ist dadurch charakterisiert, daß die Conclusio des Schlusses über den Gehalt der Prämissen nicht hinausführt, weshalb diese Conclusio mit derselben Sicherheit behauptet werden kann, mit der die Prämissen gelten". (Vgl. auch *Kaufmann*, a.a.O., S. 43 f.)

[261] *Koch*, Kostenbegriff, a.a.O., S. 367.

[262] Ebda., S. 367 f.

[263] Ebda.

aus dem Zweck der Begriffsbildung, der in der Schaffung der Denkelemente für die Gewinnung theoretischer Aussagen besteht"[264].

Um zu *Kochs* Behauptungen über Ort und Zweck der Begriffsbildung in unserem Fache Stellung nehmen zu können, müssen wir uns also mit den grundsätzlichen Beziehungen zwischen Prämissen und Aussagen der Theorie einerseits und Begriffen und Terminologie der Betriebswirtschaftslehre andererseits, d. h. vor allem mit den von *Koch* angeführten Prinzipien der Begriffsbildung beschäftigen.

Bei der Betrachtung des Prinzips der Wirklichkeitsnähe können wir von folgenden Sätzen *Kochs* ausgehen:

(1) „Je weniger die den Deduktionen zugrunde liegenden Prämissen durch induktiv gewonnene Aussagen belegt sind, desto geringer ist die Verwertbarkeit der Theorie[265]."

(2) „Je mehr es gelingt, diese Annahmen der Wirklichkeit anzunähern, desto eher lassen sich theoretische Aussagen auf konkrete Situationen übertragen, um so größer ist die Bedeutung der betriebswirtschaftlichen Theorie für die Praxis der Unternehmungsführung[266]."

Der Sinn der ersten These hängt davon ab, was *Koch* hier unter einer induktiv gewonnenen Aussage bzw. unter einer Induktion versteht. Der Ausdruck ‚induktiv' wird, wie *Hill*[267] darstellt, einerseits zur Kennzeichnung jener Forschungsrichtung verwandt, die von der Erfahrung ausgehend auf die Erkenntnis allgemeiner Sachverhalte abzielt, andererseits nennt man jenes Schlußverfahren induktiv, bei dem „vom Besonderen zum Allgemeinen" fortgeschritten wird oder, genauer gesagt, bei dem „der Gehalt der Conclusio über den Gehalt der Prämissen hinausgeht, sodaß die Conclusio nicht mit derselben Sicherheit behauptet werden kann, mit der die Prämissen gelten"[268]. Ist ‚induktiv' im zuerst genannten Sinn, d. h. sind mit ‚induktiv gewonnenen' empirisch belegte Aussagen gemeint, dann besagt die These (1): Die Wahr-

---

[264] Ebda., S. 368.

An anderer Stelle schreibt *Koch*, die theoretische Analyse schließe „die Bildung der erforderlichen Begriffe ein" (Grundfragen, a.a.O., S. 587). Er bezeichnet auch „die Bildung von Allgemeinbegriffen" als „die unterste Stufe der Theorie" (ebda., S. 583).

[265] Grundfragen, a.a.O., S. 595.

Indessen sei die Übereinstimmung der Prämissen mit induktiv gebildeten Aussagen nicht allgemeine Voraussetzung theoretischer Analysen (ebda., S. 596).

[266] Ebda., S. 589.

[267] *Hill*, Wilhelm, Betriebswirtschaftslehre als Wissenschaft, Reihe: St. Galler wirtschaftswissenschaftliche Forschungen, hrsg. von der Handels-Hochschule St. Gallen, Bd. 13, Zürich und St. Gallen 1957, S. 171 ff.; künftig zit. ‚Betriebswirtschaftslehre'.

[268] *Stegmüller*, Wolfgang, a.a.O., S. 548 (im Orig. teilw. gesperrt).

Über die Eigenart und die Varianten induktiven Schließens vgl. z. B. *Stegmüller*, a.a.O., S. 466, und *Bochensky*, I. M., Die zeitgenössischen Denkmethoden, Reihe: Dalp-Taschenbücher, Bd. 304, München 1954, S. 117 ff.

scheinlichkeit, daß sich eine anhand einer deduktiven Aussage gestellte Prognose als richtig erweist, ist um so größer, je mehr die der betreffenden deduktiven Aussage zugrunde liegenden Prämissen empirisch erhärtet sind[269]. In diesem Sinne kann auch die These (2) verstanden werden, wenn man die ‚Wirklichkeitsnähe (bzw. -ferne)' einer Prämisse als den Grad interpretiert, in dem eine als Prämisse verwendete Annahme durch die Erfahrungsdaten bestätigt wird[270]. Diese Auslegung der beiden Thesen *Kochs* leuchtet ohne weiteres ein, wenn man den Zweck der Theorie „in der Förderung der Praxis der Unternehmungsführung" sieht. Sie setzt aber voraus, daß man der empirischen Erforschung aller Fakten, die für die Bildung solcher Annahmen und deren Verwendung als Prämissen deduktiver Aussagen relevant sind, als wichtigem Erkenntnisprozeß im Rahmen der betriebswirtschaftlichen Forschung einen Platz zuweist. *Koch* schreibt nun einerseits, „daß die betriebswirtschaftliche Forschung neben der Entwicklung der betriebswirtschaftlichen Technik lediglich in der Theorie der Unternehmung bestehen darf"[271, 272], andererseits sagt er, die „empirische Unternehmungsforschung" sei für „die Entwicklung des Zweiges der betriebswirtschaftlichen Technik" und — als Vorstufe der theoretischen Analyse — für die betriebswirtschaftliche Theorie überaus wichtig[273]. Nach un-

[269] „Wer möglichst genaue Prognosen aufstellen will, wird versuchen, Hypothesen mit möglichst großem empirischen Gehalt zu formulieren" (*Albert,* Hans, Theorie und Prognose in den Sozialwissenschaften, in: Schweiz. Zeitschr. f. Volkswirtsch. und Stat., Bd. 93 (1957), S. 65).
Auch *Koch* denkt an die Verwertbarkeit deduktiver Sätze in Prognosen (Grundfragen, a.a.O., S. 595, und Kostenbegriff, a.a.O., S. 365). Prognosen sind stets das Ergebnis induktiver Schlüsse und „induktive Schlüsse sind Wahrscheinlichkeitsschlüse" (*Stegmüller,* Wolfgang, a.a.O., S. 459; vgl. auch ebda., S. 458 ff., und o., Anm. 258 dieses Teils der Arbeit).

[270] Vgl. *Stegmüller,* a.a.O., S. 460.

[271] *Koch,* Grundfragen, a.a.O., S. 596.
In der betriebswirtschaftlichen Technik als Teil unserer Disziplin seien „die in der Praxis angewandten und entwickelten technologischen Verfahren" „der spezifisch kaufmännischen Tätigkeiten" „systematisch zu erfassen und zu beschreiben" (ebda., S. 578).

[272] Der apodiktische Geltungsanspruch, der in diesen Worten zum Ausdruck kommt, sollte auch *Koch* bewußt gewesen sein. Wir glauben deshalb nicht, unterstellen zu dürfen, *Koch* habe nur (wie ebda., S. 597) sagen wollen, „daß unser Fach lediglich als betriebswirtschaftliche Technik und als (durch empirische Forschung fundierte) Theorie ... ein Instrument der Unternehmungsführung darstellt". Allerdings formuliert *Koch* an anderer Stelle (ebda., S. 578) weniger entschieden, die empirischen Forschungen müßten sich *vornehmlich* auf die betriebswirtschaftliche Technik erstrecken.

[273] Ebda., S. 597.
Wenn die ‚empirische Unternehmungsforschung' zur ‚betriebswirtschaftlichen Forschung' gehört, was doch wohl nicht bestritten werden kann, dann muß man annehmen, daß nach *Koch die* empirische Forschung in unserer Disziplin ausschließlich (oder vornehmlich? — vgl. die vorhergehende Anmerkung —) die betriebswirtschaftliche Technik zum Gegenstand haben soll.
Angesichts der im obigen Text und der in der vorhergehenden Anmerkung zitierten Aussagen *Kochs* ist es zwar möglich, daß diese Annahme *Kochs* Auffassung nicht völlig entspricht. Deshalb erübrigt es sich aber nicht, sein

serem Dafürhalten darf sich die empirische Forschung unserer Disziplin nicht auf die ‚betriebswirtschaftliche Technik' beschränken, sie muß vielmehr auch Zielsetzung der Unternehmertätigkeit sowie interne und externe Daten des wirtschaftlichen Betriebsgeschehens zu erkennen und zu beschreiben versuchen[274]. Auch darf aus dem Umstand, daß die empirische Forschung „eine Vorstufe der theoretischen Analyse" ist, nicht geschlossen werden, ihr Rang sei geringer als der der Theorie (i. S. von *Koch*) und ihr Ausbau werde allein von den Erfordernissen der (deduktiven) theoretischen Forschung bestimmt. Der Nutzen der empirischen für die (deduktive) theoretische Forschung braucht nämlich keineswegs von vornherein erkennbar zu sein, vielmehr wird oft von den Ergebnissen der empirischen Forschung ein unvorhergesehener Anstoß zur Vertiefung und Erweiterung der (deduktiven) theoretischen Forschung ausgehen[275]. Darüberhinaus stehen empirische und (deduktive) theoretische Forschung u. E. hier wie in jeder anderen Erfahrungswissenschaft insofern in Wechselbeziehung zueinander, als die (deduktive) Theorie ohne empirisches Fundament bloß formalen Gehalt hat, also keine Erkenntnisse über reale Objekte und deren Beziehungen zueinander vermittelt, und als die (deduktiven) theoretischen Bemühungen dazu beitragen, die Ergebnisse der empirischen Forschung in einen Sinnzusammenhang zu bringen[276, 277]. Schließlich kann sich die empirische Forschung nicht in Einzelbeobachtungen, ihrer Beschreibung und in der ungeordneten Anhäufung des so gewonnenen ‚Erfahrungsmaterials' erschöpfen, denn ein Zeichen wissenschaftlicher Arbeit ist, daß ihr ein System zugrunde liegt. Durch Vergleich der Merkmale der beobachteten Objekte, durch Feststellung von Unterschieden und Gemeinsamkeiten sowie durch deren Hervorhebung (mittels generalisierender Abstraktion) gelangt man zu Gesichtspunkten, nach denen die Klassifika-

---

Vorgehen bei der Bildung des ‚pagatorischen' Kostenbegriffs anhand des Postulats zu beurteilen, das sich aus dem Prinzip der Wirklichkeitsnähe für die Begriffsbildung ergibt.

[274] So wie es z. B. in Erich *Gutenbergs* ‚Untersuchungen über die Investitionsentscheidungen industrieller Betriebe' (Köln und Opladen 1959) geschieht.

Die Grenzen der empirischen betriebswirtschaftlichen Forschung liegen normalerweise dort, wo die sachliche Zuständigkeit anderer Disziplinen beginnt.

[275] Empirische und (deduktive) theoretische Forschung können sich also — wenigstens vorübergehend und auf Teilgebieten — unabhängig voneinander entwickeln, wenngleich wechselseitige Einflüsse auf beider Entwicklung häufig auftreten werden.

[276] Vgl. dazu *Wöhe*, a.a.O., S. 86 und S. 92 f.

[277] Wir folgen hier *Koch* und stellen der empirischen die *deduktive* theoretische Forschung gegenüber, obwohl es u. E. angebracht wäre, der empirischen Forschung, die die Beschreibung (und Ordnung) unseres Wissens von Fakten der Erfahrungswelt zum Gegenstand hat, die theoretische Forschung im allgemeinen gegenüberzustellen, mit der die Erklärung empirischer Fakten vom Grunde her bezweckt ist.

tion des ‚Erfahrungsmaterials' erfolgen kann. Allgemeine, durch Induktion (im logischen Sinne) gewonnene Aussagen — z. B. über die (real-) typische Struktur bestimmter Gebilde und über den regelmäßigen Verlauf bestimmter Prozesse — runden die Ergebnisse empirischer Forschung vollends ab[278]. Nach dieser Feststellung ist auch unschwer einzusehen, welche Bedeutung die These (1) erhält, wenn man unter ‚induktiv' gewonnenen Aussagen solche versteht, die durch einen induktiven Schluß zustande kommen: Die Verwertbarkeit deduktiv abgeleiteter, theoretischer Sätze zu Prognosen für die Unternehmungspraxis ist umso größer, je besser die Prämissen dieser Sätze mit induktiv gewonnenen generellen Aussagen empirischer Forschung übereinstimmen[279]. Es handelt sich hier um eine Auslegung, die zwar sinnverwandt mit der vorher besprochenen, aber enger als diese ist. *Koch* dürfte sie wohl kaum im Auge gehabt haben, da er es ja für unmöglich hält, „in der betriebswirtschaftlichen Theorie auf induktivem Wege generelle Aussagen" zu gewinnen[280].

Die These (2), auf die vorher schon eingegangen wurde, könnte noch in einem anderen Sinne interpretiert werden: Die Fortschritte theoretischer Forschung zeigen sich nicht nur in der Aufstellung zentraler Gesetze bzw. Hypothesen, sondern auch in der Differenzierung allgemeiner Aussagen durch deren Übertragung auf speziellere Zusammenhänge. Eine Theorie stellt deshalb ein Gebäude von (stammverwandten) Aussagen verschiedenen Abstraktionsgrades dar[281]. Da *Koch*

---

278 Vgl. dazu *Wöhe*, a.a.O., S. 64 f. und S. 86; *Kosiol*, Erich, Erkenntnisgegenstand und methodologischer Standort der Betriebswirtschaftslehre, in: ZfB, 31 (1961), H. 3, S. 135 f.; *Lorentz*, Stefan, Wirklichkeitsnähe und Wirklichkeitserkenntnis in der Betriebswirtschaftslehre, in: Der prakt. Betriebswirt, 16 (1936), H. 4, S. 434 ff.

279 Vgl. dazu *Kaufmann*, a.a.O., S. 47 f.

280 *Koch*, Grundfragen, a.a.O., S. 595.

281 Auch wenn das betreffende Aussagensystem nur „generelle, d. h. auf alle Unternehmungen und auf alle Zeitpunkte anwendbare" Sätze enthält (*Koch*, Grundfragen, a.a.O., S. 578), werden sich doch im Hinblick auf ihren sachlichen Geltungsbereich allgemeinere und speziellere Aussagen unterscheiden lassen. Ansonsten wäre es unerfindlich, wozu es in einem solchen System ‚spezifischer' Begriffe bedürfte.

Außerdem umfaßt die Betriebswirtschaftlehre neben der allgemeinen Theorie, was wohl auch *Koch* nicht bestreiten will, besondere Theorien, die jeweils ein bestimmtes Teilgebiet der Betriebswirtschaftslehre zum Gegenstand haben (sei dieses nun auf eine bestimmte Betriebsfunktion oder auf bestimmte Wirtschaftszweige ausgerichtet). Auch wenn solche besonderen Theorien an die allgemeine Theorie anknüpfen, werden sie speziellere Aussagen als jene entwickeln. Mit zunehmender Vertiefung des ganzen Theoriegebäudes werden immer mehr ‚spezifische' Begriffe gebildet werden, die — ohne daß sie auf die im praktischen Einzelfall vorliegenden Zwecke abgestellt, m. a. W. mit Rücksicht auf die konkreten Konsequenzen dieser Zwecke gebildet worden wären — den in (bestimmten) konkreten Einzelfällen vorliegenden Zwecken und ‚Bedingungen des Verifikationsmodells' eher gerecht werden als die ‚generellen' Sätze der allgemeinen Theorie.

In diesem Zusammenhang verdient noch der Hinweis von *Koch* Beachtung, von der Übertragung theoretischer Aussagen auf konkrete Situationen spricht, könnte man denken, er meine mit der Annäherung der Prämissen an die Wirklichkeit einen Vorgang, in dessen Verlauf zunehmende Übereinstimmung zwischen den Prämissen einzelner theoretischer Aussagen und den in konkreten Einzelfällen vorliegenden Gegebenheiten erreicht werde[282]. Diese Auslegung erscheint jedoch verfehlt, denn erstens hebt *Koch* des öfteren die Vielfalt und Veränderlichkeit der realen Gegebenheiten hervor, deretwegen in unserem Fache kein Theoriegebäude errichtet werden kann, das bis zu dem in konkreten Einzelheiten anzutreffenden Gegebenheiten hinabreicht, und zweitens finden sich in *Kochs* Ausführungen keine Hinweise auf den seinem Abstraktionsgrad nach vielstufigen Aufbau der Theorie.

Wir fanden bei unseren bisherigen Überlegungen drei Möglichkeiten zur Deutung der Thesen *Kochs* über die ‚Wirklichkeitsnähe' von Prämissen. Keine von diesen verträgt sich jedoch mit den sonstigen Ausführungen von *Koch*. Nach unserer eigenen Auffassung befriedigt nur die folgende Auslegung ganz: Wenn „die betriebswirtschaftliche Theorie ein Instrumentarium für die Unternehmungsführung sein und demgemäß die in der Praxis anzustellenden Prognosen verbessern soll"[283], dann muß bei der Ableitung deduktiver, theoretischer Aussagen nach Möglichkeit von Prämissen ausgegangen werden, die empirisch erhärtet sind. Im Zusammenhang damit ergab sich die Feststellung, daß eine auf solche Ziele gerichtete theoretische Forschung eine mit ihr korrespondierende empirische Forschung bedingt. Wenn nun die betriebswirtschaftliche Theorie, wie *Koch* meint[284], die Bildung der erforderlichen Begriffe einschließen würde, dann bliebe nur noch zu klären, ob die im Rahmen der betriebswirtschaftlichen Theorie gebildeten Begriffe auch der empirischen Forschung in unserem Fache genügen, oder ob, falls dies verneint werden müßte, zwei (zum Teil) voneinander unabhängige Begriffssysteme notwendig sind, deren eines bei empirischen und deren

---

daß auch der Disponent einer Unternehmung Theorie treibe, wenngleich eine ganz spezielle (*Koch*, Grundfragen, a.a.O., S. 581 und S. 588).

282 Eine deduktiv-theoretische Aussage gilt ja nur innerhalb der Voraussetzungen, unter denen sie abgeleitet wurde, sie gilt also „für die Wirklichkeit nur dann ..., wenn die konstruierten Annahmen in einer konkreten Situation vorliegen ..." (*Kade*, Gerhard, Die Verdächtigung der exakten Wirtschaftstheorie — Kritische Bemerkungen zum Aufsatz von F. Ottel, in: Jb. f. Nat. und Stat., Bd. 169 [1958], S. 17).

283 *Koch*, Kostenbegriff, a.a.O., S. 367.

284 *Koch*, Grundfragen, a.a.O., S. 587.

Auch der allgemeine Kostenbegriff und ‚die verschiedenen spezifischen Kostenbegriffe' sind nach *Koch* (Kostenbegriff, a.a.O., S. 366 ff.) „im Rahmen der betriebswirtschaftlichen Theorie" „zur Gewinnung theoretischer Aussagen" zu prägen.

284 Vgl. dazu *Amonn*, Alfred, a.a.O., S. 22 und S. 25, sowie die Hinweise Walter *Euckens* auf den Problemcharakter des Erkenntnisgegenstands (a.a.O., insbes. S. 229).

anderes bei theoretischen Forschungen anzuwenden wäre. Hier handelt es sich aber offensichtlich um keine echte Alternative. Die Zugehörigkeit empirischer und theoretischer Forschung zu einer bestimmten wissenschaftlichen Disziplin beruht auf der Gemeinsamkeit des Erkenntnisobjekts[284]. Der Gegenstand der verschiedenen Fachbegriffe, ihr Denkinhalt, bleibt diesem Erkenntnisobjekt verhaftet, weshalb sie alle in einem aus der Sache heraus gegebenen Bezug zueinander stehen. Es ist also undenkbar, daß innerhalb einer Disziplin zwei oder gar mehrere Begriffssysteme einander (teilweise) beziehungslos gegenüberstehen. Dagegen ist es möglich, daß einzelne Begriffe verschieden benannt werden oder, äußerstenfalls zwei bzw. mehrere Terminologien existieren. Derartige Äquivokationen sind aber weder von der Sache noch von der Methode her unumgänglich, und sie erschweren die Verständigung. Weiterhin ist festzustellen, daß keiner der Fachbegriffe, mit denen eine praktischen Zwecken dienende, deduktive betriebswirtschaftliche Theorie arbeitet, gebildet werden kann, ohne daß direkt oder indirekt an empirisch gewonnene Begriffe angeknüpft wird. Ehe die erste, auf den besonderen Gegenstand einer solchen Theorie bezogene Prämisse aufgestellt werden kann, bedarf es eines begrifflichen Wissens von diesem Gegenstand, das (letztlich) nur aus der Erfahrung kommen kann[285]. Allerdings ist der Theoretiker nicht gezwungen, die empirisch gewonnenen Begriffe einfach zu übernehmen, er kann vielmehr die Begriffe, die er zur Durchführung seines Forschungsvorhabens benötigt, durch (isolierende) Abstraktion aus entsprechenden, im Verlaufe der empirischen Forschung gebildeten Begriffen ableiten[286]. Außerdem ist es ihm möglich, neue Begriffe zu bilden, wenn er durch Deduktion zu Aussagen über Dinge gelangt, die entweder bisher noch nicht beobachtet wurden oder der empirischen Forschung generell unzugänglich sind[287]. In beiden Fällen bleibt jedoch der Zusammenhang mit dem System der aus empirischen Forschungen hervorgegangenen Begriffe gewahrt, das eine Mal über den Begriff, von dem bei der Abstraktion ausgegangen wird, das andere Mal über die Prämissen der betreffenden Aussage bzw. über die in ihnen enthaltenen Begriffe. Ziel und Stand der theoretischen Forschung können also neben der empirischen Forschung auf Richtung und Ausmaß der Entfaltung des Begriffssystems unseres Faches einwirken, der materiale Gehalt jedes zu diesem System gehörigen Begriffes beruht aber letzten Endes auf empirischer Erkenntnis.

---

[285] Das widerspricht nicht der Tatsache, daß die Bildung wissenschaftlicher Begriffe eine wissenschaftliche Aufgabe ist.

[286] Vgl. dazu u. a. *Amonn*, a.a.O., S. 69 ff.; *Eucken*, a.a.O., S. 226 f.; *Wöhe*, a.a.O., S. 77 und S. 90 ff.

[287] Vgl. in diesem Zusammenhang über Nominal- und Realdefinition z. B. *Bochensky*, a.a.O., S. 95, und *Stegmüller*, a.a.O., S. 368 und S. 373 f.

So betrachtet, könnte der Sinn des ‚Prinzips der Wirklichkeitsnähe' u. E. erstens darin liegen, daß in der (deduktiven) betriebswirtschaftlichen Theorie nach Möglichkeit Begriffe verwendet werden, die unmittelbar aus der empirischen Forschung heraus gewonnen wurden, zweitens könnte dieses Prinzip besagen, daß bei der Definition von Begriffen für die besonderen Zwecke einer bestimmten Theorie und allgemein beim Gebrauch definierter Begriffe die empirisch nachgewiesenen Begriffsverhältnisse, insoweit sie berührt werden, zu beachten sind. Beiden Forderungen widerspricht es, die Kosten allgemein als eine ‚spezifische Ausgabenkategorie' zu definieren, wenn es gleichzeitig möglich sein soll, den Kostenbegriff zu ‚verifizieren', ohne daß ‚realiter' Ausgaben vorliegen. Dagegen ist diese Definition, die für die besonderen Zwecke einer bestimmten Theorie durchaus gerechtfertigt sein mag, nicht zu beanstanden, wenn zur ‚Verifikation' des Kostenbegriffes der Nachweis realer Ausgaben verlangt[288] und wenn beachtet wird, daß er dann ein Artbegriff des allgemeinen betriebswirtschaftlichen Kostenbegriffes ist. Im übrigen steht der letztere, d. h. der ‚wertmäßige', aufgrund empirischer Feststellungen gebildete allgemeine betriebswirtschaftliche Kostenbegriff mit dem ‚Prinzip der Wirklichkeitsnähe', wenn man es in der beschriebenen Weise versteht, durchaus in Einklang.

Über den Sinn des ‚Prinzips der Eindeutigkeit' können wir aus folgenden Sätzen *Kochs* Aufschluß erwarten:

(1) „Eine Aussage darüber, wie der Zusammenhang zwischen zwei Größen ... beschaffen ist, besitzt nur für bestimmte Bedingungen Gültig-

[288] *Wöhe* stellt fest, daß eine Verifikation deduktiv gewonnener Urteile überflüssig ist, wenn diese Urteile logisch einwandfrei aus Prämissen abgeleitet wurden, „die in ihrer Wahrheit gesichert sind". Wo dies nicht der Fall sei, könne die Verifikation nur darin bestehen, „die *Brauchbarkeit* dieser Urteile für die Erklärung realer Betriebsprozesse zu überprüfen" (*Wöhe*, a.a.O., S. 84; vgl. auch ebda., S. 69 f. und S. 83 ff.; Kursivsatz im Original gesperrt).

Hieraus darf nicht geschlossen werden, zur ‚Verifikation' des ‚pagatorischen' Kostenbegriffs genüge der Nachweis, daß es möglich sei, alle Kosten i. S. der Kostenrechnung — ob sie nun mit realen Ausgaben verbunden sind oder nicht — als Ausgaben zu denken und daß es Wege gebe, u. U. auftretende Inkongruenzen von Denken und konkreter Wirklichkeit terminologisch zu bewältigen. Durch die Prämissen, die dem ‚pagatorischen' Kostenbegriff zugrunde liegen (die Wirtschaftssubjekte erwerben alle Wirtschaftsgüter entgeltlich, die Preise dieser Güter sind in bestimmter Höhe fest gegeben u. a.), wird zugleich unterstellt, daß alle Größen betrieblicher Kostenrechnung von Ausgaben herzuleiten sind. Diese Prämissen widersprechen dem empirischen Befund. Das bedeutet zwar nicht, daß sie für die deduktive Ableitung brauchbarer Urteile zur Erklärung realer Betriebsprozesse generell ungeeignet sind, sicherlich lassen sich aber aus ihnen keine zutreffenden Aussagen über die Merkmale ableiten, die den ‚Kosten' genannten Rechengrößen der betrieblichen Kostenrechnung, wie wir sie aus der Erfahrung kennen, gemeinsam sind. Es wäre ein glatter Zirkel, wenn man aus der logischen Konsequenz, mit der sich die Deduktion aus ihren Prämissen ergibt, auf die Wahrheit der Prämissen schließen wollte.

keit. Daher müssen, will man eindeutige und richtige Aussagen bilden, diese Bedingungen vollständig und genau angegeben werden[289]."

(2) „Nun liegen die Dinge so, daß diese Prämissen in gewisser Weise vereinfacht werden und d. h. von der Wirklichkeit abstrahiert werden müssen, wenn die theoretischen Aussagen eindeutig sein sollen[290]."

Die erste dieser beiden Thesen verdient, ohne weiteres anerkannt zu werden: Wenn die Prämissen einer deduktiv gewonnenen Aussage nicht vollständig und genau bekannt sind, kann keine Klarheit über Bedeutung und Geltungsbereich der betreffenden Aussage bestehen. Eindeutige deduktive Aussagen setzen also explizites Denken voraus, und die Verständigung über die Bedeutung solcher Aussagen ist nur bei deutlicher und vollständiger Formulierung ihrer Prämissen gesichert[291, 292]. Deutliches Denken bzw. Formulieren von Prämissen (und von anderen Aussagen) setzt aber deutlich gedachte bzw. definierte Begriffe voraus[293]. Hier handelt es sich also um ein Prinzip wissenschaftlicher Begriffsbildung. Wenn aber *Koch* mit seiner Behauptung, der ‚wertmäßige' Kostenbegriff sei nicht eindeutig bestimmt, meinen würde, dieser Begriff sei für den wissenschaftlichen Gebrauch nicht

---

289 *Koch,* Grundfragen, a.a.O., S. 574; vgl. auch ebda., S. 597.

290 Ebda., S. 589; vgl. auch ebda., S. 592.

Ähnlich heißt es ebda., S. 574: „Eine gewisse Abstraktion der Prämissen muß in der Theorie ... in Kauf genommen werden, weil sonst exakte Aussagen nicht gebildet werden können."

291 Entsprechendes gilt auch für Aussagen über empirische Wahrnehmungen. Hier sind die Bedingungen möglichst genau und vollständig anzugeben, unter denen die betreffende Wahrnehmung zustande kam. Wird diese Forderung nicht erfüllt, so leidet darunter die Möglichkeit, durch empirische Forschungen eindeutige Ergebnisse zu erzielen.

292 Felix *Kaufmann* schreibt (a.a.O., S. 112; im Orig. gesperrt), daß „sich der Kampf zwischen Theoretikern und Theoriegegnern ... keineswegs durch die Gegenüberstellung: ‚hie Theorie — hie Tatsachen' charakterisieren" lasse; „in Wahrheit" habe „die Formulierung des Gegensatzes zu lauten: ‚hie explizite Voraussetzungen — hie implizite Voraussetzungen'".

293 Vgl. *Stegmüller,* a.a.O., S. 365; *Kaufmann,* a.a.O., S. 39 und S. 48 ff.

Die Definition besteht in der Nennung der konstitutiven Merkmale eines Begriffes und dessen Benennung, was voraussetzt, daß der Begriff deutlich gedacht wird. Die Definition ist also ein Akt der Zuordnung von Sinn und Zeichen. Sie ist eindeutig, wenn die genannten Begriffsmerkmale (der Begriffsinhalt) ihrerseits eindeutige Begriffe sind, d. h. intersubjektiv einen einheitlichen Denkinhalt haben. Bestehen Zweifel darüber, ob dies der Fall ist, so bedarf es auch einer Definition der besagten Begriffsmerkmale. Für diese Definitionen gilt wiederum dasselbe usf., bis die Verständigung gesichert erscheint. Dabei kommt u. E. das von *Kaufmann* (a.a.O., S. 14 ff., bes. S. 18) aufgestellte ‚Prinzip' der finiten ‚Formulierung' sinngemäß zur Anwendung. (Vgl. dazu auch *Stegmüller,* a.a.O., S. 381; *v. Freytag gen. Löringhoff,* Baron Bruno, Logik, Ihr System und ihr Verhältnis zur Logistik, Reihe: Urban-Bücher, Die wissenschaftliche Taschenbuchreihe, hrsg. v. Fritz Ernst, Bd. 16, 3. Aufl., Stuttgart 1961, S. 46 ff.) Die Beschreibung der Definition als Rückgriff auf einen ‚Mindestwortschatz' erscheint uns weniger realistisch (vgl. dazu *Schreiber,* Rupert, Erkenntniswert betriebswirtschaftlicher Theorien, Einführung in die Methodik der Betriebswirtschaftslehre, Wiesbaden 1960, S. 30).

vollständig und nicht genau genug definiert, dann hätte sich ihm die Aufgabe gestellt, dies aufzuzeigen und den vermeintlichen oder tatsächlichen Mangel nach Möglichkeit, d. h. im Rahmen der Grenzen jedes definitorischen Bemühens, durch Ergänzung und Präzisierung der Definition dieses Begriffes zu beheben. Nur so entstünde größere Klarheit darüber, wann ein Gegenstand als ‚Kosten' zu bezeichnen ist. In dieser Richtung bewegen sich jedoch die Überlegungen *Kochs* offensichtlich nicht.

Der Sinn der zweiten These hängt davon ab, was *Koch* hier als Abstraktion bezeichnet. Es wurde vorher schon festgestellt, daß eine Theorie ein System von Aussagen verschiedenen Abstraktionsgrades darstellt. Dabei hatten wir das Verhältnis allgemeiner Aussagen zu spezielleren, oder genauer: zu subalternen Aussagen im Auge. Es ist jedoch nicht einzusehen, warum eine verhältnismäßig spezielle (Teil-) Aussage eindeutiger sein sollte als eine sie umfassende allgemeinere Aussage. Das gilt in entsprechender Weise für Begriffe[294]. Aussagen, die einen verschiedenen Allgemeinheitsgrad, einen verschieden großen Geltungsbereich haben, setzen Begriffe voraus, deren Umfang dem Geltungsbereich der fraglichen Sätze ‚adäquat' ist. Nur unter dieser Voraussetzung können die betreffenden Sätze präzise konzipiert bzw. formuliert werden. Das Begriffssystem einer wissenschaftlichen Disziplin muß also dem Abstraktions- oder Allgemeinheitsgrad seiner Begriffe nach ebenso vielstufig und vielseitig aufgebaut sein wie das System der durch empirische und theoretische Forschungen gewonnenen Aussagen. Will man in diesem Zusammenhang von „materiell völlig bestimmten" oder von Begriffen sprechen, die „eine eindeutige materielle Bedeutung" haben[295], so hat das u. E. nur im Hinblick auf solche Begriffe Sinn, deren Gegenstand in seiner Art, an seinem Ort und zu seiner Zeit einmalig und konkret gegeben ist[296]. ‚Rein formal' könnte man dann einen Begriff nennen, der alle Klassen von Gegenständen umfaßt[297]. Zwischen diesen beiden Extremen liegen unzählbare Stufen mehr oder weniger großer materieller Bestimmtheit bzw. for-

---

[294] Vgl. dazu *Wöhe*, a.a.O., S. 58 f.

[295] *Koch*, Kostenbegriff, a.a.O., S. 363.

[296] Das können Begriffe von individuellen Gegenständen oder von Beziehungen zwischen solchen Gegenständen sein. Alle Begriffsmerkmale sind konstituierende Merkmale.

[297] Ding (Objekt, Einheit) als für sich gedachter (vorgestellter) Träger potentieller Eigenschaften. Durch die definitorische Einführung von Merkmalen, die im Allgemeinbegriff nur potentiell enthalten sind, entstehen Unterbegriffe (Determination).

Die formalen Grundbegriffe sind Ausgangspunkte der formalen Wissenschaften (formale Logik, reine Mathematik). „In ihnen erfolgt zwar keine Setzung über die Welt, aber sie setzen die Welt voraus" (*Kaufmann*, a.a.O., S. 37; im Orig. gesperrt; vgl. auch ebda., S. 50 f.).

maler Offenheit denkmöglicher Begriffe[298]. Wenn aber ‚materiell eindeutig' (materiell bestimmt) im Sinne von konkret und ‚formal' im Sinne von abstrakt (abstrahiert) gebraucht wird, dann ist konsequenterweise festzustellen, daß ‚materiell eindeutige' (‚materiell völlig bestimmte') Begriffe in (deduktiv-)theoretischen Aussagen nicht vorkommen, da diese stets allgemeine Aussagen sind[299]. Die Tatsache, daß der ‚spezifische Ort' des ‚wertmäßigen' Kostenbegriffs im Begriffssystem unseres Faches näher bei den ‚rein formalen' Begriffen liegt als der des ‚pagatorischen' Kostenbegriffs, m. a. W. daß der letztere — wenn man ‚Ausgaben' in herkömmlichem Sinne definiert — ein Artbegriff des ersteren ist, ergibt deshalb für sich allein kein Argument gegen den ‚wertmäßigen' und für den ‚pagatorischen' Kostenbegriff.

Möglicherweise meint *Koch* hier etwas anderes, wenn er davon spricht, daß die Prämissen (deduktiv-)theoretischer Analyse „von der Wirklichkeit abstrahiert werden müssen, wenn die theoretischen Aussagen eindeutig sein sollen". Diese Vermutung wird durch ein Beispiel verstärkt, das *Koch* in vorliegendem Zusammenhang anführt. Er schreibt, die Theorie habe von der Annahme auszugehen, „daß der Unternehmer ein einziges homogenes Ziel anstrebe, obwohl diese Prämisse in hohem Maße wirklichkeitsfremd ist", denn wenn unterstellt würde, „daß der Unternehmer mehrere sich einander widerstreitende Ziele zugleich verfolge und obendrein zweckfreie ethische Gesichtspunkte beachte, dann ließe sich nicht generell ausmachen, in welchem Maß den verschiedenen Gesichtspunkten Rechnung getragen werden soll, so daß die Bildung eindeutiger Aussagen und Grundsätze nicht möglich wäre"[300].

Anders ausgedrückt: Aussagen über ‚die optimalen Varianten der verschiedenen Merkmale unternehmerischer Verheltensweisen' sind nur möglich, wenn die Ziele unternehmerischer Betätigung nicht miteinander kollidieren, wenn sie einem einheitlichen Zielsystem angehören und wenn sie sich derart prägnant charakterisieren lassen, daß die möglichen unternehmerischen Verhaltensweisen anhand ihrer Folgen daraufhin beurteilt werden können, ob und in welchem (relativen oder absoluten) Maße sie zur Zweckerreichung beitragen. Bei Zielen wie z. B. ‚höhere soziale Stellung', ‚größere wirtschaftliche Machtstellung', ‚Unterstützung von Verwandten', ‚Pflege der Firmentradition',

---

[298] Wenn wir von Begriffen transzendenter Bereiche absehen, können wir sagen, daß alle Begriffe nur durch ihre direkte oder indirekte Verknüpfung mit Vorstellungen von konkreten Dingen, mit offenbar intersubjektiv ähnlichen oder gleichen Erfahrungen objektiviert und damit für die Zwecke der Verständigung brauchbar gemacht werden können. (Vgl. *Stegmüller*, a.a.O., S. 381 u. S. 388; zu den spezifischen Begriffen transzendenter, metaphysischer Bereiche s. ebda., S. 383 f., und *Kaufmann*, a.a.O., S. 37.)

[299] Vgl. dazu *Amonn*, a.a.O., S. 69.

[300] *Koch*, Grundfragen, a.a.O., S. 592; vgl. in diesem Zusammenhang auch *Koch*, Helmut, Artikel: Betriebsgröße, in: HdSw, Bd. 2, S. 85 f.

‚Wohlergehen der Belegschaft', ‚Wohlergehen des Staatsganzen'[301] sind diese Voraussetzungen tatsächlich nicht erfüllt, zumindest nicht in objektiv gültiger Weise, weshalb bei der theoretischen Analyse unternehmerischen Verhaltens zur Bestimmung ‚der optimalen Varianten seiner verschiedenen Merkmale' von der Existenz solcher Zielsetzungen abgesehen und (z. B.) unterstellt werden muß, „daß die Unternehmungsleitung ausschließlich danach strebt, Einkommen zu erzielen"[302].

Koch meint hier also nicht die Eindeutigkeit der Aussagen selbst[303], sondern die Eindeutigkeit der Beziehung zwischen der jeweiligen Verhaltensweise des Unternehmers und seiner Zielsetzung. Der Vorsatz, durch deduktiv-theoretische Analyse Aussagen über eindeutige Beziehungen dieser Art zu gewinnen, kann nur bei Verwendung entsprechender Prämissen verwirklicht werden. Die Bildung solcher Prämissen ist wiederum nur möglich, sofern entsprechende Begriffe vorhanden sind. Es ist evident, daß diese Feststellung eng mit der schon angeführten, dem ‚Prinzip der Widerspruchslosigkeit' zugrunde liegenden Überlegung *Kochs* zusammenhängt: „Wenn ... alle im Rahmen der betriebswirtschaftlichen Theorie gebildeten Aussagen mit den Grundaxiomen ... vereinbar sein sollen, dann gilt dieser Grundsatz auch für die Begriffe als die Aussagenelemente[304]." Wir können daher annehmen, daß mit der Behauptung, der ‚wertmäßige' Kostenbegriff habe keine ‚eindeutige materielle Bedeutung', dasselbe gemeint ist wie mit jener, daß dieser Begriff ‚widerspruchsvoll' sei[305].

Hiermit ergibt sich auch eine Lösung für eine anderes Problem. In *Kochs* Darstellung werden nur drei Grundaxiome der betriebswirtschaftlichen Theorie ausdrücklich genannt, nämlich: „die Menschen suchen zur Erreichung ihrer Ziele Güter bereitzustellen"; „die Menschen besorgen die Güterbereitstellung in der Weise des arbeitsteiligen Verkehrs"; „die

301 Diese Aufzählung findet sich bei *Koch,* Helmut, Betriebliche Planung, Grundlagen und Grundfragen der Unternehmungspolitik, Reihe: WW, A 4, Wiesbaden 1961, S. 17.

302 *Koch,* Kostenbegriff, a.a.O., S. 390.
Auch dann wirft die Bestimmung der Optima noch erhebliche Probleme auf. Vgl. hierzu die Ausführungen *Kochs* über die ‚qualitative Optimumbestimmung' (Grundfragen, a.a.O., S. 586 f.). Außerdem ist darauf hinzuweisen, daß die Beurteilung eines bestimmten Verhaltens möglicherweise verschieden ausfällt, je nachdem ob man das kurzfristige oder ob man das langfristige Optimum sucht. (Vgl. dazu auch *Koch,* Zur Diskussion in der Ungewißheitstheorie, a.a.O., S. 59 ff.).

303 Als Aussagen sind z. B. folgende Sätze durchaus eindeutig: „Das Verhalten ‚x' ist vom Ziel ‚A' aus betrachtet richtig, vom Ziel ‚B' her gesehen falsch." „Die Zweckrichtigkeit des Verhaltens ‚y' im Hinblick auf das Ziel ‚C' kann nicht beurteilt werden."

304 *Koch,* Kostenbegriff, a.a.O., S. 67 f.

305 Ebda., S. 363.
Wir werden künftig in diesem Zusammenhang nicht mehr von ‚eindeutigen', sondern nur noch von ‚widerspruchslosen' Prämissen, Aussagen und Begriffen reden, da sonst Mißverständnisse entstehen könnten.

Menschen verfahren nach dem Rationalprinzip"[306]. Man bemüht sich vergeblich, wenn man festzustellen versucht, mit welchem dieser Axiome der ‚wertmäßige' Kostenbegriff unvereinbar ist, m. a. W. warum er, wie Koch behauptet, Widersprüche enthält. Wenn dagegen angenommen wird, *Koch* habe sagen wollen, daß der ‚wertmäßige' Kostenbegriff den Prämissen einer betriebswirtschaftlichen Theorie inadäquat ist, die dazu dient, Aussagen über eindeutige Beziehungen zwischen Verhaltensweisen und Zielen der Unternehmer aufzustellen, dann wird seine Behauptung verständlich, ihre Berechtigung kann geprüft und ihre Bedeutung für die Diskussion über den Kostenbegriff kann beurteilt werden. In diesem Falle handelt es sich allerdings nicht schlechthin darum, ob Prämissen und Begriffe mit den Axiomen der Theorie vereinbar sind, sondern darum, welche Prämissen den Axiomen bzw. welche Begriffe den Prämissen und den Axiomen der Theorie im Hinblick auf die Zielsetzung des Theoretikers entsprechen[307]. Wir hätten jedoch hier die Frage, ob der ‚wertmäßige' Kostenbegriff für eine Theorie brauchbar ist, mit der die Bildung von Aussagen über eindeutige Beziehungen zwischen unternehmerischen Verhaltensweisen und unternehmerischer Zielsetzung bezweckt ist, nur dann zu erörtern, wenn allein die für eine solche Theorie brauchbaren Begriffe in unserer Disziplin verwendet werden dürften. Nun haben wir bereits dargetan, daß die Betriebswirtschaftslehre als eine Erfahrungswissenschaft (und insbesondere auch eine betriebswirtschaftliche Theorie, die ‚ein Instrumentarium für die Unternehmungsführung' sein soll) ohne empirische Forschung nicht denkbar ist, und daß alle unsere Fachbegriffe direkt oder indirekt auf dem begrifflichen Wissen um empirische Sachverhalte beruhen. Offensichtlich bedarf es deshalb auch der Mittel zur Verständigung über empirische Sachverhalte selbst; es müssen also durch die Bestimmung des Allgemeinen und Wiederkehrenden im Individuellen und Konkreten Begriffe gebildet werden. Auf diese Weise entstand auch der ‚wertmäßige' Kostenbegriff, und es kann kein Zweifel darüber bestehen, daß solche Begriffe völlig unabhängig davon existieren müssen, ob sie für bestimmte theoretische Überlegungen

---

306 Ebda., S. 367 f.

307 Das zeigt sich auch in *Kochs* Untersuchung über die Prämissen, auf denen der Erfolgsbegriff beruht (Kostenbegriff, a.a.O., S. 380 ff.). Ein Begriff, „durch den ein Geldbetrag fixiert wird" sei „nur unter der Voraussetzung aussagekräftig, daß er in eine bestimmte Anzahl von Einheiten dieses oder jenes Gutes übersetzt werden kann". Deshalb müsse „der Begriff des Geldgewinns einer Periode" auf der Prämisse beruhen, daß „alle Größen, die den Jahreserfolg beeinflussen, ... in bestimmter Weise gegeben sind", „daß ein bestimmtes simultanes System der ökonomischen Variablen (d. i. ein statisches Gleichgewichtssystem) besteht".

Wenn *Koch* hier von einem ‚aussagekräftigen' Begriff spricht, so dürfte damit u. E. ein Begriff gemeint sein, der sich zur Aufstellung von Aussagen über eindeutige Beziehungen zwischen Verhalten und Ziel des Unternehmers eignet.

bedeutsam und brauchbar erscheinen oder nicht. Erstens dürfte in der Betriebswirtschaftslehre kaum je der Fall eintreten, daß eine bestimmte Theorie einhellig anerkannt und die Suspendierung der Notwendigkeit ihrer Bewährung allseits gutgeheißen wird. Zweitens tritt das Erfordernis der Verständigung über empirische Sachverhalte unabhängig vom Stand wissenschaftlich-theoretischer Bemühung, d. h. unabhängig davon auf, ob die betriebswirtschaftliche Theorie hierzu Begriffe liefern kann, die ihrem Axiomensystem im Hinblick auf die Zwecke der betreffenden Theorie adäquat sind. Daher erscheint es verfehlt, der Theorie als Teil der Betriebswirtschaftslehre oder gar einer bestimmten ‚Richtung' dieser Theorie ausschließlichen Anspruch auf die Bildung der Begriffe und die Schaffung der Terminologie des Faches einzuräumen. Das ‚Prinzip der Widerspruchslosigkeit' kann in Anbetracht dessen nicht prinzipiell bei der Bildung betriebswirtschaftlicher Begriffe gelten. Es hat vielmehr nur Bedeutung als methodologische Konsequenz, die sich aus der besonderen, für eine theoretische Forschungsrichtung charakteristischen Zielsetzung ergibt. Es besagt, welche Begriffe (und Prämissen) für die Zwecke der betreffenden Theorie taugen. Insofern als sich bei der Abfassung der Prämissen dieser Theorie zeigen kann, daß neue Begriffe eingeführt werden müssen, z. B. indem gewisse Komponenten komplexer Begriffsgegenstände abstrahierend isoliert werden, läßt sich sagen, die Theorie schließe ‚die Bildung der erforderlichen Begriffe' ein. Damit ist jedoch kein allgemeingültiges Prinzip der Begriffsbildung in unserem Fache statuiert, denn, es sei noch einmal betont, alle Fachbegriffe einer Erfahrungswissenschaft beruhen letztlich auf einem durch empirische Forschung gewonnenen Erfahrungswissen[308]. Das gilt auch für den ‚pagatorischen' Kostenbegriff: Offensichtlich sind ‚leistungsverbundene nichtkompensierte Ausgaben' empirisch aufweisbar, so daß es nicht erst (deduktiv-)theoretischer Bemühungen bedarf, um diesen Artbegriff des allgemeinen betriebswirtschaftlichen Kostenbegriffes zu bilden.

Als wichtigstes Ergebnis unserer Auseinandersetzung mit *Kochs* Diskussionsbeitrag halten wir fest:

1. Wird der ‚pagatorische' Kostenbegriff als allgemeiner betriebswirtschaftlicher Kostenbegriff betrachtet, so ist er mit dem ‚wertmäßigen Kostenbegriff' identisch, weshalb die Einwände, die sich gegen den letzteren richten, auch den ersteren treffen. Die beiden ‚Begriffe' unter-

---

[308] *Koch* schreibt (Kostenbegriff, a.a.O., S. 377 f.): „nicht die Erscheinungswelt liefert uns Begriffe und Aussagen, vielmehr besteht doch gerade die wissenschaftliche Analyse der Erscheinungswelt in der Bildung von Begriffen und Gewinnung von Aussagen." Dem ist nur hinzuzufügen, daß die wissenschaftliche Analyse der Erscheinungswelt nicht nur Gegenstand einer (am statischen Gleichgewichtssystem operierenden) deduktiven Theorie, sondern vor allem auch der empirischen Forschung ist.

scheiden sich nur in terminologischer Hinsicht, m. a. W.: es handelt sich um zwei Möglichkeiten der Definition ein und desselben Begriffes. Die Wahl der zur Definition benutzten Ausdrücke ist aber eine Zweckmäßigkeitsfrage. Deren Untersuchung ergab, daß die mit dem Namen ‚wertmäßiger Kostenbegriff' verbundene Definition des allgemeinen betriebswirtschaftlichen Kostenbegriffs der mit dem Ausdruck ‚pagatorischer Kostenbegriff' bezeichneten Begriffsbestimmung vorzuziehen ist.

2. Möglicherweise ist der allgemeine betriebswirtschaftliche Kostenbegriff für bestimmte, deduktiv-theoretische Analysen (etwa am theoretischen Modell eines statischen Gleichgewichtssystems) unbrauchbar. Soweit der ‚pagatorische' Kostenbegriff als Artbegriff des allgemeinen betriebswirtschaftlichen Kostenbegriffs verwendet wird, braucht dies nicht auch für ihn zu gelten. Aus diesem Sachverhalt ergibt sich jedoch kein Argument gegen den — wie immer auch definierten — allgemeinen betriebswirtschaftlichen Kostenbegriff und für den als Unterbegriff benutzten ‚pagatorischen' Kostenbegriff. Dieser Sachverhalt bestätigt lediglich die Tatsache, daß ein Gattungsbegriff einen anderen Umfang und Inhalt hat als seine Artbegriffe, daß folglich der eine den anderen nicht ersetzen kann und daß deshalb bei Bildung und Formulierung wissenschaftlicher Aussagen die gegebenen Begriffsverhältnisse zu bedenken und zu berücksichtigen sind.

Schlußwort

Es kam uns in dieser Arbeit zunächst darauf an, das Wesen jener Rechengrößen begrifflich zu erfassen, deren Ansatz für die Kostenrechnung — wie sie als Zweig des betrieblichen Rechnungswesens praktisch in Erscheinung tritt — charakteristisch ist. Diese Rechengrößen nannten wir ‚Kosten'. Ihnen allen ist gemeinsam, daß es sich um ‚in Geld ausgedrückten Wert leistungsverbundenen Güterverbrauchs' im oben beschriebenen Sinne handelt.

Als wesentliches Ergebnis unserer Literaturbetrachtung können wir festhalten, daß unter den Autoren, die sich mit dem Inhalt der Kostenrechnung beschäftigen, über die Eigenart der von uns ‚Kosten' genannten Rechengrößen weitgehende Übereinstimmung herrscht. Auch die Beziehungen zwischen Zweck und Inhalt der Kostenrechnung werden nahezu einheitlich beurteilt. Wir können darin eine Bestätigung unserer Auffassung vom Wesen der als ‚Kosten' bezeichneten Rechengrößen und vom Verhältnis dieses Begriffes zu den verschiedenen, besonderen Rechnungszwecken entsprechenden, speziellen Kostenbegriffen sehen. Es ergab sich auch, daß die im Rahmen betriebswirtschaftlich-theoretischer Betrachtungen gebildeten ‚objektiven' Kostenbegriffe, soweit sie hier untersucht wurden, mit bestimmten speziellen Kostenbegriffen der eben erwähnten Art identisch sind, so daß wir (auch) unter diesem Gesichtspunkt berechtigt sind, den von uns definierten Kostenbegriff als den allgemeinen betriebswirtschaftlichen Kostenbegriff zu betrachten. Das gilt indessen nur von der Sache her, d. h. im Hinblick auf die betreffenden Begriffsverhältnisse generell. Terminologisch treffen diese Feststellungen nur auf einen Teil der herangezogenen Quellen zu.

Meinungsverschiedenheiten bestehen zunächst darüber, welche Worte zur Definition jenes Begriffes verwendet werden sollen, dem wir den Namen ‚Kosten' gaben. Wir glauben, daß es uns gelungen ist, die Unzweckmäßigkeit des terminologischen Vorgehens einzelner Autoren nachzuweisen. In anderen Fällen schienen uns die Voraussetzungen für einen solchen Nachweis nicht gegeben, weshalb wir uns damit begnügten, auf die jeweiligen terminologischen Besonderheiten hinzuweisen und den Sinn der von den betreffenden Autoren gewählten Worte zu verdeutlichen. Auch in der Frage, welche Bedeutung dem Ausdruck ‚Kosten' gegeben werden soll, gehen die Meinungen auseinander. In älteren Veröffentlichungen fanden wir Sachverhalte als

‚Kosten' bezeichnet, die mit dem Kostenbegriff, wie wir ihn verstehen, in gar keinem direkten Zusammenhang stehen. In der neueren Fachliteratur dagegen werden mit ‚Kosten' durchweg Größen gemeint, die gegebenenfalls, d. h. wenn es der Rechnungszweck und die jeweiligen Umstände im Einzelfall verlangen, in der Kostenrechnung verrechnet werden. Allerdings hat der Kostenbegriff mancher jüngerer Autoren einen anderen Umfang als der unsere. Auch in diesen Fällen haben wir uns darauf beschränkt, den betreffenden Sachverhalt aufzuzeigen und darzulegen, wie bei der Verwendung der entsprechenden Terminologie der Gegenstand unseres Kostenbegriffes zu definieren wäre.

Dieses Vorgehen erschien uns angebracht, weil wir der Meinung sind, daß sich die Zweckmäßigkeit eines bestimmten terminologischen Vorgehens wegen der zahlreichen, zum Teil gegensätzlichen Gesichtspunkte, unter denen es betrachtet werden kann, häufig nicht eindeutig beurteilen läßt. Unsere eigene Entscheidung über die Verwendung des Wortes ‚Kosten' hat den Vorteil, daß wir den wesentlichen Inhalt der Kostenrechnung als Zweig des betrieblichen Rechnungswesens mit diesem einen Worte zu Bewußtsein bringen können, daß sich die Beziehungen zwischen diesem Begriff und jenen Begriffen, die ihm in bezug auf besondere rechnerische oder theoretische Ziele entsprechen, auch mit den Bezeichnungen dieser Begriffe andeuten lassen und daß keine Ausnahmen auftreten, die einer speziellen Erklärung bedürfen. Es kommt hinzu, daß auch in den Wirtschaftsbetrieben und von zahlreichen Vertretern der Betriebswirtschaftslehre der Ausdruck ‚Kosten' im selben Sinne benutzt wird, wovon schon das Wort ‚Kostenrechnung' Zeugnis ablegt. Im übrigen sind wir der Auffassung, daß das Begriffsobjekt, das wir mit sprachlichen Mitteln deutlich zu machen versuchten, unabhängig von dem Namen, den man ihm gibt, letzten Endes sogar unabhängig von jedwedem definitorischen Bemühen existiert. Unsere Aufgabe sahen wir in erster Linie darin, diesen denkunabhängigen Gegenstand des Meinens zu erkennen. Die Worte, die zu seiner Beschreibung benutzt werden, sind nur ein Werkzeug zur Verständigung über ihn. Eine solche Verständigung ist aber unmöglich, wenn man sich angesichts terminologischer Gegensätze auf einen dogmatischen Standpunkt stellt. Sprachliche Festlegungen, wie sie uns zur Beschreibung der Kosten als Gegenstand der betrieblichen Kostenrechnung zweckmäßig und notwendig erschienen, dürfen uns also nicht im Wege stehen, wenn wir uns mit der Auffassung von Autoren vertraut machen wollen, die eine andere Terminologie benutzen. Sonst können wir uns über das Wesen der Sache weder einigen noch streiten, weil wir uns gar nicht verstehen.

Abkürzungen für Zeitschriften und Sammelwerke

Betrieb	Der Betrieb, Wochenschrift für Betriebswirtschaft, Steuerrecht, Wirtschaftsrecht, Arbeitsrecht, Düsseldorf, 1 (1948) ff.
BFuP	Betriebswirtschaftliche Forschung und Praxis (6 [1954] — 9 [1957] Untertitel: Zeitschrift der Studiengesellschaft für Betriebswirtschaft), hrsg. v. Wilhelm Hasenack (1 [1949] — 9 [1957] hrsg. von Wilhelm Hasenack u. a.), Herne-Berlin (1 [1949] — 9 [1957] Wolfenbüttel), 1 (1949) ff.
BR	Betriebswirtschaftliche Rundschau, Monatsschrift, hrsg. i. A. der Gesellschaft für Betriebsforschung e. V. in Frankfurt/M. von A. Heber, Leipzig, 1 (1924/25) — 5 (1928) (6 [1929] vereinigt mit dem Archiv für Revisions- und Treuhandwesen 25 [1929]).
HdSw	Handwörterbuch der Sozialwissenschaften, zugleich Neuauflage des Handwörterbuch der Staatswissenschaften, (12 Bde.), hrsg. von Erwin v. Beckerath, Carl Brinkmann u. a., Stuttgart-Tübingen-Göttingen 1956 ff.
HdW	Handbuch der Wirtschaftswissenschaften, hrsg. von Karl Hax und Theodor Wessels, Bd. I: Betriebswirtschaft, Bd. II: Volkswirtschaft, Köln und Opladen 1958/59.
HWB	Handwörterbuch der Betriebswirtschaft, 1. Aufl., 5 Bde., hrsg. von Heinrich Nicklisch, Stuttgart 1926/28; 2. Aufl., 2 Bde., hrsg. von Heinrich Nicklisch, Stuttgart 1938/39; 3. Aufl., 4 Bde., hrsg. von Hans Seischab und Karl Schwantag, Stuttgart 1956/62.
Jb.f.Nat.u.Stat.	Jahrbücher für Nationalökonomie und Statistik, begr. von Bruno Hildebrand, fortgeführt von Johannes Conrad, Ludwig Elster u. a., hrsg. (Bd. 157 [1943, I] ff.) von Friedrich Lütge und Erich Preiser, bis inkl. Bd. 160 (1944, II) Jena, danach Stuttgart.
NB	Neue Betriebswirtschaft, Betriebswirtschaftlicher Dienst des Betriebs-Beraters, hrsg. von Curt Sandig und (12 [1959] ff.) Gerhard Haas, Heidelberg, 1 (1948) ff.
prakt.BW	Der praktische Betriebswirt, Die aktive betriebswirtschaftliche Zeitschrift, hrsg. von Herbert Lorenz, Berlin, 1 (1921) ff.
Unternehmung	Die Unternehmung, Schweizerische Zeitschrift für Betriebswirtschaft, Organisation und modernes Förderwesen, 1 (1947) — 9 (1955) hrsg. von Alfred Walther u. a., 10 (1956) ff. begr. von Alfred Walther, hrsg. von Th. Brogle, J. Golay u. a., Bern 1 (1947) ff.
WPg	Die Wirtschaftsprüfung, hrsg. vom Institut der Wirtschaftsprüfer in Deutschland e. V., Stuttgart, 1 (1948) ff., (1 [1948] — 3 [1950] Untertitel: Zeitschrift für Betriebs- und Finanzwirtschaft, 4 [1951] ff. Untertitel: Der Berater der Wirtschaft — Zeitschrift für Betriebs- und Finanzwirtschaft).

WW	Die Wirtschaftswissenschaften, Reihe A: Betriebswirtschaftslehre, Reihe B: Volkswirtschaftslehre, Reihe C: Rechtswissenschaft, hrsg. von Erich Gutenberg, Wiesbaden 1958 ff.
Ww.Arch.	Weltwirtschaftliches Archiv, begr. von Bernhard Harms, Zeitschrift des Instituts für Weltwirtschaft an der Universität Kiel, Bd. 62 (1949, I) ff. hrsg. von Fritz Baade, Bd. 62 (1949, I) ff. Hamburg (vorher Jena).
ZfB	Zeitschrift für Betriebswirtschaft, 1 (1924) — 19 (1942) hrsg. von Fritz Schmidt, 20 (1950) begr. von Fritz Schmidt, hrsg. von Wilhelm Kalveram, 21 (1951) ff. begr. von Fritz Schmidt, fortgeführt von Wilhelm Kalveram, 1 (1924) — 19 (1942) Berlin, 20 (1950) ff. Wiesbaden.
ZfhF	Zeitschrift für handelswissenschaftliche Forschung, 1 (1906/07) — 26 (1932): hrsg. von Eugen Schmalenbach (u. a. ab 27 [1933]), 27 (1933) — 38 (1944): begr. von Eugen Schmalenbach, hrsg. von Ernst Walb u. a., 1 Neue Folge (1949) ff.: begr. von Eugen Schmalenbach, hrsg. von Karl Hax, 1 (1906/07) — 38 (1944) Cöln a. Rh. — Leipzig, 1 NF (1949) ff. Köln und Opladen.
ZHH	Zeitschrift für Handelswissenschaft und Handelspraxis, 24 (1931) ff. Die Betriebswirtschaft, Zeitschrift für Handelswissenschaft und Handelspraxis, hrsg. von Heinrich Nicklisch u. a., Stuttgart 1 (1908) ff.

Literaturverzeichnis

Albert, Hans, Theorie und Prognose in den Sozialwissenschaften, in: Schweizerische Zeitschrift für Volkswirtschaft und Statistik, Bd. 93 (1957), S. 60 ff.

— Der logische Charakter der theoretischen Nationalökonomie, Zur Diskussion um die exakte Wirtschaftstheorie, in: Jb.f.Nat.O.Stat., Bd. 171 (1959), S. 1 ff.

Amonn, Alfred, Objekt und Grundbegriffe der theoretischen Nationalökonomie, 2. Aufl., Leipzig und Wien 1927.

Ascher, Theodor, Artikel: Bilanzierung fremden Eigentums, in: HWB³, Bd. I Sp. 1130 ff.

Auffermann, Johann Dietrich, Die Prüfung der Kostenrechnung, Stuttgart 1947.

Beste, Theodor, Die kurzfristige Erfolgsrechnung, Grundriß der Betriebswirtschaftslehre, Bd. 5 B, Leipzig 1930.

— Leistung, Leistungsvermögen, Leistungssteigerung, in: Der Wettbewerb als Mittel volkswirtschaftlicher Leistungssteigerung und Leistungsauslese, mit Beiträgen von Th. Beste, F. Böhm u. a. vorgelegt von Günter Schmölders, Reihe: Schriften der Akademie für Deutsches Recht, Gruppe Wirtschaftswissenschaft, Heft 6, Berlin 1942, S. 131 ff.

Bochenski, I. N., Die zeitgenössischen Denkmethoden, Reihe: Dalp-Taschenbücher, Bd. 304, München 1954.

Bosshardt, Erik, Leistungsmäßige Kostenrechnung, Reihe: Bücherreihe des Betriebswissenschaftlichen Instituts an der Eidgenössischen Technischen Hochschule in Zürich, Direktion: R. de Vallière, Bd. 1, Zürich 1948.

Bouffier, Willy, Die Bedeutung des Gleichlaufs der Betriebstätigkeit für die Bewertung, in: ZfB, 9 (1932), S. 731 ff.

— Artikel: Preis, in: HWB³, Bd. III, Sp. 4372 ff.

— Artikel: Wert, in: HWB³, Bd. IV, Sp. 6313 ff.

Burhenne, Werner, Über den Kostencharakter von Steuern, Gebühren und Beiträgen, in: ZfB, 24 (1954), S. 350 ff.

Bußmann, Karl Ferdinand, Das betriebswirtschaftliche Risiko, Reihe: Schriften zur wirtschaftswissenschaftlichen Forschung, Bd. 4, Meisenheim am Glan 1955.

Caspar, Hans, Kostenbewertung und Kostenkalkulation, Reihe: Unternehmung und Betrieb, Beiträge zur Betriebswirtschaftslehre, hrsg. von Alfred Walther, Bd. 37, Bern 1952.

von Colbe, Walther Busse, Artikel: Preis- und Geldwertschwankungen, Eliminierung von ..., in: HWB³, Bd. III, Sp. 4423 ff.

Courcelle-Seneuil, J. G., Theorie und Praxis des Geschäftsbetriebs in Ackerbau, Gewerbe und Handel, dtsch. von G. A. Eberbach, Stuttgart 1868.

le Coutre, Walter, Zur Frage betriebswirtschaftlicher Begriffsbildung, in: prakt.BW, 14 (1934), H. 6, S. 435 ff.

Darjes, Joachim Georg, Erste Gründe der Cameralwissenschaften darinnen die Haupttheile sowohl der Oeconomie als auch der Policey und besondern Cameral-Wissenschaft in ihrer natürlichen Verknüpfung zum Gebrauch seiner akademischen Fürlesung, 2. Aufl., Leipzig 1768.

Diederich, Helmut, Der Kostenpreis bei öffentlichen Aufträgen, Eine wirtschaftswissenschaftliche Analyse, Reihe: Veröffentlichungen des Forschungsinstituts für Wirtschaftspolitik an der Universität Mainz, hrsg. von E. Welter, Bd. 12, Heidelberg 1961.

Dorn, Gerhard, Die Entwicklung der industriellen Kostenrechnung in Deutschland, Reihe: Veröffentlichungen des Instituts für Industrieforschungen der Freien Universität Berlin, hrsg. von Erich Kosiol, Bd. 12, Berlin 1961.

Ellinger, Theodor, Rationalisierung durch Standardkostenrechnung, Stuttgart 1954.

Emminghaus, Arwed, Allgemeine Gewerkslehre, Berlin 1868.

Engelmann, Konrad, Einwände gegen den pagatorischen Kostenbegriff, Eine Erwiderung, in: ZfB, 28 (1958), Heft 9, S. 558 ff.

— Vom ‚Gelddenken' in der Betriebswirtschaft, in: ZfB, 29 (1959), Heft 3, S. 166 ff.

Eucken, Walter, Grundlagen der Nationalökonomie, Enzyklopädie der Rechts- und Staatswissenschaften, hrsg. von W. Kunkel, H. Peters, E. Preiser, Abt. Staatswissenschaft, I, 6. Aufl., Berlin-Göttingen-Heidelberg 1950.

Fettel, Johannes, Marktpreis und Kostenpreis, Reihe: Schriften zur wirtschaftswissenschaftlichen Forschung, Bd. 1, Meisenheim am Glan 1954.

— Irrige Meinungen über Riegers Privatwirtschaftslehre, in: BFuP, 11 (1959), H. 7/8, S. 458 ff.

— Ein Beitrag zur Diskussion über den Kostenbegriff, in: ZfB, 29 (1959), H. 9, S. 567 f.

Findeisen, Franz, Berücksichtigung der Steuer in der Kalkulation, in: ZHH, 16 (1923/24), H. 4, S. 89 ff.

Fischer, Johannes, *Heß*, Otto, und *Seebauer*, Georg, Buchführung und Kostenrechnung, 1. Aufl., Leipzig o. J. (1939), 5. Aufl., Leipzig 1942.

Frassine, Silvio, Mengenmäßiges und wertmäßiges Denken in der Betriebswirtschaftslehre, Wien 1934.

von Freytag gen. Lörringhoff, Bruno Baron, Logik, Ihr System und ihr Verhältnis zur Logistik, Reihe: Urban-Bücher, Die wissenschaftliche Taschenbuchreihe, hrsg. von Fritz Ernst, Bd. 16, 3. Aufl., Stuttgart 1961.

Geldmacher, Erwin, Grundbegriffe und systematischer Grundriß des betrieblichen Rechnungswesens, in: ZfhF, 23 (1929), H. 1, S. 1 ff.

Großmann, Hermann, Steuern und Abgaben als Kostenfaktor, in: Kostenaufbau, Kostensenkung, Preissenkung, Bericht von der Tagung vom 4. März 1932, veranstaltet vom RKW zusammen mit dem Verband betriebswirtschaftlicher Dozenten an deutschen Hochschulen, Reihe: RKW-Veröffentlichungen, hrsg. vom Reichskuratorium für Wirtschaftlichkeit, Nr. 80, Leipzig 1932, S. 174 ff.

— Die kalkulative und preispolitische Bedeutung der Steuern, in: prakt.BW, 19 (1939), 1. Halbj., H. 1, S. 25 ff.

Gudehus, Herbert, Zum Thema: Sind Körperschaftsteuern Kosten? IV. Stellungnahme, in: WPg, 8 (1955), H. 5, S. 100 ff.

Gutenberg, Erich, Die Unternehmung als Gegenstand betriebswirtschaftlicher Theorie, Berlin 1929.

— Grundlagen der Betriebswirtschaftslehre, Bd. 1: Die Produktion, Berlin-Göttingen-Heidelberg, 2. Aufl. 1955, 6. Aufl. 1961.

— Offene Fragen der Produktions- und Kostentheorie in: ZfhF, 8 NF (1956), S. 429 ff.

— Einführung in die Betriebswirtschaftslehre, Reihe: WW, A 1, Wiesbaden 1958.

Gutenberg, Erich, Untersuchungen über die Investitionsentscheidungen industrieller Unternehmen, Köln und Opladen 1959.

Grunau, Joachim, Rationalprinzip, Wirtschaftsrechnung und Wirtschaftssystem, in: Ww.Arch., Bd. 64 (1950, I) S. 255 ff.

Haller, Heinz, Typus und Gesetz in der Nationalökonomie, Versuch zur Klärung einiger Methodenfragen der Wirtschaftswissenschaften, Stuttgart-Köln 1950.

— Kostentheorie und Kostenrechnung, in: Zeitschrift für die gesamte Staatswissenschaft, Bd. 106 (1950), S. 492 ff.

Hanak, Gerhard, Die Körperschaftsteuer als Kostenpost unter Berücksichtigung der Verhältnisse auf dem Kapitalbeschaffungsmarkt, in: Der österreichische Betriebswirt, 9 (1959), H. 3, S. 138 ff.

Hatheyer, Ernst, Vom Wesen der Kosten, Reihe: Betriebswirtschaft — Eine Schriftenreihe, hrsg. von Julius Ziegler, H. 4, Berlin 1931.

Hax, Karl, Der Gewinnbegriff in der Betriebswirtschaftslehre, Ergänzungsband 5 der ZfhF, Leipzig 1926.

— Besprechung von: Heinen, Edmund, Die Kosten, Ihr Begriff und ihr Wesen, Eine entwicklungsgeschichtliche Betrachtung, Saarbrücken 1956, in: ZfhF, 8 NF (1956), S. 426 f.

— Die Substanzerhaltung der Betriebe, Köln und Opladen 1957.

Heinen, Edmund, Zum Problem des Zinses in der industriellen Kostenrechnung, in: Annales Universitatis Saraviensis, Rechts- und Wirtschaftswissenschaften, T. I. — 1952, Saarbrücken, S. 169 ff.

— Die Kosten, Ihr Begriff und ihr Wesen, Eine entwicklungsgeschichtliche Betrachtung, Saarbrücken 1956.

— Betriebswirtschaftliche Kostenlehre, Bd. 1: Grundlagen, Wiesbaden 1959.

Held, Georg, Traditioneller oder pagatorischer Kostenbegriff, in: ZfB, 29 (1959), H. 3, S. 170 ff.

Hensel, K. Paul, Einführung in die Theorie der Zentralverwaltungswirtschaft, Eine vergleichende Untersuchung idealtypischer wirtschaftlicher Lenkungssysteme an Hand des Problems der Wirtschaftsrechnung, Reihe: Schriften zum Vergleich wirtschaftlicher Lenkungssysteme, hrsg. von K. Paul Hensel, H. 1, 1. Aufl., Stuttgart 1954, 2. Aufl., Stuttgart 1959.

Heyde, Joh's Erich, Typus, Ein Beitrag zur Typologik, in: Studium Generale, Zeitschrift für die Einheit der Wissenschaften im Zusammenhang ihrer Begriffsbildungen und Forschungsmethoden, hrsg. von K. H. Bauer, L. Curtius, H. v. Einem u. a., Berlin-Göttingen-Heidelberg, 5 (1952), H. 4, S. 235 ff.

Hill, Wilhelm, Betriebswirtschaftslehre als Wissenschaft, Reihe: St. Galler Wirtschaftswissenschaftliche Forschungen, hrsg. von der Handels-Hochschule St. Gallen, Bd. 13, Zurüch und St. Gallen 1957.

Hillert, August, Zum Thema: Sind Körperschaftsteuern Kosten?, V. Stellungnahme, in: WPg, 8 (1955), H. 5, S. 103 ff.

Helpenstein, Franz, Steuern als Kosten, in: prakt.BW, 16 (1936), H. 1, S. 14 ff.

Hoffmeister, Johannes, Wörterbuch der philosophischen Begriffe, 2. Aufl., Hamburg 1955.

Holzer, Hans, Zur Axiomatik der Buchhaltungs- und Bilanztheorie, Versuch einer Theorie der Buchführungs- und Bilanztheorien, Stuttgart 1936.

Illetschko, Leopold L., Betriebswirtschaftliche Grundfragen, Reihe: Veröffentlichungen des Instituts für Organisation und Revisionswesen an der Hochschule für Welthandel, Wien, hrsg. von Leopold L. Illetschko, Bd. 3, Wien 1953.

— Praktische Kostenrechnung, 2. Aufl., Wien 1954.

Illy, Leo, Der Kapitalzins in der Wirtschaftsrechnung, in: Zeitschrift für Nationalökonomie, Bd. 13 (1952), H. 1, S. 68 ff.

Imobersteg, Agnes, Bewertungsfragen der Kostenrechnung, Reihe: Unternehmung und Betrieb, Beiträge zur Betriebswirtschaftslehre, hrsg. von Alfred Walther, Bd. 41, Bern 1953.

Jacob, Adolf-Friedrich, Zur Forderung nach ‚Wertfreiheit' in der Betriebswirtschaftslehre, in: BFuP, 13 (1961), H. 2, S. 65 ff.

Johns, Rudolf, Die Vollrechnung der Gemeinden, in: ZfhF, 32 (1938), H. 4, S. 145 ff.

— Kameralistik, Grundlagen einer erwerbswirtschaftlichen Rechnung im Kameralstil, Sonderdruck aus: Die Handelshochschule — die Wirtschaftshochschule, 2. Aufl., Bd. 2, Kap. 4, Wiesbaden 1951.

Jung, Johann Heinrich, Anleitung zur Cameral-Rechnungs-Wissenschaft nach einer neuen Methode des doppelten Buchhaltens zum Gebrauch der akademischen Vorlesungen, Leipzig 1786.

Kade, Gerhard, Die Verdächtigung der exakten Wirtschaftstheorie, Kritische Bemerkungen zum Aufsatz von F. Ottel, in: Jb.f.Nat.u.Stat., Bd. 169 (1958), S. 1 ff.

— Die logischen Grundlagen der mathematischen Wirtschaftstheorie als Methodenproblem der theoretischen Ökonomik, Reihe: Wirtschaftswissenschaftliche Abhandlungen, Volks- und betriebswirtschaftliche Schriftenreihe der Wirtschafts- und Sozialwissenschaftlichen Fakultät der Freien Universität Berlin, hrsg. von Erich Kosiol und Andreas Paulsen, Heft 9, Berlin 1958.

Käfer, Karl, Standardkostenrechnung, Budget, Plan- und Maßkosten im Rechnungswesen des Betriebes, Stuttgart 1955.

Kapp, William, Volkswirtschaftliche Kosten der Privatwirtschaft, übersetzt im Auftrag der List-Gesellschaft von Bruno Fritsch, m. e. Vorwort von Edgar Salin, Reihe: Hand- und Lehrbücher aus dem Gebiet der Sozialwissenschaften, hrsg. von Edgar Salin, Günter Schmölders, Arthur Spiethoff †, Tübingen - Zürich 1958; Original: The Social Costs of Private Enterprise, Harvard University Press 1950.

Kaufmann, Felix, Methodenlehre der Sozialwissenschaften, Wien 1936.

von Kempski, Jürgen, Zur Logik der Ordnungsbegriffe, besonders in den Sozialwissenschaften, in: Studium Generale, Zeitschrift für die Einheit der Wissenschaften im Zusammenhang ihrer Begriffsbildungen und Forschungsmethoden, hrsg. von K. H. Bauer, L. Curtius, H. v. Einem u. a., Berlin - Göttingen - Heidelberg, 5 (1952), H. 4, S. 205 ff.

Kilger, Wolfgang, Produktions- und Kostentheorie, Reihe: WW, A 13, Wiesbaden 1958.

— Flexible Plankostenrechnung, Einführung in die Theorie und Praxis moderner Kostenrechnung, Reihe: Veröffentlichungen der Schmalenbach-Gesellschaft, Bd. 31, Köln und Opladen 1961.

Klinger, Karl, Die Verzinsung des Eigenkapitals in der Selbstkostenrechnung unter Berücksichtigung ihrer Bedeutung für die kalkulatorische Fabrikbuchhaltung, in: ZfB, 4 (1927), S. 693 ff.

— Sind Körperschaftsteuern Kosten?, in: WPg, 7 (1954), H. 18, S. 415 ff.

— Sind Körperschaftsteuern Kosten?, VIII, Eine Zusammenfassung der Diskussionsergebnisse, in: WPg, 8 (1955), H. 10, S. 227 ff.

Koch, Helmut, Artikel: Betriebsgröße, in: HdSw, Bd. 2, S. 82 ff.

— Über einige Grundfragen der Betriebswirtschaftslehre, Eine Studie zum 60. Geburtstag von Erich Gutenberg, in: ZfhF, 9 NF (1957), H. 12, S. 569 ff.

Koch, Helmut, Zur Diskussion über den Kostenbegriff, in: ZfhF, 10 NF (1958), H. 7/8, S. 355 ff.

— Zur Frage des pagatorischen Kostenbegriffs, Bemerkungen zum Beitrag von K. Engelmann: ‚Einwendungen gegen den pagatorischen Kostenbegriff', in: ZfB, 29 (1959), H. 1, S. 8 ff.

— Zur Diskussion in der Ungewißheitstheorie, in: ZfhF, 12 NF (1960), H. 2, S. 49 ff.

— Betriebliche Planung, Grundlagen und Grundfragen der Unternehmungspolitik, Reihe: WW, A 4, Wiesbaden 1961.

Kosiol, Erich, Bilanzreform und Einheitsbilanz, Grundlegende Studien zu den Möglichkeiten einer Rationalisierung der periodischen Erfolgsermittlung, Reihe: Schriften des Betriebswirtschaftlichen Ausschusses Sudetenland e. V., Reichenberg, hrsg. von Franz Neumann, Reinhard Schmidt und Ernst Stade, H. 5, Reichenberg-Leipzig-Wien 1944, (2. Aufl., Berlin-Stuttgart 1949).

— Zur Entwicklung des kalkulatorischen Gewinnbegriffs, in: BFuP, 3 (1951), H. 4, S. 242 ff.

— Kalkulatorische Buchhaltung (Betriebsbuchhaltung), Systematische Darstellung der Betriebsabrechnung und der kurzfristigen Erfolgsrechnung, 5. Aufl., Wiesbaden 1953.

— Artikel: Pagatorische Bilanz (Erfolgsrechnung), Sonderdruck aus dem Lexikon des kaufmännischen Rechnungswesens, hrsg. von Karl Bott, 2. Aufl., Bd. 3, Stuttgart 1956, Sp. 2085 ff.

— Artikel: Ausgaben, in: HWB^3, Bd. I, Sp. 317 ff.

— Artikel: Einnahmen, in: HWB^3, Bd. I, Sp. 1579 f.

— Kritische Analyse der Wesensmerkmale des Kostenbegriffs, in: Betriebsökonomisierung durch Kostenanalyse, Absatzrationalisierung und Nachwuchserziehung, Festschrift für Rudolf Seyffert zu seinem 65. Geburtstag, hrsg. von Erich Kosiol und Friedrich Schlieper, Köln und Opladen 1958, S. 7 ff.

— Kostenrechnung und Betriebsbuchhaltung, in: HdW, Bd. 1, Köln und Opladen 1958, S. 627 ff.

— Erkenntnisgegenstand und methodologischer Standort der Betriebswirtschaftslehre, in: ZfB, 31 (1961), H. 3, S. 129 ff.

Lehmann, Bruno, Die Abrechnung innerbetrieblicher Leistungen in Fertigungsbetrieben, in: WPg, 3 (1950), H. 2, S. 56 ff., H. 4, S. 164 ff., H. 6, S. 256 ff.

Lehmann, Max Rudolf, Die industrielle Kalkulation, 1. Aufl., Berlin-Wien 1925; 4. Aufl. unter dem Titel: Industriekalkulation, Stuttgart 1951.

— Über Begriff und Aufgaben der Preiskalkulation, in: BR, 3 (1926), H. 2, S. 21 ff.

— Die Systematik des Rechnungswesens des Betriebes und der Unternehmung, in: ZHH, 19 (1926), H. 3, S. 58 ff., H. 4, S. 82 ff.

— Theorie und Organisation der Industriebuchhaltung mit besonderer Berücksichtigung der Probleme der Erfolgsspaltung und der kurzfristigen Erfolgsrechnung, in: ZfB, 6 (1929), S. 890 ff., 7 (1930), S. 27 ff.

— Allgemeine Betriebswirtschaftslehre, Allgemeine Theorie der Betriebswirtschaft, 3. Aufl., Wiesbaden 1956.

Leitner, Friedrich, Wirtschaftslehre der Unternehmung, 5. Aufl., Berlin 1926 (frühere Auflagen unter dem Titel Privatwirtschaftslehre der Unternehmung).

— Die Selbstkosten-Berechnung industrieller Betriebe, 9. Aufl., Frankfurt/M. 1930.

Leuchs, Michael, System des Handels, Nürnberg 1804.
Lindenmaier, Fritz, Artikel: Lizenzen, in: HWB³, Bd. II, Sp. 3815 ff.
— Artikel: Patent- und Gebrauchsmusterwesen, in: HWB³, Bd. III, Sp. 4291 ff.
Lindenmaier, Fritz, und *Castan*, Hans-Achim, Artikel: Warenzeichen und Zeichenschutz, in: HWB³, Bd. IV, Sp. 6182 ff.
Linhardt, Hanns, Kosten und Kostenlehre, in: Aktuelle Betriebswirtschaft, Festschrift zum 60. Geburtstag von Konrad Mellerowicz, Berlin 1952, S. 124 ff.
Lipfert, Helmut, Nationaler und internationaler Zahlungsverkehr, Reihe: WW, A 28, Wiesbaden 1960.
Lisowsky, Arthur, Grundprobleme der Betriebswirtschaftslehre, Ausgewählte Schriften, Reihe: St. Galler Wirtschaftswissenschaftliche Forschungen, hrsg. von der Handelshochschule St. Gallen, Bd. 9, Zürich und St. Gallen 1954.
Littmann, Eberhard, Sind Körperschaftsteuern Kosten?, in: WPg, 7 (1954), H. 23, S. 538 ff.
Lohmann, Martin, Einführung in die Betriebswirtschaftslehre, 1. Aufl., Tübingen 1949, 2. Aufl., Tübingen 1955, 3. Aufl., Tübingen 1959.
Lorentz, Stefan, Über die praktische Bedeutung einer begrifflichen Unterscheidung zwischen Nutzkosten und Verlustkosten, in: ZfB, 7 (1930), H. 7, S. 545 ff.
— Der Kostenbegriff, in: ZfB, 8 (1931), H. 1, S. 27 ff., H. 2, S. 81 ff.
— Auf welche Weise läßt sich eine Vereinheitlichung der betriebswirtschaftlichen Terminologie ermöglichen?, in: ZfB, 8 (1931), S. 411 ff.
— Der betriebswirtschaftliche Leistungsbegriff, in: ZfB, 9 (1932), S. 372 ff.
— Grundlagen der Kostengestaltung, Berlin und Wien 1932.
— Wirklichkeitsnähe und Wirklichkeitserkenntnis in der Betriebswirtschaftslehre, in: prakt.BW, 16 (1936), H. 4, S. 433 ff.
Lücke, Wolfgang, Zum Thema: Sind Körperschaftsteuern Kosten?, VI. Stellungnahme, Die wichtigsten gewinnabhängigen Steuern in der Kosten- und Erfolgsrechnung sowie in der Preispolitik, in: WPg, 8 (1955), H. 7, S. 156 ff.
— Wesen und Bedeutung der kalkulatorischen Zinsen, in: ZfhF, 12 NF (1960), H. 6, S. 353 ff.
Lütge, Friedrich, Ausgangstatsachen der Volkswirtschaftslehre, in: HdW, Bd. 2, S. 903 ff.
Maglett, Alfred, Bezeichnung von betriebswirtschaftlichen Begriffen bei den verschiedenen Autoren, in: prakt.BW, 14 (1934), H. 4, S. 258 ff.
Mann, Lothar, Volkswirtschaftlich richtige Kostenrechnung, Berlin 1950.
Mayer, Leopold, Zins und Wagnis in der heutigen Wirtschaft und ihre Berücksichtigung in der Kostenrechnung, in: Leistungswirtschaft, Festschrift für Fritz Schmidt zum 60. Geburtstag, hrsg. von Fr. Henzel, Berlin-Wien 1942, S. 101 ff.
Meier, Albert, Der objektive Kostenbegriff, in: WPg, 1 (1948), H. 6, S. 43 ff.
— Objektives und subjektives Kostendenken in der Preisbildung, in: ZfhF, 4 NF (1952), S. 78 ff.
— Kostenprüfung, Reihe: Veröffentlichungen der Schmalenbach-Gesellschaft, Bd. 26, Köln und Opladen 1959.
Mellerowicz, Konrad, Wert und Wertung im Betrieb, Reihe: Betriebswirtschaftliche Bibliothek, hrsg. von W. Hasenack, A/III, Essen 1952.
— Zur Behandlung der Körperschaftsteuer in der betrieblichen Kostenrechnung und Preispolitik (Stellungnahme zu dem Beitrag Klingers ‚Sind Körperschaftsteuern Kosten?‘), in: WPg, 8 (1955), H. 2, S. 29 ff.

Mellerowicz, Konrad, Kosten und Kostenrechnung, I: Theorie der Kosten, 3. Aufl. Berlin 1957, II: Verfahren (2 Bde.), 2. und 3. Aufl., Berlin 1958.

— Artikel: Kosten und Kostenbegriffe, in: HWB³, Bd. II, Sp. 3364 ff.

Metzke, Erwin, Handlexikon der Philosophie, Heidelberg 1948.

Möller, Hans, Kalkulation, Absatzpolitik und Preisbildung, die Lehre von der Absatzpolitik der Betriebe auf preistheoretischer und betriebswirtschaftlicher Grundlage, Nachdruck mit einer neuen Einführung über: Die Entwicklung der modernen Preistheorie, Tübingen 1962.

Momburg, M., Das Kapital in der Kostenrechnung, Ein praktischer Wegweiser für die Ermittlung des betriebsnotwendigen Kapitals und der Kapitalkosten, In Gemeinschaftsarbeit mit dem Reichskuratorium für Wirtschaftlichkeit und dem Institut für industrielle Betriebswirtschaft an der Wirtschafts-Hochschule Berlin, Reihe: Reichskuratorium für Wirtschaftlichkeit, Praktisch-Wissenschaftliche Forschungsarbeiten auf dem Gebiete der Betriebswirtschaft, Bd. 1, Berlin 1944.

Morgenstern, Oskar, Experiment und Berechnung großen Umfangs in der Wirtschaftswissenschaft, dtsch. von Jens Lübbert, (Original: Experiment and Large Scale Computation in Economics, in: Economic Activity Analysis, ed. by O. Morgenstern, New York and London 1954, S. 483 ff.), in: Ww.Arch., Bd. 76 (1956, I), S. 179 ff.

Moxter, Adolf, Methodologische Grundfragen der Betriebswirtschaftslehre, Reihe: Beiträge zur betriebswirtschaftlichen Forschung, hrsg. von E. Gutenberg, W. Hasenack u. a., Bd. 4, Köln und Opladen 1957.

Mühlenfeld, Julius, Privatwirtschaftliche und volkswirtschaftliche Orientierung in der Selbstkostenrechnung, in: ZfB, 8 (1931), S. 385 ff.

Müller, Adolf, Grundzüge der industriellen Kosten- und Leistungserfolgsrechnung, Reihe: Veröffentlichungen der Schmalenbach-Gesellschaft, Bd. 22, Köln und Opladen 1954.

Nicklisch, Heinrich, Wirtschaftliche Betriebslehre, 5. Aufl. (der ‚Allgemeinen kaufmännischen Betriebslehre als Privatwirtschaftslehre des Handels und der Industrie', Leipzig 1912), Stuttgart 1922, 7. Aufl. (unter dem Titel: Die Betriebswirtschaft), Stuttgart 1932.

— Selbstkostenrechnung und Aufwandsrechnung, in: ZHH, 30 (1937), H. 10, S. 225 ff.

— Kosten, in: ZHH, 31 (1938), H. 5, S. 97 ff., (Vorabdruck des unter dem gleichen Titel im HWB², Bd. II, Sp. 674 ff., veröffentlichten Artikels).

Nimbach, A., Bezeichnung von betriebswirtschaftlichen Begriffen bei den verschiedenen Autoren, in: prakt.BW, 14 (1934), H. 5, S. 359 ff.

Nöll von der Nahmer, Robert, Artikel: Öffentliche Einnahmen und Ausgaben, in: HWB³, Bd. III, Sp. 4173 ff.

Nowak, Paul, Besprechung zu: Bosshardt, Erik, Leistungsmäßige Kostenrechnung, Bücherreihe des Betriebswissenschaftlichen Instituts an der Eidgenössischen Technischen Hochschule in Zürich, Bd. 1, Zürich 1948, in: ZfhF, 1 NF (1949), S. 142 f.

— Bestimmung der Betriebsindividualität mit Hilfe von Betriebsgliederungen, in: ZfhF, 6 NF (1954), S. 484 ff.

— Kostenrechnungssysteme in der Industrie, Reihe: Veröffentlichungen der Schmalenbach-Gesellschaft, Bd. 21, 1. Aufl., Köln und Opladen 1954, 2. Aufl., Köln und Opladen 1961.

— Artikel: Leistungsverrechnung, innerbetriebliche ..., in: HWB³, Bd. III, Sp. 3788 ff.

Oettle, Karl, Artikel: Selbstfinanzierung, in: HWB³, Bd. III, Sp. 4867 ff.

Pap, Arthur, Analytische Erkenntnistheorie, Kritische Übersicht über die neueste Entwicklung in den USA und England, Wien 1955.

Paulsson Frenckner, T., Einkommensteuer als kalkulatorische Kosten?, in: Unternehmung, 11 (1957), H. 3, S. 87 ff., H. 5, S. 165 ff.

Pohmer, Dieter, Zum Thema: Sind Körperschaftsteuern Kosten?, VII, in: WPg, 8 (1955), H. 9, S. 199 ff.

— Grundlagen der betriebswirtschaftlichen Steuerlehre, Reihe: Wirtschaftswissenschaftliche Abhandlungen, Volks- und betriebswirtschaftliche Schriftenreihe der Wirtschafts- und Sozialwissenschaftlichen Fakultät der Freien Universität Berlin, hrsg. von Erich Kosiol und Andreas Paulsen, H. 12, Berlin 1958.

— Über die Bedeutung des betrieblichen Werteumlaufs für das Rechnungswesen der Unternehmungen, in: Organisation und Rechnungswesen, Festschrift für Erich Kosiol zu seinem 65. Geburtstag, hrsg. von Erwin Grochla, Berlin 1964, S. 305 ff.

Proesler, Hans, Zur Bildung von Typenbegriffen, in: ZfB, 21 (1951), H. 8/9, S. 433 ff.

Raffée, Hans, Kurzfristige Preisuntergrenzen als betriebswirtschaftliches Problem, Prinzipielle Bestimmungsmöglichkeiten von kosten-, ertrags- und finanzwirtschaftlichen Preisuntergrenzen, Reihe: Beiträge zur betriebswirtschaftlichen Forschung, hrsg. von E. Gutenberg, W. Hasenack u. a., Bd. 11, Köln und Opladen 1961.

Riebel, Paul, Die Elastizität des Betriebes, Reihe: Beiträge zur betriebswirtschaftlichen Forschung, hrsg. von E. Gutenberg, W. Hasenack u. a., Bd. 1, Köln und Opladen 1954.

— Die Kuppelproduktion, Betriebs- und Marktprobleme, Reihe: Veröffentlichungen der Schmalenbach-Gesellschaft, Bd. 23, Köln und Opladen 1955.

— Das Rechnen mit Einzelkosten und Deckungsbeiträgen, in: ZfhF, 11 NF (1959), H. 5, S. 213 ff.

Rieger, Wilhelm, Einführung in die Privatwirtschaftslehre, 2. Aufl., Erlangen 1959, 1. Aufl., Nürnberg 1928.

Rummel, Kurt, Einheitliche Kostenrechnung auf der Grundlage einer vorausgesetzten Proportionalität der Kosten zu betrieblichen Größen, 3. Aufl. (der ‚Grundlagen der Selbstkostenrechnung', Düsseldorf 1934), Düsseldorf 1949.

Sandig, Curt, Unternehmervergütungen — Der Unternehmerlohn und die Bezüge geschäftsführender Gesellschafter, in: NB, 7 (1954), H. 6, S. 101 ff.

— Artikel: Methodenprobleme, betriebswirtschaftliche, in: HWB^3, Bd. III, Sp. 3961 ff.

Sauermann, Heinz, Geld und Kredit, in: HdW, Bd. 2, S. 999 ff.

Schäfer, Erich, Die Unternehmung, Einführung in die Betriebswirtschaftslehre, Köln und Opladen 1956 (3 Bände in 1 Band).

— Über einige Grundfragen der Betriebswirtschaftslehre, in: ZfB, 20 (1950), S. 553 ff.

Schams, E., Wirtschaftslogik, in: Schmollers Jahrbuch für Gesetzgebung, Verwaltung und Volkswirtschaft, Bd. 58 (1934), S. 513 ff.

Schmalenbach, Eugen, Zinskosten in der Buchführung, in: ZfhF, 7 (1912/13), S. 249 ff.

— Grundlagen dynamischer Bilanzlehre, in: ZfhF, 13 (1919), H. 1/2, S. 1 ff., H. 3/4, S. 65 ff., (als Sonderdruck 1. Aufl. des gleichnamigen Werkes); 2. Aufl., Leipzig 1920; 3. Aufl., Leipzig 1925; 4. Aufl. (und alle späteren Auflagen) unter dem Titel: Dynamische Bilanz, Leipzig 1926; 5. Aufl.,

Leipzig 1931; 8. Aufl., Bremen 1947; 11. Aufl., Köln und Opladen 1953; 12. Aufl., Köln und Opladen 1956.

— Selbstkostenrechnung, in: ZfhF, 13 (1919), H. 9/10, S. 257 ff., H. 11/12, S. 321 ff. (als Sonderdruck zugleich 1. Aufl. des gleichnamigen Werks); 2. Aufl. (bis 5. Aufl.) unter dem Titel: Grundlagen der Selbstkostenrechnung und Preispolitik, Leipzig 1925; 5. Aufl., Leipzig 1930; 6. Aufl. unter dem Titel: Selbstkostenrechnung und Preispolitik, Leipzig 1934; 7. Aufl. unter dem Titel: Kostenrechnung und Preispolitik, Köln und Opladen 1956.

Schmaltz, Kurt, Artikel: Kosten, in: HWB[1], Bd. III, Sp. 882 ff.

— Artikel: Aufwand, in: HWB[2], Bd. I, Sp. 264 ff.

Schmalz, Theodor, Encyclopädie der Cameralwissenschaften, Zum Gebrauch academischer Vorlesungen, Königsberg 1797.

Schmidt, Fritz, Die organische Bilanz im Rahmen der Wirtschaft, Reihe: Betriebs- und finanzwirtschaftliche Forschungen, hrsg. von F. Schmidt, H. 14, Leipzig 1921, unver. Nachdruck der 3. Aufl. (Leipzig 1929) unter dem Titel ‚Die organische Tageswertbilanz', Wiesbaden 1951.

— Kalkulation und Preispolitik, Berlin-Wien 1930, erw. Sonderdruck aus: Die Handelshochschule, Lehrbuch der Wirtschaftswissenschaften, hrsg. von F. Schmidt, 1. Aufl., Bd. 1: Betriebswirtschaftslehre, Kap. X, S. 1471 ff., Berlin-Wien o. J. (1929).

Schneider, Erich, Grundsätzliches zur Planung und Standardkostenrechnung, in: ZfhF, 34 (1940), H. 9/10, S. 235 ff.

— Industrielles Rechnungswesen, Grundlagen und Grundfragen, 2. Aufl., (der ‚Einführung in die Grundfragen des industriellen Rechnungswesens', Kopenhagen 1939), Tübingen 1954.

— Einführung in die Wirtschaftstheorie, Bd. 1: Theorie des Wirtschaftskreislaufs, 5. Aufl., Tübingen 1955, 8. Aufl., Tübingen 1960.

Schnettler, Albert, Der Zins im Wirtschaftsbetrieb, Stuttgart 1939.

— Das Rechnungswesen industrieller Betriebe, 4. Aufl., Wolfenbüttel 1949.

Schnutenhaus, Otto R., Kapitalzinsen als Produktionskosten vom amerikanischen und deutschen Standpunkt, in: ZHH, 20 (1927), H. 7, S. 156 ff., H. 8, S. 184 ff.

— Sind Steuern Kosten?, in: prakt.BW, 24 (1944), H. 5, S. 89 ff.

— Neue Grundlagen der „Feste"-Kostenrechnung, Die Betriebsstrukturkostenrechnung, Berlin 1948.

Schönpflug, Fritz, Das Methodenproblem in der Einzelwirtschaftslehre, Eine dogmenkritische Untersuchung, Stuttgart 1933.

Schreiber, Rupert, Erkenntniswert betriebswirtschaftlicher Theorien, Einführung in die Methodik der Betriebswirtschaftslehre, Wiesbaden 1960.

Schwantag, Karl, Zins und Kapital in der Kostenrechnung, Schriftenreihe zum Handbuch für Betriebswirtschaft, hrsg. von Max E. Pribilla, Frankfurt/M. o. J. (1948/49).

— Zinsen als Kostenfaktor, in: ZfB, 23 (1953), S. 483 ff.

Seischab, Hans, Kalkulation und Preispolitik, Leipzig 1944.

— Demontage des Gewinns durch unzulässige Ausweitung des Kostenbegriffs, in: ZfB, 22 (1952), H. 1, S. 19 ff.

— Betriebswirtschaftliche Grundbegriffe, Reihe: Sammlung Pöschel, Betriebswirtschaftliche Studienbücher, hrsg. von Hans Seischab, Reihe I: Grundlagen/Band 4, Stuttgart 1961.

Selig, Julius, Der Kostenbegriff in der Kostenrechnung und in der Kostentheorie, Diss. an der Handelshochschule St. Gallen, o. O. (St. Gallen) o. J. (1947).

Sieber, Eugen H., Objekt und Betrachtungsweise der Betriebswirtschaftslehre, Reihe: Betrieb und Unternehmung, Bd. 12, Leipzig 1931.

Söllheim, Fritz, Einzelwirtschaftslehre, ihre Erkenntnisgrundlagen und Methoden, in: Archiv der Fortschritte betriebswirtschaftlicher Forschung und Lehre, hrsg. von der Redaktion der Zeitschrift für Handelswissenschaft und Handelspraxis, Stuttgart, 4 (1927), S. 1 ff.

Sommerfeld, Der Kostencharakter der Ertragsteuern und des Unternehmerwagnisses, in: ZfhF, 34 (1940), H. 5, S. 116 ff.

Sonnenfels, Joseph von, Grundsätze der Polizey, Handlung und Finanzwissenschaft, Zweyter Theil, 2. Aufl., Wien 1771.

Stackelberg, Heinrich von, Grundlagen der theoretischen Volkswirtschaftslehre, 2. Aufl., Bern-Tübingen 1951.

Stegmüller, Wolfgang, Das Wahrheitsproblem und die Idee der Semantik, Eine Einführung in die Theorien von A. Tarski und R. Carnap, Wien 1957.

— Hauptströmungen der Gegenwartsphilosophie, Eine kritische Einführung, Reihe: Kröners Taschenausgabe, Bd. 308, 2. Aufl., Stuttgart 1960.

Swoboda, Peter, Die Verrechnung von Ertragsteuern in der Kostenrechnung, in: NB, 13 (1960), H. 7, S. 151 ff.

Szyperski, Norbert, Zur Problematik der quantitativen Terminologie in der Betriebswirtschaftslehre, Reihe: Betriebswirtschaftliche Forschungsergebnisse, hrsg. von Erich Kosiol, Bd. 16, Berlin 1962.

Tietz, Bruno, Bildung und Verwendung von Typen in der Betriebswirtschaftslehre dargelegt am Beispiel der Typologie der Messen und Ausstellungen, Reihe: Schriften zur Handelsforschung, hrsg. von Rudolf Seyffert, Edmund Sundhoff u. a., Nr. 13, Köln und Opladen 1960.

Ulrich, Hans, Leistungsmäßige Kostenrechnung?, in: Unternehmung, 2 (1948), H. 2, S. 83 ff.

Varga, Stefan, Freie und wirtschaftliche Güter, in: Jb.f.Nat.u.Stat., Bd. 172 (1960), S. 303 ff.

ter Vehn, A., Gewinnbegriffe in der Betriebswirtschaft, in: ZfB, 1 (1924), S. 361 ff.

van der Velde, Kurt, Kostencharakter der Vermögensabgaben und der Ertragsteuern auf den Lastenausgleich, in: Betrieb, 6 (1953), H. 27, S. 557 f.

— Vierteljahreszahlungen auf die Vermögensabgabe als Kostenbestandteil, in: Betrieb, 10 (1957, 1) H. 41, S. 973 ff.

Viel, Jakob, Betriebs- und Unternehmungsanalyse, 2. Aufl. (der ‚Betriebsanalyse', Zürich 1950), Köln und Opladen 1958.

Walb, Ernst, Zur Theorie der Erfolgsrechnung, in: ZfhF, 17 (1923), H. 11/12, S. 416 ff.

— Unternehmungsgewinn und Betriebsgewinn, in: ZfhF, 20 (1926), H. 12, S. 545 ff.

— Die Erfolgsrechnung privater und öffentlicher Betriebe, Eine Grundlegung, Berlin-Wien 1926.

— Kaufmännische Betriebswirtschaftslehre, Rothschilds Taschenbuch für Kaufleute, hrsg. von Christian Eckert, 61. Aufl., Bd. 2, Leipzig 1932.

— Begriffsverschiebungen bei Bilanzen, Aufwand und Kosten, in: ZfhF, 37 (1943), H. 3, S. 53 ff.

— Finanzwirtschaftliche Bilanz, 2. Aufl., Köln o.J. (1947).

Wall, Fritz, Artikel: Goldmarkbilanzen, in: HWB^3, Bd. II, Sp. 2397 ff.

Weber, Max, Wirtschaft und Gesellschaft, Grundriß der Sozialökonomik, III. Abteilung, Tübingen 1922.

— Die ‚Objektivität' sozialwissenschaftlicher Erkenntnis, in: Soziologie — Weltgeschichtliche Analysen — Politik, m. e. Einleitung von Eduard

Baumgarten, hrsg. und erläutert von Johannes Winkelmann, Reihe: Kröners Taschenbuchausgabe, Bd. 229, 2. Aufl., Stuttgart 1956, S. 186 ff., (Abdruck des unter dem Titel: „Die ‚Objektivität‘ sozialwissenschaftlicher und sozialpolitischer Erkenntnis“ im Arch. f. Sozialwissenschaft und Sozialpolitik, Bd. 19 (1904), S. 22 ff., erstmals veröffentlichten Aufsatzes).

— Wirtschaftsgeschichte, Abriß der universalen Sozial- und Wirtschaftsgeschichte, hrsg. von S. Hellmann und M. Palyi, 3. Aufl., besorgt von Johs. F. Winckelmann, Berlin 1958.

Wendt, Siegfried, Artikel: Geld und Geldtheorien, in: HWB³, Bd. II, Sp. 2123 ff.

Wessels, Theodor, Einführung in die Volkswirtschaftslehre, in: HdW, Bd. 2, S. 937 ff.

Wirtz, A., Bezeichnung von betriebswirtschaftlichen Begriffen bei den verschiedenen Autoren, in: prakt.BW, 14 (1934), H. 2, S. 99.

Wittmann, Waldemar, Der Wertbegriff in der Betriebswirtschaftslehre, Reihe: Beiträge zur betriebswirtschaftlichen Forschung, hrsg. von E. Gutenberg, W. Hasenack u. a., Bd. 2, Köln und Opladen 1956.

— Unternehmung und unvollkommene Information, Unternehmerische Voraussicht — Ungewißheit und Planung, Köln und Opladen 1959.

Wöhe, Günter, Methodologische Grundprobleme der Betriebswirtschaftslehre, Meisenheim am Glan 1959.

— Einführung in die allgemeine Betriebswirtschaftslehre, Reihe: Vahlens Handbücher der Wirtschafts- und Sozialwissenschaften, hrsg. von Gerhard Kade, 2. Aufl., Berlin und Frankfurt 1962.

Zachert, Hans-Karl, Die Bewertung in der Kostenrechnung unter dem Gesichtspunkt ihrer Aufgaben, in: BfuP, 1 (1949), H. 9, S. 564 ff.

Zeitel, Gerhard, Zusatzkosten und betriebliche Preispolitik, in: ZfB, 31 (1961), H. 9, S. 531 ff.

Zoll, Walter, Das Kostenproblem in der Wirtschaftstheorie, Gekürzte Übersetzungen der jüngsten ausländischen kostentheoretischen Arbeiten mit kritischen Bemerkungen, Tübinger Diss., Würzburg 1936.

— Kostenbegriff und Kostenrechnung, Zur Diskussion über den pagatorischen Kostenbegriff, in: ZfB, 30 (1960), H. 1, S. 15 ff., H. 2, S. 96 ff.

FSC
www.fsc.org
MIX
Papier | Fördert gute Waldnutzung
FSC® C083411

Kolibri 360 GmbH
Ferdinand-Jühlke-Straße 7
99095 Erfurt, Deutschland
produktsicherheit@kolibri360.de

Druck:
CPI Druckdienstleistungen GmbH
im Auftrag der
Kolibri 360 GmbH
Ferdinand-Jühlke-Str. 7
99095 Erfurt